新时代乡村产业振兴干部读物系列

乡村产业振兴总论

农业农村部乡村产业发展司　组编

中国农业出版社
农村读物出版社
北　京

图书在版编目（CIP）数据

乡村产业振兴总论／农业农村部乡村产业发展司组编 . —北京：中国农业出版社，2022.1
（新时代乡村产业振兴干部读物系列）
ISBN 978-7-109-27510-2

Ⅰ.①乡… Ⅱ.①农… Ⅲ.①乡村—农业产业—产业发展—中国—干部教育—学习参考资料 Ⅳ.①F323

中国版本图书馆 CIP 数据核字（2020）第 204516 号

中国农业出版社出版
地址：北京市朝阳区麦子店街 18 号楼
邮编：100125
责任编辑：刘　伟　冀　刚
版式设计：王　晨　责任校对：吴丽婷
印刷：中农印务有限公司
版次：2022 年 1 月第 1 版
印次：2022 年 1 月北京第 1 次印刷
发行：新华书店北京发行所
开本：700mm×1000mm　1/16
印张：19.5
字数：300 千字
定价：78.00 元

丛书编委会

本书编委会

主　　编　陈建光
编写人员　蔡　力　才新义　曹　宇　李春艳　戴露颖

序

  民族要复兴，乡村必振兴。产业振兴是乡村振兴的重中之重。当前，全面推进乡村振兴和农业农村现代化，其根本是汇聚更多资源要素，拓展农业多种功能，提升乡村多元价值，壮大县域乡村富民产业。国务院印发《关于促进乡村产业振兴的指导意见》，农业农村部印发《全国乡村产业发展规划（2020—2021年）》，需要进一步统一思想认识、推进措施落实。只有聚集更多力量、更多资源、更多主体支持乡村产业振兴，只有乡村产业主体队伍、参与队伍、支持队伍等壮大了，行动起来了，乡村产业振兴才有基础、才有希望。

  乡村产业根植于县域，以农业农村资源为依托，以农民为主体，以农村一二三产业融合发展为路径，地域特色鲜明、创新创业活跃、业态类型丰富、利益联结紧密，是提升农业、繁荣农村、富裕农民的产业。当前，一批彰显地域特色、体现乡村气息、承载乡村价值、适应现代需要的乡村产业，正在广阔天地中不断成长、蓄势待发。

  近年来，全国农村一二三产业融合水平稳步提升，农产品加工业持续发展，乡村特色产业加快发展，乡村休闲旅游业蓬勃发展，农村创业创新持续推进。促进乡村产业振兴，基层干部和广大经营者迫切需要相关知识启发思维、开阔视野、提升水平，"新时代乡村产业振兴干部读物系列""乡村产业振兴八大案例"便应运而生。丛书由农业农村部乡村产业发展司组织全国相关专家学者编写，以乡村产业振兴各级相关部门领导干部为主要读者对象，从乡村产业振兴总论、现代种养业、农产品加工流通业、乡土特色产业、乡村休闲旅游业、乡村服务业等方面介绍了基本知识和理论、以往好的经验做法，同时收集了脱贫典型案例、种养典型案例、融合典型案例、品牌典型案例、园区典型案例、休闲农业典型案例、农村电商典型案例、抱团发展典型案例等，为今后工作提供了新思路、新方法、新案例，是一套集理论性、知识性和指导性于一体的经典之作。

丛书针对目前乡村产业振兴面临的时代需求、发展需求和社会需求，层层递进、逐步升华、全面覆盖，为读者提供了贴近社会发展、实用直观的知识体系。丛书紧扣中央三农工作部署，组织编写专家和编辑人员深入生产一线调研考察，力求切实解决实际问题，为读者答疑解惑，并从传统农业向规模化、特色化、品牌化方向转变展开编写，更全面、精准地满足当今乡村产业发展的新需求。

发展壮大乡村富民产业，是一项功在当代、利在千秋、使命光荣的历史任务。我们要认真学习贯彻习近平总书记关于三农工作重要论述，贯彻落实党中央、国务院的决策部署，锐意进取，攻坚克难，培育壮大乡村产业，为全面推进乡村振兴和加快农业农村现代化奠定坚实基础。

农业农村部总农艺师　曾衍德

前　言

　　促进乡村产业发展，这是乡村振兴的首要任务。编写《乡村产业振兴总论》聚焦乡村产业发展，就是要凝聚共识、汇聚力量，加快拽进乡村产业振兴。为什么这样讲？主要基于两点认识：一个是，党中央、国务院作出促进乡村产业振兴的部署，需要进一步统一思想认识、推进措施落实；另一个是，只有集聚更多力量、更多资源、更多主体支持乡村产业振兴，只有乡村产业主体队伍、参与队伍、支持队伍等壮大了、行动起来了，乡村产业振兴才有基础、才有希望。

　　乡村振兴，产业兴旺是基础。党中央、国务院高度重视乡村产业发展。习近平总书记着眼经济社会发展全局，鲜明提出乡村振兴的"五大"重点，并将产业振兴摆在首要位置。这充分表明乡村产业的重要性和发展的紧迫性。乡村产业是服务城乡、繁荣农村、致富农民的产业，促进乡村产业发展是新时代"三农"工作的重要任务。目前，乡村产业发展虽然取得了积极进展，但与国家发展大局相比，还有很多不适应，亟待大力发展，使之振奋兴起、繁荣昌盛。

　　实现乡村全面振兴，根基在乡村产业发展。习近平总书记指出："产业兴旺是解决农村一切问题的前提。"这里的"一切"内涵丰富、指向明确，是农村全局的、全部的、全方位的。没有产业的兴旺，就没有坚实的物质基础，乡村振兴就是"空

1

中楼阁"。现在，一些乡村之所以凋敝，根本原因还是产业没有发展起来，特别是二三产业没有发展起来。没有二三产业的发展就集聚不了资源要素，就难以集聚人气、财气，难以改变乡村落后的局面。人是跟着产业走的，没有兴旺发达的二三产业，再生态宜居的美丽乡村也留不住人才，乡村的各项建设和社会事业的发展就没有人才来干。因此，要把乡村产业振兴摆在乡村振兴的首要位置，大力促进以农业农村资源为依托的二三产业发展，聚焦、聚神、聚力抓好落实，全力促进乡村产业振兴。

全面建成小康社会，空间在乡村产业发展。2020 年是全面建成小康社会的目标实现之年。小康，一个重要指标是看农民的钱包鼓不鼓。现在看，一产增收的空间是有限的，潜力在二三产业，这也是乡村产业发展的重点所在。习近平总书记指出，要鼓励和扶持农民群众立足本地资源发展特色产业、乡村旅游、庭院经济，多渠道增加农民收入。这些重要论述，体现了习近平总书记质朴真挚的为民情怀。现在，很多农民围绕传统种养生产打转转，一直处在收入分配金字塔的底部，很难接近城镇居民的收入水平。2018 年，全国农民人均第一产业经营净收入为 3 489 元，而农民工月平均工资是 3 721 元。这就是说，农民务农一年还不如外出打工一个月。因此，要通过发展乡村二三产业，就地就近多渠道、多环节促进农民就业增收，并且通过构建联农带农机制，让农民在乡村就能腰包鼓起来、笑脸多起来。

促进农业高质量发展，动能在乡村产业发展。农业高质量发展内涵很多，要求更高，既包含绿色发展的要求，也有产业链重构的需要。习近平总书记指出，要推动乡村产业振兴，必须紧紧围绕发展现代农业，围绕农村一二三产业融合发展，构建乡村产业体系，才能实现产业兴旺。总书记还指出，要延长产业链、提升价值链、打造供应链。这些重要论断，体现了总书记对乡村产业发展规律的准确把握，指明了乡村产业振兴的根本路径。现在，很多乡村产业一直停留在整个产业链和价值链的底端，难以提升综合效益。2018 年，我国第一产业增加值为 6.5 万亿元，仅占 GDP 的 7.2%；而规模以上农产品加工业主营业务收入达到 14.9 万亿元，农村电商营业收入 1.3 万亿元，休闲旅游营业收入超过 8 000 亿元。在发达国家，依托农业发展的二三产业增值幅度更大。因此，发展乡村产业，要促进一产往后延、二产两头联、三产联前端，越过农业的界面与现代要素交叉重组，推进产业融合、产城融合、城乡融合，走出一条农业高质量发展之路。

实现脱贫攻坚目标，基础在乡村产业发展。脱贫攻坚的根本之策是产业扶贫，乡村振兴的第一要务是产业振兴。两者都是以乡村产业发展为依托，但两者也各有不同。脱贫攻坚具有时效性、集中性和政治性；而产业振兴则具有长期性、广泛性和市场性。习近平总书记指出，把产业发展落到农民增收上来，全力以赴消除农村贫困，推动乡村生活富裕。要把脱贫攻坚与乡村产业振兴有机衔接起来。现在，一些地方脱贫攻坚取得了一定成效，但乡村产业体系不健全。据统计，截至 2019 年底，有 31.9% 的乡镇没有商品交易市场、52.5% 的行政村没有 50 平方米以上的综合商店或超市、70% 的行政村没有取得营业执照的餐馆。因此，要通过发展乡村产业，补齐乡村公共设施短板，引导一大批敢为人先、百折不挠的能人在乡村创新创业。只有在乡村形成人才、土地、资金、产业汇聚的良性循环，才能持续巩固脱贫攻坚成果，让创新创业创造活力竞相迸发，让一切资源要素财富源泉充分涌流。

促进乡村产业发展，直接关系着农业强不强、农民富不富、农村美不美，直接决定着实施乡村振兴战略的进程和成效。我们一定要从战略和全局高度，充分认识促进乡村产业振兴的重大意义，切实增强使命感、紧迫感，采取更加有力的措施，发展壮大乡村产业，为实现全面小康和乡村全面振兴作出贡献。

由于时间仓促，书中难免存在不足之处，敬请读者批评指正。

编　者

2021 年 5 月

目　录

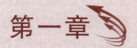

第一章

乡村产业基本要义

第一节　乡村产业概念

乡村产业，就内涵而言，是根植于县域，以农业农村资源为依托，以农民为主体，以一二三产业融合发展为路径，地域特色鲜明、创新创业活跃、业态类型丰富、利益联结紧密的产业体系。就特征来讲，乡村产业来源、改造并提高于传统种养业和手工业，具有产业链延长、价值链提升、供应链健全，农业功能充分发掘，乡村价值深度开发，带动乡村就业结构优化、农民增收渠道拓宽等特征。就外延来说，乡村产业包括种养业、乡土特色产业、农产品加工业、休闲旅游业、乡村服务业等。乡村产业中的乡土特色产业拓宽农业门类，农产品加工业提升农业价值，休闲旅游业拓展农业功能，乡村服务业丰富农业业态。乡村产业是提升农业、繁荣农村、致富农民的产业。

从 2019 年 6 月 17 日李克强总理签发的《关于促进乡村产业振兴的指导意见》看，乡村产业具有来源点、出发点、创新点和着力点等特征。

一、三个来源点

从农业、农村、农民中长出来的乡村产业包括：

（一）从农业产业链条延伸出来的乡村产业

1. 延伸出来现代种养业　种养业是乡村产业发展的基础，也是农业的根本任务所在。种养业根在农村，也需要转型提升。关键把握住两点：一方面，巩固提升农业产能。首要的任务，巩固提升粮食产能，守住国家粮食安全底线。习近平总书记一再强调，中国人的饭碗必须牢牢端在自己手里，我们的饭碗里应该主要装中国粮。抓粮食生产的劲头丝毫不能松懈，保粮食安全的决心丝毫不能退让。加快建设高标准农田，集中力量攻克一批关键技术，真正做到"藏粮于地、藏粮于技"。同时，要加强生猪等畜禽产能建设，提升动物疫病防控能力，推进奶业振兴和渔业健康养殖，增加有效供给。另一方面，创新产业组织方式。过去，种养业多是农民一家一户干，产业链极短，收益不多，需要向加工流通全面拓展，构建多种形式的合作模式，加快发展粮经饲统筹、种养加一体、农林牧渔结合的现代种养业，推进农产品就地加工转化增值。

2. 延伸出来农产品加工业 农产品加工业是乡村产业中潜力最大、效益较高的产业。按照"粮头食尾""农头工尾"的要求，支持粮食生产功能区、重要农产品生产保护区、特色农产品优势区发展农产品加工业。支持县域发展农产品精深加工，建成一批专业村镇和加工强县，改变"原料在农村、加工在城市"的格局。特别强调，支持家庭农场和农民合作社发展初加工，这也是解决就地就近增收的重要途径。欧洲一些国家这方面的经验很成熟，发展很好，有一套成熟的模式值得我国学习和借鉴。

3. 延伸出来农产品流通业 农产品流通业把农产品产地、集散地、销地批发市场建设统筹起来，加强农产品物流骨干网络和冷链物流体系建设，打通农产品物流节点，实现全过程无缝对接。此外，还要发展乡村信息产业，实施"互联网＋"农产品出村进城工程，推动贫困地区优质特色农产品上网销售，加快实现乡村数字化、网络化、智能化。

（二）从乡村多重价值拓展出来的乡村产业

1. 乡村休闲旅游业 现在，农业农村资源潜力很大，乡村功能价值开发的潜力也很大。近些年，各地拓展农业功能、发掘乡村功能价值，培育了一批以休闲农业、乡村旅游等为主的新产业新业态，带动了农民就地就近就业和持续增收。促进产业升级，关键是优化乡村休闲旅游业，培育休闲旅游精品，挖掘文化内涵，建设一批特色突出、主题鲜明、设施完备、功能多样的休闲观光园区、乡村民宿、农耕体验等乡村休闲旅游旅居目的地。现在，一些地方开发稻田湿地、油菜花海、草原绿地、森林氧吧和河流海洋等绿色价值，把农家庭院变成市民休闲的"农家乐园"和可住可租的旅店，提供望蓝天白云、看碧水清波、吸清新空气、品特色美食的好去处，让农民卖农（产品）金、挣薪金、收租金、分红金、得财金。有的打造乡村休闲旅游精品景点，突出特色化、差异化、多样化，提升服务和管理水平，让消费者休中有学、闲中得乐。

2. 为农为民服务的乡村产业 随着城镇化的快速推进，在田务农的人数减少，农村居民生活方式也在发生变化，这就需要大力发展乡村服务业。一个是大力发展生产性服务业。围绕农业生产，提供全程服务，包括农资供应、土地托管、代耕代种、统防统治、烘干收储等服务。这方面，农业部门负有重要职责，也是优势所在。同时，要支持供销社、邮政公司、农业企业、农民合作社等开展服务，满足农民低成本、便利化、全方位、高效率的"一站式"社会化服务需求。另一个是大力发展生活性服务业。过去，农村有一些生活性服务业，重点是供销社，还有一些个人兴办的小门店，也有一些小集市。现在，为适应村庄变化、城镇建设的需要，应改造传统小商业、小门店、小集市等商业网点，积极发展批发零售、养老托幼、环境卫生等生活性服务业，为乡村居民提供便捷周到的服务。

（三）从农民手工艺改造提升出来的乡村产业

做好"特"字文章，加快培育优势特色农业，打造高品质、有口碑的农业"金字招牌"。因地制宜发展多样化特色种养，加快发展特色食品、特色制造、特色建筑、特色手工业等乡土特色产业。特别要发掘一批传统的铁匠、银匠、木匠、篾匠、剪纸工、陶艺师、酿酒师、面点师等农村能工巧匠，建设一批家庭工厂、手工作坊、乡村车间。要注重品牌培育，创响一批"独一份""特别特""好中优"的"乡字号""土字号"的乡村品牌。

二、三个出发点

乡村产业是姓农、立农、为农、兴农的产业，是推进乡村产业振兴的出发点，要做到"三留"：

（一）把产业更多留在乡村

过去，多是农村搞种养、城市搞加工流通，农民拿不到多少增值收益。现在，要改变这一现状，重点发展现代种养业、乡土特色产业、农产品加工业、乡村休闲旅游业、乡村服务业、乡村信息产业等，把这些产业都留在县、乡、村。

（二）把就业岗位更多留给农民

目前，在田头就业的农民工减少，一大批青壮年劳动力都进城务工经商了。他们不是不想在乡村就业，而是乡村产业发展不充分，就业岗位少，只能往外跑。现在，要通过发掘乡村功能价值，引导加工流通企业重心下沉，向有条件的中心镇和物流节点集中，把更多的就业岗位留给农民，引导农民就近就地、本乡本土就业增收。

（三）把产业链增值收益尽量留给农民

发展乡村产业的根本目的是促进农民增收，全力以赴消除农村贫困，推动乡村生活富裕。要通过融合发展和完善联农带农机制，让农民不但有业就、有活干，更要有钱挣、能致富。

三、五个创新点

促进乡村产业振兴，最突出的创新点有五个方面：

（一）产业布局创新

在吸取 20 世纪 80～90 年代乡镇企业"村村点火、户户冒烟"教训的基础上，从县、乡、村三个层面进行功能布局。一是加快完善县城综合服务功能。加快产业园区建设，搭建技术研发、人才培训和产品营销平台。在县域范围内统筹乡村产业布局，形成县城、中心乡镇、中心村层级分工明显、功能有机衔接的格局。二是充分发挥乡镇在乡村经济发展中的龙头作用。加快建设一批产业强镇，支持有条件的地方建设以乡镇政府驻地为中心的产业集群，引导农产品加工流通业等二三产业向乡镇集中。三是积极培育适合在村里发展的产业。改善基础设施和生产条件，鼓励农民在田间地头发展产后处理、预冷保鲜、烘干仓储、包装配送等二三产业，促进农产品就地转化增值。这样的产业布局，目的就是让农民就地就近就业创业，改变以前"原料在乡村、加工在城市，劳力在乡村、产业在城市"的状况。

（二）融合路径创新

改革开放以来，农业农村经历过三次动能转化。第一次是，20世纪 80 年代初，家庭联产承包责任制形成了"分"的动能；第二次是，90 年代中后期，大量农民工进城务工经商形成了"流"的动能；第三次是，党的十八大以来，技术进步与产业发展交互渗透，形成了"合"的动能。一是培育融合主体，壮大龙头企业，发展农民合作社和家庭农场，扶持一批农业产业化联合体。二是培育融合业态，推进规模种植与林牧渔融合，推进农业与加工、流通、文化、旅游、教育、康养、信息等产业融合，发展中央厨房、创意农业、功能农业、数字农业、智慧农业等。三是完善利益联结机制，让乡村产业与农民紧密结合，让农民分享更多产业增值收益，让农民在融合发展中同步收益、同步提升、同步发展。

（三）支持政策创新

围绕解决乡村产业发展的"钱、地、人"制约，在以往政策的基础上进行集成、延伸、拓展、细化和实化，打出政策"组合拳"。一是围绕解决"钱"的问题，提出要引导县域金融机构将吸收的存款主要用于当地，重点支持乡村产业。初步测算，这项措施就会增加 10万亿元以上的县域贷款余额。二是围绕解决"地"的问题，提出针对乡村产业发展需求实行"点供"用地，重点支持休闲农业和乡村旅游业的发展。三是围绕解决"人"的问题，提出引导各类人才到乡村兴办产业，支持科技人员以科技成果入股农业企业，建立健全科研人员校企、院企共建双聘机制，实行股权分红等激励机制。这些政策都很有操作性、针对性，将给乡村产业发展提供强大支撑。

（四）发展理念创新

吸取 20 世纪 80 年代在发展乡镇企业过程中出现"先污染、后治理"的教训，产业振兴把绿色发展摆在突出位置，践行"绿水青山就是金山银山"理念，推进质量兴农绿色兴农，增强乡村产业持续增长力，促进农村生产、生活、生态协调发展，让乡村产业回归绿色本色，成为撬动"绿水青山"转变成"金山银山"的"金杠杆"。以绿色标准体系引领乡村产业绿色发展，制定农业投入品、农产品加工业、农业新业态等方面的国家标准和行业标准，建立统一的绿色产品市场准入体系。

（五）统计指标创新

力争用 5～10 年的时间，农村一二三产业融合发展增加值占县域生产总值的比重实现较大幅度增长。这是很重要的创新性指标，也是对乡村振兴、产业融合发展规律、地位和作用的新认识。统计考核制度是各地经济发展的指挥棒。在现行的统计制度中，农业作为第一产业，包括农、林、牧、渔，只是传统的种养业。随着经济发展和结构升级，种养业增加值占地方生产总值的比重越来越小。如果把传统种养业延伸、交叉、融合出来的加工流通、休闲旅游、电子商务、健康养生等新产业新业态的增加值统计起来，比重就很大。据一些中西部地区的测算，农村一二三产业融合发展增加值已经占到了县域生产总值的 50%，即使在一些大城市的周边也占到了 20%。如果仅仅是停留在原有的第一产业这个认识程度上，一般占地方生产总值的比重都在 10% 以下，而一些发达地区则只有 2%～3%。统计农村一二三产业融合发展增加值是重大制度创新，更能够反映我国农村现代经济发展的内在规律，更能显示出农业农村经济发展的重要地位，将对乡村产业融合发展产生极其重要的引领作用。

四、五个着力点

促进乡村产业振兴，要从五个方面着力：

（一）突出优势特色，培育壮大乡村产业

这是解决促进乡村产业振兴"抓什么"的问题。主要是做强现代种养业，做精乡土特色产业，提升农产品加工业，优化乡村休闲旅游业，培育乡村服务业，发展乡村信息产业。

（二）科学合理布局，优化乡村产业空间结构

这是解决促进乡村产业振兴"怎么摆布"的问题。主要是强化县域统筹，推进镇域产业聚集，促进镇村联动发展。

（三）促进产业融合发展，增强乡村产业聚合力

这是解决促进乡村产业振兴"怎么抓"的问题。主要是培育多元融合主体，发展多类型融合业态，打造产业融合载体，构建利益联结机制。

（四）推进质量兴农绿色兴农，增强乡村产业持续增长力

这是解决促进乡村产业振兴"抓成什么效果"的问题。主要是健全绿色质量标准体系，大力推进标准化生产，培育提升农业品牌，强化资源保护利用。

（五）推动创新创业升级，增强乡村产业发展新动能

这是解决促进乡村产业振兴"动能是什么"的问题。主要是大力培育乡村产业创新主体，建立"产、学、研、用"协同创新机制，实施乡村就业创业促进行动，创建乡村创新创业和孵化实训基地。

第二节　乡村产业发展现状和问题

实施乡村振兴战略，是新时代"三农"工作的总抓手。实现乡村振兴，基础在产业振兴。近年来，乡村产业有了一定的发展，但也存在不容忽视的问题需要化解。

一、乡村产业发展取得了明显成效，奠定了产业振兴的基础

乡村产业发展是一个持续动态的过程，也是一个积极探索的过程。20世纪70年代末，随着改革开放序幕的拉开，从社办工业、社队企业崭露头角，到80年代中后期乡镇企业异军突起，"五小"工业、建筑建材、制造业多点开花，探索出城市工业化之外的农村工业化道路。90年代中后期，随着改革开放的深入推进，农业产业化快速发展，特色产业、农产品加工业和休闲农业全面发展，逐步形成了

7

类型多样、机制灵活、特色鲜明的乡村产业。特别是党的十八大以来，农村一二三产业融合发展步伐加快，新产业新业态新模式大量涌现。随着乡村产业内涵和外延的日趋丰富和拓展，该产业已成为农业农村经济的重要支柱和国民经济的重要组成部分。

（一）现代农业加快发展

各地坚持把保障国家粮食安全作为发展现代农业的首要任务，实施"藏粮于地、藏粮于技"战略，守住粮食安全底线，推进农业高质量发展。

1. 粮食产能巩固提升 截至 2018 年底，累计建成高标准农田 6.4 亿亩[*]，完成 9.7 亿亩粮食生产功能区和重要农产品生产保护区划定任务。2018 年粮食产量 13 158 亿斤[**]，连续 7 年保持在 1.2 万亿斤以上。棉油糖、果菜鱼、肉蛋奶等生产稳定，供应充足。

2. 绿色发展有力推进 农业投入品减量增效取得突破，化肥、农药使用量实现负增长。农业废弃物资源化利用加快推进，畜禽粪污综合利用率达到 70%，秸秆综合利用率达到 84%，农膜回收率达到 60%。资源利用强度减缓，2018 年退耕还草 109.8 万亩、累计 481.8 万亩，耕地轮作休耕试点超过 3 000 万亩。

3. 技术装备水平稳步提升 农业科技进步贡献率达到 58.3%，主要农作物耕种收全程综合机械化率超过 67%。新一代信息技术向农业生产、经营、管理、服务拓展。

4. 供给侧结构适应性增强 2016—2018 年累计调减非优势区籽粒玉米面积 5 000 多万亩，调减低产低质非优势区水稻面积 800 多万亩，增加大豆面积 2 000 多万亩，粮改饲面积达到 1 400 多万亩。畜禽养殖规模化率达到 58%，奶业振兴扎实推进。绿色优质农产品供应增加，主要农产品质量安全监测合格率保持在 97% 以上。

（二）乡村产业体系初步形成

各地依托种植、养殖、林业和绿水青山、田园风光、乡村文化等

---

    [*] 亩为非法定计量单位，1 亩＝1/15 公顷。

    [**] 斤为非法定计量单位，1 斤＝500 克。

乡村资源，积极发展乡土特色产业、农产品加工业及各类生产性生活性服务业等产业，丰富产业类型，拓宽就业增收渠道。

1. 特色产业快速发展　按照规模化、集约化、品牌化要求，创响"乡字号""土字号"特色品牌。2018 年特色农业品牌达 10 万余个，认定"一村一品"示范村镇 2 400 个。

2. 农产品精深加工深入推进　引导加工产能向粮食等主产区布局，促进就地加工转化，逐步改变"农村卖原料、城市搞加工流通"的格局。2018 年规模以上农产品加工企业 7.9 万家、主营业务收入 14.9 万亿元，农产品加工转化率 65％。

3. 休闲农业和乡村旅游业蓬勃发展　实施休闲农业和乡村旅游精品工程，建设一批休闲观光、乡村民宿、农耕体验、健康养生等旅游旅居设施。2018 年营业收入超过 8 000 亿元，吸引 30 亿人次到乡村休闲度假。

4. 乡村服务业创新发展　农资供应、联耕托管、病虫统防、物流配送等服务业加快转型升级。2018 年农村生产性服务业营业收入超过 2 000 亿元，农村网络销售额突破 1.3 万亿元，其中农产品网络销售额 3 000 亿元。

（三）农村产业融合渐成趋势

通过跨界配置农业和现代产业元素，促进产业深度交叉融合，形成"农业＋"多业态发展态势，把产业增值收益、就业岗位留在农村、留给农民。

1. 融合主体大量涌现　引导农业产业化龙头企业做强做大，支持农民合作社和家庭农场发展。2018 年农业产业化龙头企业 8.7 万家，其中，国家重点龙头企业达到 1 243 家。注册登记的农民合作社达 217 万家，家庭农场达 60 万个。以农业产业化龙头企业带动、合作社家庭农场跟进、小农户参与的农业产业化联合体应运而生。

2. 融合业态层出不穷　"农业＋"林牧渔，发展综合种养等循环型农业，稻渔综合种养面积超过 3 000 万亩。"农业＋"加工流通，发展中央厨房、直供直销、会员农业等延伸型农业，2018 年主食加工主营业务收入 2 万亿元。"农业＋"文化、教育、旅游、康养等产业，发展创意农业、民宿服务、康养农业等体验型农业。"农业+"信息产业，发展数字农业等智慧型农业。

3. 融合载体丰富多样 现代农业产业园、农业科技园区、农产品加工园区、农村产业融合示范园、农业产业强镇、田园综合体和特色小镇大量涌现，截至 2019 年 8 月，各类乡村产业园 1 万多个。

（四）联农带农机制逐步建立

引导农业企业与小农户建立紧密联结机制，促进小农户与现代农业有效对接。

1. 发展企农契约型 支持企业与农户通过订单方式建立原料购销合约，带动农户实现标准化生产、规模化经营。2018 年农业产业化龙头企业与农户的订单比例达到 55％，签约农户经营收入超过未签约农户 50％以上。

2. 推广利益分红型 农业产业化龙头企业、合作社与农户建立"订单收购＋分红""保底收益＋按股分红""土地租金＋务工工资＋返利分红"等方式，构建生产联动、利益联结的机制，让农户分享产业链增值收益。

3. 支持股份合作型 农户与农民合作社和龙头企业建立股份合作关系，形成"分工明确、优势互补、风险共担、利益共享"的农业产业化联合体，实现抱团发展。

（五）农村创新创业日渐活跃

制定并落实支持返乡下乡人员创业创新政策措施，吸引农民工、大中专毕业生、退役军人、科技人员返乡下乡入乡创新创业。

1. 规模不断扩大 2018 年各类返乡下乡人员创新创业累计达 780 万，"田秀才""土专家""乡创客"等本乡创新创业人员 3 100 多万。

2. 领域不断拓宽 由原来的简单种养向特色种养、加工流通、教育科普、休闲旅游、健康养生和电子商务等延伸，创办的实体 80％以上是在乡镇以下、80％以上是产业融合型。

3. 层次不断提升 50％以上利用信息技术创新创业，近 90％是联合创业。

4. 载体平台覆盖面广　组织开展"春风行动""农创客行动""三乡工程"（市民下乡、能人回乡、企业兴乡）和"头雁工程"，支持各类创新创业人才到农村投资兴业。2018年认定1 096个农村创新创业园区或实训孵化基地，益农信息社覆盖1/3以上行政村。

（六）产业扶贫扎实推进

支持贫困地区精准扶贫、精准脱贫。

1. 开发优势特色产业　2018年，培育市级以上龙头企业1.4万家、农民合作社61万个，带动230多万建档立卡贫困户。建成甘肃定西马铃薯、江西赣南脐橙、陕西洛川苹果、湖北潜江小龙虾、重庆涪陵榨菜等特色产业聚集区。

2. 积极促进产销对接　通过举办博览会、展销会、投资贸易洽谈会，免费为贫困地区提供展销服务，推介特色产品，开展投资洽谈。2018年，农业农村部举办的各类产销对接活动，带动贫困地区农产品销售超过500亿元，项目签约超过300亿元。

3. 加强人才培育　在22个脱贫任务重的省份实施农技推广服务特聘计划，组建科技服务团，培训带头人和大学生"村官"2万余人。

如今，一批彰显地域特色、体现乡村气息、承载乡村价值、适应现代需要的乡村产业，正在广阔天地中不断成长、蓄势待发。一是引领了绿色发展。推动农业结构优化升级，增加了绿色优质安全农产品供给。二是带动了创新发展。将现代科技、生产方式、经营理念和先进要素引入农业，提高了全要素生产率。三是促进了共享发展。做给农民看、带着农民干、帮着农民赚，实现小农户与现代农业发展的有机衔接。四是推动了融合发展。促进城市资金、技术和人才等资源要素向农村流动，架起了城乡协调发展的桥梁纽带。

乡村产业正成为现代农业的新要素、供给侧结构性改革的新力量、农民就业增收的新空间和农村发展的新动能。吸引资金、技术、人才和产业等向乡村汇聚，为乡村振兴奠定了坚实的物质基础。

二、当前乡村产业发展面临的机遇与挑战

当前乡村产业发展面临不少的机遇与挑战，需要紧紧抓住机遇，

11

更要重视问题解决。

（一）发展机遇

乡村面临很多利好机遇，有着巨量的资源要素、巨量的市场需求、巨量的创造空间，蕴藏着巨大潜力。

1. 大战略　就是乡村振兴战略的强力驱动。乡村振兴战略实施，农业农村将迎来发展的大好时机。特别是坚持农业农村优先发展，将调动各种资源要素进入农业、投入农村，基础设施和公共服务将更加便捷，各种支持政策正在加紧出台，有力地促进乡村产业振兴。可以讲，广阔农村将是一个充满活力、充满朝气、充满生机的新天地。

2. 大市场　就是消费结构升级的拉动。消费是与经济发展水平紧密相联的。现在经济快速发展，居民的钱包也鼓起来了，消费的动力很强、层次升级，由过去的吃饱穿暖转入文化旅游、健康养生。可以讲，目前我国进入"小康＋健康"的"双康"时代，"有钱、有闲、有健康"成为人们的生活意愿和追求，一些中产阶层从"耐用消费品时代"进入提高生活品质的"后置业时代"。国际发展的经验表明，人均GDP达到5 000美元之后，健康性、营养性、便利性消费支出将大幅增加。2019年我国人均GDP超过9 000美元，到2020年，人均GDP有望突破1万美元，届时消费结构将加速升级，大众化、多元化、个性化、品质化的消费特征会更加显现。

3. 大改革　就是供给侧改革的推动。农业供给侧结构性改革是一条主线，正在有序推进，也有力地促进了乡村产业高质量发展。深入推进农业供给侧结构性改革，重在优化供给结构，实现可持续发展。保障粮食等重要农产品的有效供给，这是供给侧改革必须守住的一条底线。但是，供给侧改革的内涵是很丰富的，既有推进产业融合发展的任务，更有推进绿色发展的要求。

4. 大创新　就是技术创新的驱动。现代科学技术日新月异、层出不穷，我国的一些技术产业呈现井喷式增长。同时，技术与产业交互联动、深度融合，催生了大量的新产业新业态新模式，成为我国经济持续发展的强大动能。

（二）存在问题

当前，乡村产业发展还面临不少困难和问题，影响持续健康发展，要高度重视，切实加以解决。

从乡村产业内部看，主要有五个方面问题：

1. 发展方式较为粗放　乡村产业多是从农业中延伸拓展而来，在经营管理、技术创新、人才培养等方面投入不足，外延扩张特征明显，内涵提升相对不足。农产品加工创新能力不强，工艺水平比发达国家落后 15 年，规模以上加工企业研发投入仅占销售收入的 0.9%，远低于国内工业企业的 2.13% 和国际平均水平的 7%。加工企业平均耗电量、耗水量均比国内工业企业高 1 倍以上，比发达国家高 2 倍以上。

2. 空间布局不合理　规模较大的农业产业化龙头企业加工多布局在城市和销地，带动农民就地就近就业贡献较小。产业聚集度较低，仅有 28% 的乡村产业集中在各类园区。

3. 同质化现象明显　"原字号""粗字号""初字号"的大路货居多，普遍产品单一，缺乏小众类、精准化、中高端产品，产品多处在价值链低端，品牌溢价有限。

4. 产业链条较短　农业往往单纯供应原料，缺少农产品从产地到餐桌、从生产到消费、从研发到市场的产业，加工流通环节被拿走，有产品无品牌、有品牌无规模、有规模无产业问题依然存在，产业链条短、附加值不高。

5. 融合层次较浅　农业与旅游、文化、康养、体育等新业态深度融合不足，农业的多功能性和效益有待进一步拓展与发掘。利益联结机制不健全，农民与企业间订单交易普遍缺乏法律约束力，履约率不高，小农户参与产业链分工分红不足。此外，产地批发市场、产销对接、鲜活农产品直销网点建设相对滞后，电子商务等新业态新模式仍处于发展初期。

从乡村产业外部看，也有五个方面问题：

1. 重视程度不够　一些地方认为，乡村产业就是传统的种养业和初级的农产品加工业，倾注的精力不多，还是习惯于抓大项目、建大工程。即使一些地方认识上去了，但办法不多、成效不大。

2. 融合发展理念滞后　农村产业融合发展是适应技术渗透、产业聚集和利益共享的新趋势，也是基层和农民的首创。一些地方干部认为，农村产业融合发展仅是一个概念，不是一种趋势，认识的程度不高，推进的力度不大。

3. 政策精准性差　支持乡村产业发展的一些政策分散在多个部门，缺乏指向性和协同性。农业农村、财政、发改、住建、环保、水利、林草等部门的政策措施仍有待进一步协调，条块项目和资金需要进一步整合。在政策落实方面，还存在"一刀切""变化快""标准多"等问题，影响企业对政策的预期。

4. 要素获得难度较大　乡村产业稳定的资金投入机制尚未建立，一些地区一些年份农业总投入增长幅度高于财政经常性收入增长幅度的法定要求没有落实。土地出让金、政府债务资金等用于乡村产业比例较低。由于缺乏有效的激励约束机制，金融资本和社会资本进入农业农村的意愿不强。商业性银行业金融机构将城市金融简单移植到乡村，适应乡村特点的金融体系尚未建立。农村土地空闲、低效、粗放利用和新产业新业态发展用地供给不足并存。激励引领规划、科技、经营管理等各类人才服务乡村振兴的保障政策尚不完善。

5. 制度和法治建设还需加强　农村土地征收、农村承包土地经营权和农民住房财产权抵押仅在试点地区开展，农村集体产权制度改革缺乏上位法支持。农村资源变资产的渠道尚未打通，城乡要素市场化程度不一致，乡村资源要素流动性差，阻碍了城乡要素的双向流动。

第三节　乡村产业的功能作用

促进乡村产业振兴，何为振兴？振兴就是大力发展，使之振奋兴起、兴旺发达、繁荣昌盛。乡村产业振兴实质就是大力发展，促进乡村全面振兴、产业全面发展、农民全面进步。概括来说，就是要让乡村"十个有"：第一，产业兴旺，有市值、有业态；第二，生态宜居，有颜值、有活力；第三，乡风文明，有气质、有底蕴；第四，治理有效，有机制、有秩序；第五，生活富裕，有品质、有保障。乡村产业振兴背后实际上是由几个大逻辑决定。

一、促进乡村产业振兴的大逻辑

（一）民族复兴的大逻辑是乡村要振兴

党的十九大作出我国进入新时代的重大判断，新时代的重要任务就是要不忘为中国人民谋幸福的初心，牢记为中华民族谋复兴的使命。民族复兴最重要的短板是什么？是乡村。我国有 5 000 多年的悠久历史，乡村是中华民族传统文明的发源地，在经济社会发展中一直占有重要地位，乡村富庶是盛世历史的重要标志。然而 20 世纪 90 年代以来，中国农村经历了一场激烈的变化，尤其是西部地区，乡村衰落是一个不争的客观事实。大量农民工进城，使城乡人口流动带来了许多变化，青壮年劳动力向城市建设市场的转移，改变着中国社会结构，空巢村、老人村、留守儿童村和贫困村……已成为当下中国广大农村的现实问题，留给人们的不是乡愁而是实实在在的乡"惆"。

与此同时，又出现一个逆城镇化的时代特征。其实，这也是乡村振兴战略的另一个大背景。随着逆城镇化苗头的出现，人们开始对乡村价值进行重新定位。在人才方面，长期以来社会形成一种轻视从事"三农"工作人员的总体风气。因此，在进行乡村振兴战略顶层设计的同时，也应关注基层"三农"工作的重要功能。具体来说，从"三农"价值导向的媒体宣传和深化农村农业价值教育的具体措施方面，应开创"懂农""爱农""支农"的新局面。

在乡村价值方面，乡村振兴战略具有明晰的主线意识，并与各种不当干预行为划清界限。乡村振兴战略回应的是"乡村如何更好发展"的议题，而这具体体现在乡村振兴战略的内容升级与实践方案的系统性方面。乡村振兴战略是对乡村价值在中国现代化发展进程的再次定位，乡村振兴战略要实现的不仅是乡村的振兴，更是国家和民族的复兴。

（二）乡村振兴的大逻辑是产业要振兴

乡村产业振兴不单是农业的振兴，而是一二三产业的振兴。农业生产有其自身的特殊规律。农业中生产时间与劳动时间的不一致，是农民从事副业生产和一二三产业融合发展的自然基础。

随着农业机械化的普及和农业社会化服务体系的健全，农民在大宗作物生产上的劳动强度逐步降低，劳动时间不断减少，既使老人、妇女比以往更能胜任日常的田间管理，看护并决策耕种收，又使青壮年劳动力获得了更充裕的外出时间或本地就近就业创业时间。

这是技术进步背景下农业生产规律出现的新特征，对农民增收具有积极意义。如果能使农民利用好比以往更充裕的剩余劳动时间，在农村创造新的供给，生产优质绿色农产品，打造优美生态环境，弘扬优秀传统文化，发展加工流通、休闲旅游、电子商务、科普教育、养生养老，满足城镇居民新的需求，那意义就更大，使农业农村能够腾笼换鸟、鸟枪换炮、机器换人、电商换市和空间换地，实现动能转化，而这也正是促进乡村产业振兴的本意所在。

（三）产业振兴的大逻辑是思维要振兴

人生需要一个高度，人生处处都有标杆而又没有标杆，思维决定人生的高度。当下的乡村产业振兴如何去实现，关键在于思维的高度。而乡村振兴要有以下五个方面的思维：

1. 服务思维 2020 年乡村振兴取得了重要进展，制度框架和政策体系基本形成。所以，在进行乡村振兴的顶层设计时，必须要有服务思维，要立足服务于人民群众对美好生活向往的需求。这样我们才不至于是纸上谈兵，而是回归到共产党人"为人民谋幸福、为民族谋复兴"的初心上来。

2. 产业思维 各地都在致力于乡村振兴，但目前国家还处在做顶层设计的阶段。各地有了国家层面乡村振兴的顶层设计后，要根据自己的实际情况去进行丰富和完善。接下来面临的是怎么样去导入乡村主导产业？怎么样去完善美丽乡村的内容？怎么样去振兴乡村的文化？想到这些，我们就必须要有生态的思维，着力于优质安全农产品的供给。要把农业生产、加工、流通、电子商务等结合起来，进行全产业链、全价值链的打造和供应链的整合。根据各地的条件和特色，系统规划乡村振兴的战略定位和实现路径。

3. 用户思维 社会飞速进步，大量的物品出现，改变了我们的供需关系。而人们的消费观念和方法也在不断发生变化，把我们送入了一个用户主导的消费时代，从产品影响用户，而升级到用户需求来决定市场、用户需求主导产品。我们要做怎么样的产品，关键是看市场的需求是什么。同时，要辨别是真需求还是伪需求，这样才能够找出自己的市场在哪里，才知道该用怎么样的方式去满足用户的需求，才知道自己该去大力发展怎么样的产业、提供怎么样的服务。

4. 文化思维 中华民族的伟大复兴关键在于文化的复兴，乡村振兴其中一点就是乡风文明。要想实现乡风文明，必须要有文化的思维。乡村振兴必须内外兼修，充分挖掘乡村文化的特质，让文化引领乡村从文化的角度去指导乡村建设，去通过传统文化、乡贤文化和乡土文化为乡村赋能，让乡村文化活起来，推动乡风文明建设。

5. 品牌思维 品牌是产品实现溢价、产生增值的一种无形资产，更是培养超级用户的关键策略。品牌是新时代解决人民日益增长的美好生活需要和不平衡不充分的发展之间矛盾的重要抓手，是加快推动农业转型升级、提升农业核心竞争力、实现乡村振兴的必然选择。我们一方面，注重把各地乡村有特色、有前景、有效益的农产品发展起来，在特色上下功夫，在宣传上做文章，进一步打响乡村农产品"特色牌"；另一方面，要利用乡村良好的生态环境和独特的乡村文化，基于整个美丽乡村去打造品牌，让每个乡村都可以成为一个自带流量的美丽乡村。

二、乡村产业功能作用分析

实施乡村振兴战略，与新农村建设既有交叉，也有如下不同：一是地域范围不同。新农村侧重村，乡村则包含村和乡镇。二是内容不同。新农村建设侧重建设和产业，乡村振兴战略涉及"五位一体"总体布局。三是主体性不同。新农村建设只是农民和国家两个主体，乡村振兴战略更强调乡村多主体的作用，更强调农民、政府、企业、银行和市民等多个主体作用。

党的十九大提出，农业农村现代化是个重大变化。不少人把现代农业与农业农村现代化混为一谈，以为只要土地实现规模化，再加上现代设施、现代技术，就是农业现代化了。这种片面的理解，很容易把农业农村现代化建设导入歧途。

现代农业与农业农村现代化不是同一个概念，最根本的区别是追求目标不同。现代农业追求的目标单一，就是经济；农业农村现代化追求的目标是一个复杂的系统工程，体现为经济、社会、政治、文化、生态"五位一体"。换言之，乡村产业振兴的"五五格局"基本形成：一是"五优"，即优质绿色农产品、优美生态环境、优秀传统文化、优良带头人、优胜产业体系。二是"五要"，即人、地、钱、产、文。三是"五换"，即腾笼换鸟、鸟枪换炮、机器换人、电商换市、空间换地。四是"五新"，即新规划、新乡贤、新产业、新治理、新景观。五是"五变"，即资源变资产、资金变股金、农民变股东、颜值变市值、空气变人气。

乡村产业振兴是乡村振兴的首要任务。没有产业振兴，乡村振兴将成为"空中楼阁"，乡镇将成为"空城计"，乡村将成为"空心村"。下面从四个方面来认识促进乡村产业振兴的重大意义。

（一）经济作用

解决当前农业经营效益低、农村居民增收致富难、乡村建设发展滞后等问题，基础和前提都是要加快发展乡村二三产业。

1. 从提高农业经营效益来看　如果农业只搞第一产业，就会一直停留在产业链和价值链的底端，就难以提升综合效益。2018 年，我国第一产业增加值为 6.5 万亿元，仅占 GDP 的 7.2%。而农副食品加工业收入为 4.7 万亿元，食品制造业收入为 1.8 万亿元，酒、饮料和精制茶制造业收入为 1.5 万亿元，仅这三项合计就达 8 万亿元，比整个第一产业的增加值高出 1/5 以上。在农业发达国家，依托农业发展的二三产业增加值更大。像美国，2017 年农业增加值仅为 GDP 的 0.9%，但依托农业发展的食品产业就占到 GDP 的 4.5%，是农业的 5 倍。

2. 从满足消费市场需求来看 过去，我国城乡居民吃饱就行、有吃就行。2018 年，恩格尔系数下降到 28.4%，基尼系数下降到 0.46 左右，人们多元化、个性化、品质化的消费上升，进入"小康＋健康"时代。乡村产业的发展，适应了消费结构的升级，加快了农产品加工业发展。目前，全国规模以上农产品加工业主营业务收入达 14.9 万亿元，催生中央厨房和"外卖"平台企业 850 家，主食加工产值突破 2 万亿元。同时，可以促进乡村休闲旅游业发展，为城乡居民提供休闲度假去处，让人们养颜洗肺伸懒腰；可以促进乡村信息产业发展，让农民网上卖菜、市民上网买菜，空间上的"万水千山"变为屏幕上的"近在咫尺"。

3. 从改善乡村生产生活条件来看 过去，不少乡村没有产业，造成人口流失、经济衰退、逐渐凋敝。现在，通过发展乡村产业，可以吸引资源要素向乡村汇聚，改善乡村生产生活条件，大量返乡入乡人员到乡村就业创业，就能集聚人气财气，让资源要素活起来、农村能人留下来、外部资金流进来，从而奠定乡村全面振兴的坚实基础。

（二）政治意义

发展乡村产业，是保持农村和谐稳定的重要基础，是实现"两个一百年"奋斗目标的重要保障。

1. 从解决社会主要矛盾看 当前，我国发展最大的不平衡是城乡发展不平衡，最大的不充分是农村发展不充分。城乡居民收入、基础设施、公共服务差距很大，2018 年农民人均第一产业经营收入为 3 489 元，而农民工月平均工资是 3 721 元，农民在农村务农一年还不如外出打工一个月。这些矛盾和差距，都是实施乡村振兴战略需要解决的问题。只有乡村产业发展了，才能从根本上解决城乡发展不平衡、乡村发展不充分的问题，才能更好地满足农民群众对美好生活的需要。

2. 从保持社会和谐稳定看 2008 年受金融危机影响，我国曾出现大面积的农民工返乡潮，但农村社会保持了和谐稳定，根本原因是农民工回家有地种、有活干。当前，一些地方劳动密集型、出口导向性行业经营困难，农民工就业受到影响，一些地方已经出现农民返乡情况。现在农村土地流转率已经超过了40%，农民工的年龄结构越来越年轻化，返乡农民工已面临没地种、不愿种地的问题。如果这样发展下去，对农村的和谐稳定将会造成影响。发展乡村产业，可以促进返乡农民就地就近就业，有利于保持农村社会稳定发展。

3. 从跨越"中等收入陷阱"看 按照世界银行公布的最新标准，我国人均GDP接近1万美元，已进入中等收入水平，是跨越"中等收入陷阱"的重要时期。据世界银行调查显示，从1960年到2008年间，全球101个中等收入国家和地区中，只有13个成功发展成为高收入经济体。这些国家和地区实现成功飞跃的核心经验是，在推进工业化、城镇化的同时，高度重视推进农业农村现代化，大力发展乡村产业，实现了农业农村经济的繁荣发展。巴西、阿根廷等国家，在进入中等收入水平时，农村发展跟不上，不能有效吸纳农村劳动力，大量失业农民涌向城市贫民窟，乡村经济走向凋敝，工业化和城镇化走入困境，造成社会动荡，最终陷入"中等收入陷阱"。只有加快乡村产业发展，统筹处理好工农城乡关系，才能顺利推进社会主义现代化进程，从而跨越"中等收入陷阱"。

（三）理论价值

乡村产业的发展，将为我国构建城乡融合发展的体制机制和政策体系提供实践经验，进一步丰富和完善中国特色社会主义经济理论。

1. 打破了二元结构的理论模式 刘易斯二元结构经济理论提出，发展中国家现代工业部门劳动边际生产率高于传统农业部门的边际生产率，在劳动力无限供给条件下，劳动力将大量从传统农业部门流向现代工业部门。发展乡村产业，打破了传统农业部门劳动力只能流向现代工业部门的路径依赖。通过在农村培育新产业新业态，不仅可以让农民分享到二三产业的价值增值，还可以让农民就地就近就业，农村劳动力不再单向流入城市，从而探索出一条不同于传统劳动力转移模式的新路子。

2. 完善和拓展了产业分工理论　亚当·斯密认为，人与人之间存在交换的需求导致了分工的出现，分工是提高劳动生产率、促进社会财富增长的关键因素。但产业分工理论并未对分工之后的产业组织方式作进一步的研究。我们今天所说的乡村产业发展，是在生产力高度发展、产业高度分工的基础上，对产业链上各环节进行明确分工，再通过利益联结机制将各分工紧密连接在一起，实现生产效率的最大化。这种"先分后统"方式，是对产业组织形态的一种再创新。

3. 丰富和发展了产业集群理论　迈克尔·波特提出的产业集群理论认为，在一个特定区域，集聚着一组相互关联的公司、供应商、关联产业。通过这种区域集聚，使企业共享区域公共设施和市场环境，降低信息交流和物流成本。这一理论，侧重于从经营主体的角度，分析产业集聚产生的内部效应。发展乡村产业，通过产业联动、要素聚集、技术渗透、体制创新等方式，将生产、加工、休闲等融合在一起。不仅能够产生节约交易成本的内部效应，还能产生促进农民增收和农村经济发展的巨大外部效应。

（四）文化功能

加快乡村产业发展，有利于增强我们的道路自信、理论自信、制度自信和文化自信。改革开放以来，我们党领导农民大力推进农村改革发展，乡村产业经历了四次大的创造：

第一次，20世纪70年代末80年代初实行家庭联产承包责任制，激发了亿万农民的积极性和创造性。

第二次，20世纪80年代一批农村能人纷纷登场，乡镇企业异军突起，所创增加值一度占国民经济"三分天下有其一"，在工业中占据"半壁江山"。

第三次，20世纪90年代中后期农业产业化蓬勃兴起，实现了产加销一体化和贸工农一条龙发展。

第四次，党的十八大以来，随着信息技术不断渗透、产业分工不断深化，农业越过产业边界、区域边界和城乡边界，乡村一二三产融合发展已成为今后一个时期乡村产业发展的趋势特征。

这四次创造都是广大农民的实践探索，经过总结提炼和政策推广，形成了全社会的广泛共识。可以说，乡村产业的发展，将为推进乡村全面振兴提供强有力支撑，将充分彰显社会主义制度优越性，为广大发展中国家推进乡村产业发展、促进乡村全面振兴贡献中国智慧和中国方案。

总之，推进乡村产业振兴，直接关系着农业强不强、农民富不富、农村美不美，直接决定着实施乡村振兴战略的进程和成败。当前，"不忘初心、牢记使命"主题教育正在深入开展，对农业农村部门而言，"守初心"就是要坚守为农民谋幸福、为乡村谋振兴的初心，"担使命"就是要肩负起推进乡村振兴的光荣使命，把深入学习贯彻国务院《关于促进乡村产业振兴的指导意见》和全国乡村产业振兴推进会精神，作为"不忘初心、牢记使命"主题教育重要内容，进一步增强工作的责任感、使命感、紧迫感，以高度的自觉、创新的思路、务实的举措，扎实推进乡村产业振兴。

三、促进乡村产业振兴的天时地利人和

（一）乡村产业振兴的天时已经具备

一是国家实施乡村振兴战略带来了政策机遇，五级书记抓乡村振兴，各地都成立振兴机构；二是农村土地制度改革，"三块地"（农村土地、集体经营性建设用地、宅基地）都进行了"三权分置"改革，为乡村振兴带来了激活土地资源的机遇；三是城市高房价为部分人口和生产要素回流农村带来了机遇；四是消费结构由"吃穿住行用"向"学乐康安美"升级，"小康＋健康"、"闲钱＋闲暇"、乡村旅游休闲健康养生养老需求大幅增加带来了新市场机遇；五是人在干、云在转、数在算、面朝屏幕背朝云，互联网、物联网大发展为农村分享科技革命成果带来了机遇；六是高铁等交通设施大规模向农村延伸为乡村振兴带来了机遇；七是部分地区出现了逆城市化趋势为乡村振兴带来了人流、物流、财流、信息流等机遇；八是部分城市产业向农村转移为乡村振兴带来了产业发展的机遇。

（二）城乡要素双向流动就是乡村产业振兴的地利

地利，体现在乡与城的互动交往、交叉融合、双向流动、平等交换格局已经形成。从先行国家和地区的经验看，当城镇化水平超过

30％时，城镇化进入高速成长期，大量农村劳动力进入城市就业；当城镇化水平超过70％时，城镇化又进入缓慢发展阶段，经济活动和人口持续不断地由城市中心向外围扩散，形成"逆城市化"趋势。由于国情不同，我国的城镇化发展既有遵从一般规律的一面，也表现出一定的特殊性。虽然目前的城镇化水平还不到60％，但在一些地方已经出现了城乡资金、人才等要素回流农村的趋势，城乡双向交流、相互交融的苗头已经开始显现。

（三）逆城镇化产生人和

比对一下当地的城镇化率有没有达到70％，这是说，城里人有没有到乡下投资、创业、工作、生活的需求？因为乡村振兴的关键和抓手就是城乡融合，城里人不到乡村去，乡村就难以振兴。当前，一部分城镇化发展较快的地区已经出现了逆城镇化现象。如东部地区的三大都市圈地带，消费的多元化趋势从城市向农村蔓延，从近郊区、远郊区和辐射区向乡村扩展，这些地区的乡村振兴时代已经来临；而偏远地区的农村，则仍然是搞好农村一二三产业融合发展，期待以产业融合带动城乡融合。

2018年，全国返乡创业人员已超过780万，其中返乡农民工占72.5％。越来越多不同年龄层次、不同学历背景、不同职业经验的人加入返乡创业的大潮中。农民，正在成为令人羡慕的有奔头的职业。未来，中国还将建立促进乡村就业创业的政策体系、工作体系和服务体系，乡村就业创业规模水平也将得到明显提升。

"党的领导＋双层经营＋三位一体＝城乡融合＝乡村产业振兴"，这就是乡村产业振兴的公式。在乡村产业振兴实践中，要构建城乡融合发展体制机制，就是要求农村基层党组织掌握住土地资源、市场资源、尤其是金融资源，有效地把农民组织起来，走出一条既能共同富裕又能高效配置资源的中国特色社会主义农业农村发展道路。

乡村产业振兴仅仅是"乡村"的振兴吗？当然不是！城镇化是城乡协调发展的过程，没有农村发展，城镇化就会缺乏根基。推进乡村产业振兴，离不开以城带乡、以工促农。从这个意义上讲，乡村产业振兴也是城市发展的机遇。大中城市要不断加大城乡融合的发展力度，引导城市现代资源要素向城郊农村倾斜。

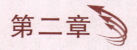

乡村产业历史与发展

第一节　乡村产业的艰辛探索

　　乡村产业的前身是乡镇企业。乡镇企业是我国农民的伟大创造。乡镇企业的本质就是农民兴办各类企业和经济实体，促进乡村产业发展。新中国成立以来，特别是改革开放以来，乡镇企业"异军突起"，取得了举世瞩目的巨大成就，为我国经济社会发展作出了重要的历史性贡献。充分肯定乡镇企业的重要贡献，回顾乡镇企业的发展历程，总结成就与经验，进一步发挥其独特作用，对于深入贯彻落实党的十九大精神，大力实施乡村振兴战略，加快推进农业农村现代化，全面建设社会主义现代化强国具有重要意义。

　　从传统农业社会向现代工商社会转变，逐步在工业化、城镇化基础上实现现代化，是人类共同的美好愿望。但不同国家、地区和民族在实现现代化的路径选择上是千差万别的。我国与其他国家和地区不同，主要是因为一个特殊的现象，也就是农民创造的乡镇企业在农村区域和市场经济条件下"异军突起"。这支脱胎于"三农"进而又加入工业化、城镇化和农业农村现代化的一支特殊群体的出现，使得我国在这一过程中除了形成刘易斯"传统部门-现代部门"的二元格局之外，还从农业农村中分化出乡镇企业和小城镇，从农民中分化出本地农民工和进城农民工，形成"传统农业和农民-乡镇企业和本地农民工-进城农民工-城市现代工商业和市民"的多元格局，形成了农村工业化、城市工业化"双轮驱动"的局面。这是农业哺育、城市带动、城乡要素融合的产物。这是我国在工农之间、城乡之间、区域之间实行差异化政策，在中央与地方之间、国家与农民之间、政府与市场之间不断调整，探索出来的一条中国特色之路。而其中的乡镇企业在不同时期、不同类别、不同区域上也都被打上了深刻的差异化烙印。

新中国成立以来，乡镇企业大体经历了艰难孕育、异军突起、二次创业、转型提升、创新发展等五个具有明显特征的阶段。每一个阶段国家调整的重点关系不同，乡镇企业在各阶段的差异化特征也不同。

一、1949—1977 年：艰难孕育阶段

这一阶段，国家重点调整中央和地方关系。中央和地方共同发动了作为地方工业的社办工业，具有很强的外部嵌入和政府移植特征。

乡镇企业的前身是社办工业和社队企业，它的母体是农业副业、农村手工业和地方工业。1949 年新中国建立时，毛泽东同志指出，我国能够生产面粉馒头、桌子板凳，但是一辆拖拉机、柴油机、汽车都生产不出来，更不要说生产飞机了。1953 年，中央提出实行国家工业化和对农业、手工业、资本主义工商业进行社会主义改造的"一化三改"，农村开始了合作化运动，城市开始了模仿苏联的重工业化战略。为了能够顺利地从农业中获取工业所需农产品原料和工农产品价格的"剪刀差"，从农村中索取城市发展的各种要素，国家建立了"一个体制、三个制度"，即计划经济体制，农产品统购统销制度、人民公社制度和城乡分割的二元户籍管理制度。尤其是 1958 年颁布了《户口登记条例》，将整个社会切割成相对立的两大部分，开始实行城乡分治，以农补工补城，以农养政养军。依靠从农业中汲取的积累不断增长，国家工业化和城市基础设施、社会事业快速发展。与此同时，中央和地方都感到不能仅靠国家工业化这一条腿，还要大力发展地方工业包括社办工业，并通过 1958 年 1 月的南宁会议和 3 月的成都会议确定。1959 年 2 月，毛泽东同志热情赞扬社办工业："我们伟大的、光明灿烂的希望也就在这里。"

中央曾经两次掀起社队企业高潮。第一次是 1958 年毛泽东同志发动的"大跃进"运动，要求各地工业总产值，争取在 5 年或者 7 年或者 10 年内超过当地的农业产值。在政治动员的作用下，全国各地社队企业遍地开花，农村中一度出现了工业的迅速发展。1959 年达到高峰，有社办工业企业 70 多万个，总产值超过 100 亿元，约占农村工农生产总值的 16.75%；而后迅速回落，1960 年降至 50 亿元，占农村工农生产总产值的 9.86%。与此相适应，农村非农业就业也出现高潮，其所占农村就业比重在 1958 年达到 27.74%。但是，很快遭遇失败。由于受到三年严重困难的影响，党中央采取紧急措施，停止大炼钢铁、大办工业，农村非农就业比重迅速下降，到 1963 年达到最低值 1.39%，社队企业生产总值占农村工农生产总值也降至 5.89%。第二次是 1970 年，在毛泽东同志和邓小平同志的支持下，社办工业重新得到发展。1974 年改名为社队企业，当年湖南省成立社队企业局，时任省委书记的华国锋同志还兼任局长。1976 年，农林部成立了社队企业总局。社队企业工业总产值从 1970 年的 67.6 亿元发展到 1977 年的 332 亿元，农村非农劳动力和非农产业产值占农村比重分别达到 4.67% 和 21%。从国际比较来看，农村出现较大规模的工业化是中国特有的，这是世界上其他发展中国家甚至发达国家所未出现过的现象。这时期发展起来的社队企业为 20 世纪 80 年代乡镇企业的发展与崛起奠定了初步基础。但农村出现的两次工业化小高潮，并没有在整体上改变农业部门仍然是农业经济，尤其是农村就业仍然是农业绝对主导的格局。农村劳动力流动在此期间由于政策的变化出现了强制性的波动变化，但总体上是受到严格限制的。而且由于受到计划经济体制和户籍制度影响，不断人为强化了城乡二元经济社会结构。这一阶段社队企业的发展没有改变农村单纯依靠农业支撑的格局，仍然在农业的"胎盘里"艰难孕育。

就整个国民经济和社会而言，城乡分治的制度安排保障了工业所需农产品原料的供给和工农产品价格"剪刀差"的顺利获取。据专家测算，到 1978 年，国家从农业中汲取的积累为 6 000 亿元到 8 000 亿元。在财政支出政策上，城市基础设施和社会事业主要由国家负担，农村基础设施和社会事业主要由农民负担。通过这种对农业"多取少予"的制度安排，我国已建设形成了相对完整的独立工业体系。工业总产值占工农业总产值的比重，由 1949 年的 30％上升到 1978 年的75％，城市得到了较快发展。但同时也带来了许多问题。1978 年农村尚有 2.5 亿人没有解决温饱问题，占农业人口总数的 30％以上，农民收入在 1957—1978 年的 21 年间人均仅增长 2.8 元。农村发展越来越落后于城市，城乡二元结构不断强化，农业农村成为制约国民经济发展的瓶颈。

二、1978—1991 年：异军突起阶段

这一阶段国家重点调整城乡关系和工农关系。乡镇企业在农村区域和市场经济条件下、在农村改革释放的能量推动和强有力的买方市场拉动下迅速崛起，成为市场化改革、以工哺农和城乡一体化的先导力量。

随着"文化大革命"的结束，党的十一届三中全会开启了我国经济社会改革开放的新征程。以中国农民的创新与实践精神为基础，改革首先从农村地区的家庭联产承包责任制拉开序幕。1982 年中央 1号文件明确指出，目前农村实行的各种责任制都是社会主义集体经济的生产责任制；1983 年，中央再次下发 1 号文件指出，联产承包制是在党的领导下我国农民的伟大创造。农村改革政策迅速解放了生产力，农业生产实现了平稳较快增长。城乡差距在 20 世纪 80 年代初曾一度缩小，但很快随着城市改革的开始，差距再一次拉大。由于我国人口基数大、人口增长快的影响，虽然一部分劳动力流动到城市或者社队企业工作，但农村农业劳动力人数在这一时期仍然持续增加，从1978 年的 2.78 亿人增加到 1991 年的 3.86 亿人，农业增加值从 1978年的 1 028 亿元上升至 1991 年 5 342 亿元。农业劳动力人数占农村就业比重、农业增加值占农村增加值比重均呈下降趋势，前者从 1978年的 90.75％下降到 80.29％，后者从 1978 年的 83.1％下降至 1991年的 64.24％。

消弭二元格局的努力，在党的十一届三中全会后有两条明显路

径：一条是农民不断突围二元格局，创造了家庭联产承包责任制、乡镇企业、小城镇、进城务工等多种形式；一条是中央积极肯定、总结推广，逐步打破城乡分割，逐步协调工农城乡发展，逐步扭转对农业"多取少予"的政策，积极采取"放活"政策。党的十一届三中全会通过的《中共中央关于加快农业发展若干问题的决定》提出"社队企业要有一个大发展"，要提高社队企业经济比重。但由于城市的容纳有限，1982年国家制定"严格控制大城市、适当发展中等城市、积极发展小城镇"的城镇化方针，实行大力发展社队企业，就地转移农村剩余劳动力的政策。1984年3月，中央发出开创社队企业新局面的号召，正式改名为乡镇企业，形成了乡、村、联户、户办"四个轮子一起转"的格局，进入第一个发展黄金期。邓小平同志在1987年称赞乡镇企业"异军突起"，是"预料不到的最大收获"。1986年的中央1号文件指出，不发展农村工业，多余劳动力无出路。乡镇企业为我国农村克服耕地有限、劳力过多、资金短缺的困难，为建立新的城乡关系找到了一条有效的途径。1987年，党的十三大报告提出要继续合理调整城乡经济布局和农村产业结构，积极发展多种经营和乡镇企业。中共中央、国务院采取一系列政策措施，特别是1990年国务院制定《中华人民共和国乡村集体企业条例》，有力地促进了乡镇企业的蓬勃发展。1978年乡镇企业就业人数为2 826.56万人；1991年则达到9 614万人，占农村劳动力总数的20.21%。1978—1991年平均每年增加就业621.7万人。1978年，乡镇企业增加值为209.39亿元，1991年达到2 972亿元，年平均增长率达26%，占农村增加值的比重也达到35.74%。农业劳动力离土不离乡，进厂不进城，就地转化为产业工人，引发农村社会出现了新的经济活力。

乡镇企业"异军突起"，在农村地区整合各种资源来发动工业化，不仅为国民经济发展和创造就业作出了巨大贡献，成为农村经济的重要支柱，而且为我国农民找到了一条参与工业化、城镇化的现实途径，从而彻底改变了中国工业化、城镇化的发展模式。在城乡分割条件下，推动农村工业化，通过工业的集聚，带动了基础设施和公共服务的聚集，带动了人口和人气的聚集，带动了市场的发育和社会事业的发展，这在很大程度上催生了星罗棋布的小城镇，加快了城镇化进程。乡镇企业的发展，为加速农村劳动力从农业部门向非农产业转移，改造传统农业，提高非农经济收入，发挥了十分重要的作用。可以说，没有乡镇企业就没有后来的统筹城乡经济社会发展的理念和城乡经济社会一体化发展的格局。

三、1992—2002 年：二次创业阶段

这一阶段国家重点处理政府与市场和区域的关系。乡镇企业利用市场经济的先导优势加快发展、加快改革和加快提高，从而再一次崛起。

这一阶段发轫于邓小平同志视察南方时发表的重要谈话和党的十四大。逐步完成原始积累的乡镇企业开始摆脱了姓"社"姓"资"、姓"公"姓"私"的束缚，摆脱了计划与市场争论的羁绊，在1989—1991 年三年治理整顿期间积累了足够的能量之后，开始大踏步登上中国经济社会的舞台。1996 年，国家出台了《中华人民共和国乡镇企业法》，乡镇企业成为一个综合性的法律概念。这一时期国家提出大力发展中西部地区乡镇企业，中西部地区乡镇企业增加值占比从 1991 年的 33％上升到 1996 年的 40％；促进集体企业改革体制机制，加之市场竞争的压力不断向企业内部传导，要求集体企业产权模糊的问题清晰化，改革从企业承包到资产滚动增值承包再到产权制度改革一步一步向纵深推进。159 万家乡镇企业中的 130 万家改成了私营企业，20 万家改成了股份制和股份合作制企业，剩下的 9 万家也实现了股权多元化，这给乡镇企业发展又一次提供了强大的动力和活力，很多原来濒临倒闭的集体企业焕发了生机；国家鼓励个体私营企业发展，乡镇企业中 95％以上为个体私营企业、混合所有制企业；国家鼓励中小型企业和涉农企业发展，乡镇企业 99％为中小型企业，90％以上是劳动密集型企业、规模企业的配套企业、农产品加工业和农村服务业等；国家鼓励工业园区和小城镇发展，40％以上的企业已经向产业集中区和小城镇集聚。与此同时，农民工大规模进城务工，农业与非农业就业结构、经济结构的关系相继发生了深刻变化。乡镇

企业就业人数从 1991 年的 9 609 万上升至 1995 年的最高峰 1.35 亿。1995 年我国买方市场开始形成，1996 年我国农产品供给从总量不足实现了供需基本平衡、丰年有余，1997 年亚洲爆发金融危机，乡镇企业就业人数恰恰在这个时期呈下降趋势，直到 2003 年才恢复到 1995 年的总数，这也是这一阶段农民开始大量进城的主要原因。

需要指出的是，在进入新世纪之前的我国城乡关系演变历程中，既有许多经验可以总结，也有许多教训需要汲取。归纳起来就是：中国作为一个发展中大国，必须始终注重夯实农业基础，尊重工农城乡发展客观规律，做到工农城乡协调发展。新中国成立以来，国民经济经历了三次大波动和大调整，就充分说明了这个问题。第一次经济大波动发生在 20 世纪 50 年代末期，我国大炼钢铁、大办工业，"青壮炼钢去，收禾童与姑"，造成工业品没有市场、农产品供给短缺。为此，1960 年 9 月中央提出了"调整、巩固、充实、提高"八字方针，开始了新中国成立后的第一次经济大调整。第二次经济大波动发生在"文化大革命"期间，也是由于工农发展失衡。1979 年初中央明确提出了"调整、改革、整顿、提高"新八字方针，决定用三年时间对国民经济进行调整。第三次经济大波动发生在 20 世纪 80 年代中后期，1988 年党的十三届三中全会提出了"治理经济环境，整顿经济秩序，全面深化改革"的方针，开始了第三次国民经济大调整。国民经济三次大调整所采取的共同措施是，放慢工业发展速度，加强对农业的支持，促进农业发展。多年的发展历程表明，什么时候工农城乡关系处理得好，现代化建设就能顺利推进；处理不好，现代化建设就可能出现波折。

四、2003—2012 年：转型提升阶段

这一阶段，国家实行城乡关系、工农关系重大改革，着重调整国家、集体与农民的关系。乡镇企业减少与城市企业的趋同性，增强与"三农"的关联度，具有回归农业农村、彰显特色优势的特征。

中央在"三农"方面采取了一系列重大措施，吸引大量乡镇企业回归农业，瞄准开发农业资源，彰显特色优势。乡镇企业增加值中，

三产比重 10 年提高了 2.21 个百分点，接近 1/4；农产品加工业比重不断提高，2011 年达到 32.5%，接近 1/3；各类乡镇企业园区比重提高，超过 1 万个园区的增加值占到 28%。拥有技术创新中心和研发机构 6.77 万个，比 2002 年增长 50%；中专及技校以上文化程度从业者达到 3 600 万人，是 2002 年的 2.8 倍。东部地区下降 3.6 个百分点，中部、西部和东北地区分别提高 2.1 个百分点、0.9 个百分点和 0.6 个百分点。

五、创新发展阶段

党的十八大以来，国家实施创新驱动战略和"大众创业、万众创新"战略，并不断向农村延伸拓展，乡镇企业开始走出一条"以创新带创业、以创业带就业、以就业带增收"的良性互动局面。新型乡镇企业即由农民领办、开发农村资源、活跃农村二三产业、壮大县域经济、充分带动农民就地就业增收的新型群体。到 2018 年底，乡镇企业总产值 85 万亿元，乡镇企业数量 3 200 万个，其中集体企业 13 万个、私营企业 51 万个、个体工商户 2 500 万个，其他为混合所有制企业；乡镇企业从业人数 1.64 亿，其中集体企业 350 万、私营企业 5 600 万、个体工商户 6 300 万，其他为混合所有制企业从业人数。

第二节 乡村产业的变迁

随着乡镇企业的发展变化和转型升级，乡村的非农产业结构和布局也发生了深刻的变革，形成了新的发展格局。

一、发展地域变迁

随着对外开放和地域开放的不断扩大，乡镇企业发挥机制、资源、劳动力等方面的优势，通过改善投资环境，完善社会化服务，积极招商引资，主动承接国际产业转移，积极参与国际国内产业分工，纷纷搭建国际间、地区间、城乡间和企业间的"产业梯度转移承接平台"，实现了外向型经济的超常发展。万向集团、红豆集团、阳光集团、华西集团、南山集团、金锣集团、汇源集团等一批规模大、水平高、效益好的乡镇企业集团在外向型经济中起着支撑作用，培植出了一批中国名牌产品和省级名牌产品，叫响了乡镇企业的品牌，树立了乡镇企业的新形象。同时，东部沿海企业按照互惠互利的原则，在中西部和东北以投资设厂、参股入股、收购兼并、技术转让等多种形式兴办乡镇企业，达到合作双赢、共同发展的目的。很多规模企业不断延长产业链，裂变新企业，带动配件配套企业，形成"雁阵效应"。2009—2011 年金融危机后，农村能人和农民工在东部打工后回到中西部地区的家乡创办的小型乡镇企业 123 万家，农民工回乡创业人员累计达到 520 万，累计安排 3 000 万人就业。农村能人创业、回乡创业和外来投资者创业的大量出现，加速了生产要素的盘活、重组和优化配置，也吸引了外地、城市和国外工商资本大量向农村进入。现在的农村，有了越来越多本地的和外来的新型劳动密集型产业、生产性服务业以及与规模企业配套的产业，正在形成创业带动就业、就业促进创业的格局，这种新变化为乡镇企业的新发展注入了新的活力。

与此同时，很多乡镇企业在积极引进国外资金、技术、装备和稳定增加出口能力的同时，一批有实力的企业，如浙江万向集团、飞跃集团等走出国门，经商办企业，设立研发机构，从产品的出口逐步开始探索资本、技术、管理的输出，从以主要利用国内的资源向利用国内国际两种资源并重转变，企业的生产经营逐步国际化。目前境外办企业达 3 578 家，累计投资额 668 亿元。一批企业在国外设立了研究与开发机构，如万向集团在美国设立了技术中心，该集团 20 世纪 80 年代就进入美国汽车零部件维修市场。时至今日，产品已跨出国门，技术和人员走向世界，现已在 7 个国家成立了 10 多家公司。科龙集团将研究与开发的前沿推到了日本。森达集团的设计机构建在意大利。浙江飞跃集团已在世界 16 个国家建立了 17 个境外分公司，飞跃产品的 70% 出口，其中 40% 出口欧美等发达国家。乡镇企业的地域概念更加模糊，融入国民经济乃至全球经济的程度更深、更广。

二、产业布局变迁

乡镇企业的发展走过弯路，其中有一点就是发展缺乏规划。规划没能够体现企业集中、产业集聚，因此有"村村点火、处处冒烟"的现象。过去按照乡村的行政区划布局来发展乡镇企业，这是违背工业发展规律的，是孤岛式和"孤军深入"的工业化，没有光明的前途。现在，经过多年的结构调整，乡镇企业自发、分散、无序发展的局面得到了有效控制。许多地方有了乡镇企业的产业集中区，有了小城镇聚集区，尤其是温州、苏州、东莞、烟台等地，突出的是以产业集群为纽带，以供应链重组为契机，大量引进资金、人才等要素，形成乡镇企业合理的价值链分工，形成了特色鲜明的产业集群。在东部地区和部分中西部地区，已经形成了产业发展、人口聚集、市场扩张、城镇扩大的良性互动局面，有着"共生关系"的企业在协作竞争的基础上发展，这就有更好的分工效应和外部规模效应。

目前，经济园区化、园区产业化、产业集群化成为乡镇企业发展的新趋势。而任何一个园区的发展和产业的扩大，总是伴随着城镇化的发展、农村基础设施的大规模改造。乡镇企业发展了，县域财政统筹城乡能力就增强了，也就增加了农村公共品的供给，农村和城镇基础设施就好，就能够带动农村建设的大发展。

三、行业结构变迁

乡镇企业从 20 世纪 70 年代的"五小"工业、建筑建材起步。80年代和 90 年代前半期，我国的发展主要是解决短缺经济问题。因此，乡镇企业有着与城市企业趋同的产业结构，也曾经有一大批耗能高、污染大、效率低的小企业。随着买方市场的形成，也随着国家发展战略和产业政策的变化，我国乡镇企业中的一般性制造业和资源型、污染型产业大多已在竞争中被淘汰，在调控中被关停。但乡镇企业的发展没有停步，这主要是由于在结构调整中坚持了为农服务，坚持了发展农产品加工业、休闲农业和乡村旅游等"三农"关联型和特色优势型产业。企业家们根据农产品资源优势和市场条件，大力发展加工业及储藏、运输、保鲜、包装和流通业，使得农业延伸产业快速发展，乡镇企业在农业的产后领域迅速站稳了脚跟、扩大了空间。这种新变化为乡镇企业的新发展打造了新的基础。

总体上看，乡镇企业已经形成了以农产品加工、纺织服装、机械制造、轻工食品、建筑建材、能源化工为主导的产业结构新格局，同时还涌现出一批电子信息、商贸物流、民俗旅游等新型产业；而城市中小企业不仅在传统产业中保持活力，而且在信息、生物、新材料等高新技术以及信息咨询、工业设计、现代物流等服务业中成为新兴力量。城乡产业结构进一步合理，分工分业和合作交流进一步加强。

四、产权制度变迁

乡镇企业的投资主体从发展初期的乡村集体经济组织，从利润承包、资产滚动增值承包到产权制度改革，目前转变为农民个人投资为主，个人独资、私人合伙、股份制、股份合作制等已经成为乡镇企业的主要财产组织形式和所有制形态。2006 年乡镇企业改制基本完成后，原乡村集体企业 80％以上改制成私有企业和股份合作制、股份制企业，保留集体所有形态的不足 20％。近年来，随着农民专业合作社的快速发展，建立在农民个人财产权基础上的社区农民联合所有成为一股新的发展力量。股份合作制和股份制将有可能成为乡村企业的重要组成部分或主力军；而原有乡村集体企业，在经过改制的洗礼后，逐步走上村庄集团化或集团化村庄。

五、经营方式变迁

从粗放经营到环境资源刚性约束，从劳动力充分供应到用工难，倒逼乡镇企业转变经营方式，发展新兴产业，高新产业、循环经济、清洁生产迅速成为发展的主流，为乡镇企业创造了新的发展方式。有人说，现在的乡镇企业"鸟枪换炮"、今非昔比了，用此来形容乡镇企业的科技、投资、人才等要素的水平，这个说法反映了实际。总体看，很多乡镇企业的技术进步已从"星期六工程师""借脑生财"，到引进、消化、吸收先进技术设备，现在已经发展到了技术创新的新阶段。我国的转让专利中，目前有60%左右的技术专利被乡镇企业购买；乡镇工业自办科技研发、检测和质量机构，大力发展产学研结合加以集成创新；不断引进国际先进技术和适用技术，实现消化吸收再创新；大力培养经营管理人才、专业技术人才和职业技能人才。很多乡镇企业正在按照减量化、再利用、资源化的原则，节约能源、节约用水、节约土地、节约材料，加强资源综合利用，推行清洁生产，严格执行环境影响评价制度，积极治理污染项目，保护生态环境，形成了企业内循环、产业内循环和区域内循环的循环经济。这种新变化无疑将为乡镇企业的新发展带来新的效益。

六、园区平台建设变迁

工业园区通过劳动的集聚，带动人口的聚集；通过生产的集聚，带动消费的聚集。而生产与消费的集聚是推动城镇化的基本动力，园区通过一定范围内的土地统一集中规划，使入园企业实现产业配套、服务配套，基础设施、信息共享，同时引进研究学术机构，达到产学研结合，实现集约利用土地。可以说，园区是工业化与城镇化的结合点，园区要社区化，社区要城镇化。社区要配套各种公共服务和社会事业，如教育、医疗、养老、娱乐、餐饮等，这是城镇的功能，而工业化和城镇化在此得到了很好的衔接。城镇化以吸纳农民进入城镇为支撑点，推动土地依法自愿有偿流转，实现土地规模化经营，从而为农业现代化首先是农业机械化创造条件，城镇化和农业现代化在此得到了很好的衔接。

第三节　乡村产业的历史贡献

《中华人民共和国乡镇企业法》第二条规定，乡镇企业是指农村集体经济组织或者农民投资为主，在乡镇（包括所辖村）举办的承担支援农业义务的各类企业。乡镇企业率先冲破"一大二公"、城乡二元格局和计划经济体制束缚，加入我国工业化、信息化、城镇化和农业农村现代化进程之中，一度曾在国民经济中"三分天下"、工业经济"半壁江山"、财政贡献"五居其一",为农村经济和县域经济积累了"第一桶金",为我国经济社会发展作出了不可磨灭的历史性贡献。

改革开放以来,国家鼓励、支持乡镇企业的差异化特征,采取了很多差异化政策措施,为乡镇企业的改革发展提供了强大动力。乡镇企业的产生和发展,为打破农村单纯依靠农业的局面、转移亿万农民工成为产业工人,打破僵化的计划经济体制、构建社会主义市场经济体制,打破分割的城乡二元格局、促进城乡统筹发展,打破单一的公有制格局、建立基本经济制度等都作出了历史性贡献,是中国特色社会主义事业的重要组成部分。

一、推动市场经济体制建立

农民兴办的乡镇企业从诞生之日起就秉持要素从市场中来、资源配置由市场来定、产品到市场中去,硬是从僵硬的计划经济体制中"挤出一条缝隙、挖出一个洞、打开一扇门来"。乡镇企业一直在市场经济的"海洋"中摸爬滚打,进行了探索实践,为以市场化为取向的经济体制改革积累了丰富的经验,倒逼国家不断深化以市场为取向的改革,推进价格、工资、信贷、土地等各方面的改革。乡镇企业是我国社会主义市场经济的先导队伍,当年被计划经济的各种订货会拒之门外的乡镇企业,正在中国经济的大舞台上演了一场场威武雄壮的话剧,引领我国经济义无反顾地走向了市场、走向了开放。

二、推动基本经济制度确立

改革开放前期,我国基本上是国有制一统天下的格局,集体经济和私有成分被限制在很狭窄的范围。党的十一届三中全会后开始逐步采取"放活"政策,在农村实行家庭承包经营制度,改革农产品购销制度,支持农村集体和农民兴办社队企业。1984年,中央4号文件将其改名为乡镇企业。因此,乡镇企业发展初期虽从乡村集体企业起步,但同时发展了联户办、户办等多种所有制形式,形成了以乡(镇)办、村(村民小组)办、联户办、户办这样的以集体经济为主体、多种经济成分并存的格局,形成了以乡村集体企业兴旺发达为标志的"苏南模式"和以农民个体私营企业蓬勃发展的"温州模式"。

邓小平同志发表南方谈话和党的十四大后，逐步完成原始积累的乡镇企业开始摆脱了所有制和姓"社"姓"资"的束缚与羁绊，加之市场竞争的压力不断向企业内部传导，乡村集体企业中的90％都进行了产权制度改革。改制后的乡镇企业以股份合作制、股份制等混合所有制与合伙制、个人独资形式再次创业；与此同时，一些农村个体私有企业也通过股份合作制、股份制走向联合。总的来看，乡镇企业实行多轮驱动、多轨运行，哪个轮子转得快就让它快转，极大地解放和发展了生产力，为我国建立以公有制为主体、多种所有制共同发展的基本经济制度立下了汗马功劳。

三、推动国家工业化

改革开放之前，我国实行城市搞工业、农村搞农业的二元经济社会格局。广大农民被局限在"一亩三分地"上，只能从事农业甚至只能是粮食生产，不能参与工业化过程、共享工业化成果。乡镇企业发展起来后，对城乡二元格局进行了一次次突围，国家政策一次次给予肯定。农民自下而上在农村兴办二三产业，将农村各种资源进行整合，吸引城市要素流向农村，逐步打破城乡分割，工农城乡开始步入协调发展的轨道上来，农业、乡镇企业和城市工业都得到了较快发展。乡镇企业在城市工业化之外，开辟了农村工业的新领域，避免了城市工业"瘸腿走路"的弊端，形成了城市工业化、农村工业化"比翼齐飞、并驾齐驱"的良好局面，大大加快了我国工业化的进程。

四、推动国家城镇化

改革开放初期，家庭联产承包责任制的成功实施，催生出大量的农村富余劳动力。当时的转移渠道十分单一，主要靠城市吸纳，然而城市吸纳能力极为有限，于是人口在小区域集中、大范围分散成为必然选择。乡镇企业先是在小集镇集聚发展，后来逐步发展成工业园区和产业集群，实行集中连片发展，吸引人口、要素、设施和公共服务的聚集，形成了星罗棋布的小城镇。我国小城镇从改革开放之初的

2 173 个发展到目前的建制镇 1.9 万个、小集镇 1.5 万个。一方面，乡镇企业吸引农村富余劳动力就地就近向二三产业的转移，为城镇化输送了人力资源，培育了产业大军，乡镇企业累计转移农村富余劳动力 1.64 亿以上，对农民人均纯收入贡献率达 35％；另一方面，为农村和小城镇培育了一大批市场主体，鳞次栉比的小商铺、小工厂成为一些地方的重要市场力量。

乡镇企业的发展，为小城镇提供了产业支撑，扩大了就业容量，与城市一起大大加快了我国城镇化的进程。由此看出，乡镇企业是推进我国城镇化的基础动力。没有乡镇企业，就不能走出大中小城市结合、以小城镇为主体的中国特色城镇化道路，就有可能出现农村富余劳动力都到大城市居住的"城市病"和"贫民窟"，进而掉入"中等收入陷阱"，也就不可能有统筹城乡发展、城乡一体化和城乡融合发展格局的形成。

五、推动农业农村现代化

改革开放初期，国家财力有限，对农业投资规模很小，农业外部也缺乏强有力的力量拉动。在这样的背景下，乡镇企业从发展之初，就以转移农村富余劳动力和以工补农、建农、带农为己任，在国家尚未能够大规模支持农业的前提下发挥了捷足先登的作用。每年承担以工补农建农和社会性支出 400 亿元左右，助推了农村水、电、路、气、房、科、教、卫、文、保等公共性公益性设施的建设；大量转移农业富余劳动力，在我国人多地少、资源紧缺的背景下，走出了建设农村必须繁荣城镇、发展农业必须发展非农、富裕农民必须减少农民的成功之路；乡镇企业瞄准农业资源，彰显特色优势，大力发展"农字号"产业，发展农产品加工业、休闲农业、乡村旅游和现代种养业，为农业注入大量的资金和现代要素。目前乡镇企业产值中，三产比重接近 1/4，农产品加工业比重接近 1/3。农产品加工业、休闲农业和乡村旅游业在乡镇企业中的占比逐步提高，为促进"三农"问题的解决发挥了重要作用，为中国特色农业现代化的发展提供了重要支撑。

第四节　乡村产业发展的总体思路

乡村产业发展是一个持续的过程。从 20 世纪 70 年代社队企业崭露头角，到 80 年代乡镇企业异军突起和 90 年代农业产业化快速发展，特别是党的十八大以来，农村创新创业环境不断改善，农村一二三产业融合步伐加快，新产业新业态新模式大量涌现，为乡村产业振兴注入了强大动力。

一、发展机遇

如今，一批彰显地域特色、体现乡村气息、承载乡村价值、适应现代需要的乡村产业，正在广阔天地中不断成长、蓄势待发。乡村产业发展面临难得的机遇：

1. 巨量的资源要素　农业农村优先发展，城乡融合发展加快步伐，城乡资源要素流动渠道更加畅通，乡村设施条件改善，土地、资金、人才、产品等资源要素将向乡村汇聚，广阔农村将是一个充满活力、充满朝气、充满生机的新天地。

2. 巨量的市场需求　2019 年，我国人均 GDP 已近 1 万美元，恩格尔系数下降到 28.2%，进入"小康＋健康、有余钱＋有闲暇"的"双康双有"时代。城乡居民已由过去的吃饱穿暖转向多元化、个性化、品质化需求，将产生强大的市场拉动力。

3. 巨量的功能价值　农业从单纯衣食功能向多功能转化；乡村从单纯农民居住向农民、市民居住转变；农民从单纯卖农产品向更多"卖过程""卖风情"转变。乡村不但供应农民工、农产品、农用地，还将大量供应优质绿色农产品、优美生态环境、优秀传统文化产品，而且将成为人们更加向往的幸福地。

4. 巨量的创造空间　供给侧结构性改革将着力打破影响资源要素配置的"藩篱"，吸引一大批返乡下乡在乡人员在农业内外、生产两端和城乡两头创新创业；鼓励他们放下心、放开胆、放大步，"撸起袖子加油干，甩开膀子使劲干"，形成新的农村创新创业浪潮。

二、面临挑战

乡村产业发展取得了积极成效，但也存在不少困难和问题，面临新的挑战。

1. 产业链条有而不长 乡村产业投入不足，创新能力不强，外延扩张特征明显，产业链条短，初加工、精深加工、综合利用不足。规模以上企业研发投入仅占销售收入的 0.9%，远低于国内工业企业的 2.13% 和国际平均水平的 7%。

2. 乡村品牌叫而不响 乡村产业有产品无品牌、有品牌无规模、有规模无产业问题依然存在，产品仍以"原字号"和"粗字号"的大路货为主。有的产品质量定位不高，同质化问题严重，处在价值链低端，品牌溢价有限。

3. 空间布局散而不聚 规模较大的农业产业化龙头企业加工产能多布局在城市和销地，带动农民就地就近就业贡献较小。产业聚集度较低，仅有 28% 的乡村产业集中在各类园区。

4. 产业融合层次浅而不深 加工业前延后伸不充分，服务业发展不充分，休闲旅游等新产业新业态同质化问题突出。利益融合和主体融合尚未有实质性进展，很多农民只能作为原料提供者和打工者参与其中，难以分享二三产业发展的增值收益。

5. 资源要素有而不活 融资保障能力弱，70% 的企业存在融资难、融资贵，利率一般要在 6% 基准利率的基础上上浮 10%~30%。用地瓶颈较多，乡村企业很难获得建设用地指标。人才技术获得难，人才服务乡村产业的保障政策尚不完善。这些都严重制约着乡村产业的发展，必须高度重视、切实加以解决。

三、发展思路

促进乡村产业发展，要聚力推进、持续推进、久久为功，才能取得实效，务实高效地推进乡村产业发展。

1. 在指导思想上 以习近平新时代中国特色社会主义思想为指导，全面贯彻党的十九大精神和实施乡村振兴战略部署，牢固树立新发展理念，贯彻"巩固、增强、提升、畅通"方针，坚持农业农村优先发展，坚持推动高质量发展，以实现农业农村现代化为总目标，以供给侧结构性改革为主线，以完善利益联结机制为核心，以制度、技术和模式创新为动力，围绕农村一二三产业融合发展，聚焦重点产业，集聚资源要素，突出集群成链，强化创新引领，构建特色鲜明、布局合理、创业活跃、联农紧密的乡村产业体系，加快形成城乡融合发展格局，为全面建成小康社会、实现乡村振兴奠定坚实基础。

2. 在发展原则上　一是因地制宜、立农为农。依托农业农村资源禀赋，以农民为主体，培育乡村主导产业，与农民就业增收和脱贫攻坚有效衔接，把产业发展落到促进农民持续增收上来。二是市场决定、政府引导。发挥市场配置资源的决定性作用，激活资源要素，激发市场主体活力。发挥政府作用，形成企业带动、农民参与、社会支持的格局。三是融合发展、资源集聚。搭建产业融合平台，吸引城市产业资源向乡村聚集，让乡村在城乡融合中同步受益、同步升级、同步发展。四是绿色引领、依法兴业。践行"绿水青山就是金山银山"理念，强化信用法治建设，注重质量效益，形成绿色发展模式，构建生产生活生态协调、信用法治互促的格局。五是创新驱动、动能转换。完善体制机制，推动科技创新、产品创新、业态创新、模式创新、管理创新，形成以创新为引领与支撑的乡村产业体系和发展模式。

3. 在发展路径上　围绕上述思路要求，推进乡村产业发展要聚焦"一个目标"，把握"两个关键"，突出"三个点位"，强化"三个统筹"，明确"四个路径"，处理"五个关系"，提供"五个支撑"。

"一个目标"，就是促进乡村产业振兴。到 2022 年，乡村产业振兴取得重要进展，乡村产业体系基本建立，供给结构适应性明显增强，绿色发展模式更加成型，经营方式体系初步构建，农业竞争力明显提升，城乡融合发展格局初步形成。到 2035 年，乡村产业振兴取得决定性进展，乡村产业体系健全完备，农业竞争力显著提升，城乡融合发展格局基本建立。

"两个关键"：一是坚持全产业链打造。推进生产、加工、流通、生产生活服务、销售等一体化运作，多发展全产业链产业，多发展农民受益面广、参与度高的产业，多发展脱贫致富的产业，助力乡村产业"长"出新业态新模式，"挖"出新价值新空间。二是坚持联农带动富农。推进乡村产业重心下沉，引导龙头企业与小农户完善契约型、股权型利益联结机制，让广大农民在乡村产业发展中同步增收、同步进步、同步提升。

"三个点位"：一是铭记立农、为农、兴农的出发点，把更多产业留在乡村，把更多的就业岗位和产业链增值收益留给农民。二是紧抓产业发展的创新点，统合县域、乡镇和村落产业分工，融合农村一二三产业，整合"人地钱"资源要素，契合绿色发展新理念。三是找准工作的着力点，培育融合主体、搭建融合平台、丰富融合业态、健全联结机制，为促进乡村产业发展提供有力支撑。

"三个统筹"：一是统筹农业内部产业协调发展。依托传统种养业，提升传统种养业，一产往后延，二产两头连，三产走精端，推进粮经饲统筹、农牧渔循环、产加销一体、农文旅结合和一二三产业融合发展。二是统筹农业外部相关产业协同发展。与工业、商贸、文旅、物流、信息等跨界融合，推动乡村产业在生产两端、农业内外、城乡两头高位嫁接、相互交融、协调发展。三是统筹各方力量合力推进。与发改、财政、工信、住建、交通、文旅、自然资源、生态环保、市场监管等部门协同推进，促进科研院校与企业双向对接，形成上下联动、内外互动、多方助动的工作格局。

"四个路径"：一是以科学布局优化乡村产业发展空间结构。吸取20世纪80～90年代乡镇企业"村村点火、户户冒烟"的教训，对乡村产业空间布局进行科学安排。强化县域统筹，推进镇域产业聚集，构建县乡联动、以镇带村、镇村一体的格局，让农民就地就近就业创业，改变"原料在乡村、加工在城市"的状况。二是以产业融合增强乡村产业发展聚合力。针对过去乡镇企业与农民利益联结不紧密的实际，适应现代产业要素聚集、业态层出不穷的要求，把融合贯穿于产业发展的全过程。培育主体带动融合发展，按照跨界配置农业和现代产业要素要求，抓住融合点、延长融合线、扩大融合面。搭建平台推动融合发展，形成多主体参与、多要素聚集、多业态发展、多模式推进的融合格局。构建联结机制，驱动融合发展。同时，发展农产品精深加工，打通融合结点。三是以发掘资源价值增强乡村产业持续增长力。过去乡村企业生产的产品质量不高、信誉不好，要吸取过去乡镇企业粗放经营、浪费资源、污染环境的教训，积极契合绿色产业战略，做亮乡土特色产业，培育休闲旅游精品，让乡村产业成为撬动"绿水青山"转化为"金山银山"的"金杠杆"。四是以创新创业增强乡村产业发展新动能。引导"大众创业、万众创新"向农村拓展延伸，鼓励抱团创业、联合创业、集群创业、链条创业，壮大创新创业群体，搭建创新创业平台推动升级，引导返乡入乡在乡人员创新创业，以创新带动创业、以创业带动就业、以就业带动增收。

"五个关系"：一是长期目标与短期目标的关系。乡村产业振兴要遵循产业发展规律，科学谋划、有序推进、久久为功。长远的目标是，健全完备的乡村产业体系，推动形成城乡融合发展格局。短期的目标是，增强供给侧结构适应性，绿色发展模式更加成型，乡村就业结构更加优化。还有一个量化的目标，既是长期的，也是短期的，更是制度性、引领性的，就是农村一二三产业融合发展增加值占县域生产总值的比重。这一个重要的指标，能够更全面、更充分地反映农业农村衍生出来的产业增加值，使农业农村地位更突出。二是发挥市场作用与政府作用的关系。发展乡村产业主要是发挥市场的主体作用，调动蕴藏在社会中的巨大创造力，让市场在配置资源中起决定性作用。同时，更好发挥政府作用，深化改革、畅通要素渠道，健全机制、完善服务体系。当然，也要将要素取之于农、优先用之于农。三是产业发展与农民就业增收的关系。过去，农村搞种养、城市搞加工，农民靠卖原料就业的机会不多，也拿不到多少增值收益。现在，发展乡村产业要立足种养业，创新产业组织方式，推动种养业向加工流通业全面拓展，把以农业农村资源为依托的二三产业留在乡村，把产业链增值收益和就业岗位留给农民。四是绿色发展与创新发展的关系。过去，一些地方乡镇企业"村村点火、户户冒烟"，造成环境污染。要吸取这样的教训，不能再给美丽乡村"画卷"涂上污点。绿色

43

是乡村的底色，要践行"绿水青山就是金山银山"理念，严守生态红线。国家明令淘汰的落后产能、列入国家禁止和限制类产业目录的项目，不得进入乡村。让乡村产业成为撬动"绿水青山"转变成"金山银山"的"金杠杆"。乡村产业不能是低端的产业和落后的产能，要用新理念、新技术改造乡村产业，催生新产业新业态，提升乡村产业质量效益。五是产业振兴与脱贫攻坚的关系。产业振兴是一个长期的过程，脱贫攻坚也是一个长期的任务，是相辅相成的。脱贫攻坚没有产业基础是不牢固的、不持续的，必须把产业振兴与脱贫攻坚有效衔接起来，加快发展特色产业，不断丰富产业形态，让贫困地区的农民在产业振兴中受益。

"五个支撑"：一是在产业兴旺上提供新力量。引进和培育更多的就业创业主体，建设乡村人才队伍；培育新产业新业态新模式，壮大乡村优势特色产业。根据产粮村、特色村、城边村、工贸村、生态村、古村落村的不同资源禀赋，宜农则农、宜工则工、宜商则商、宜旅则旅。支持能人返乡、企业兴乡和市民下乡，促进就业创业。推动城乡要素双向流动，实现人才、资源、产业向乡村汇聚，构建城乡融合发展的体制机制。二是在生态宜居上打造好样板。把绿色发展作为指导产业可持续发展的根本要求，引导产业由资源消耗型向环境友好型转变。践行"绿水青山就是金山银山"重要理念，建立低碳、低耗、循环、高效的绿色加工体系。大力发展绿色休闲旅游，实现增效增绿增收、经济社会生态效益有机统一。积极发展电子商务等新业态新模式，加快发展休闲农业和乡村旅游，拓宽产业融合发展途径。积极推进美丽乡村建设，美化山水林田湖草，构建天人共美、相生共荣的生态共同体，打造望山看水忆乡愁的好去处。提供更多优质生态产品，不断满足人民日益增长的优美生态环境需要。三是在乡风文明上树立新风尚。不断提升休闲农业和乡村旅游发展水平，传承农耕文明，加强农耕文化和农业文化遗产保护传承，发掘民俗文化，拯救村落文化，弘扬乡贤文化，讲好乡村故事，复兴乡风文明，推进休闲旅游主体多元化、业态多样化、设施现代化、发展集聚化、服务规范化，提高中高端乡村休闲旅游产品的供给能力，让人民群众有更多的获得感、幸福感。通过发展乡镇企业与非农产业，兼顾农村社区成员就业、居民福利再分配、社区公共物品提供等，使企业与社区和村民间的关系不同于城市企业与社区和居民的市场化关系；优先培养人才，把人才作为乡镇企业的核心要素，激励各类人才在农村广阔天地大施所能、大展才华、大显身手；缓解"三留守"问题，促进青壮年劳动力在农村就业创业并兼业农业，防止村庄空心化和劳力老弱化；防止农村萧条衰败，促进乡村经济多元化发展，促进乡村治理实现法治、德治、自治的统一。五是在生活富裕上开辟新渠道。推动劳动力"就地""异地""进城"等多渠道转移；立足农业资源优势，积极参与现代农业建设，在农业前端和后端站稳脚跟，推动"四化"同步；通过产品在城乡间自由流动和初级分配的收入调节，弥补农村的社会福利损失；通过提供门槛偏低、灵活性相对高的就业岗位，为周期性、摩擦型失业的回乡农村劳动力找到新的出路；提升质量水平，培育品牌，缓解农户分散经营带来的诸多问题。

四、工作摆布

要着力抓好如下几个方面：

1. 壮大龙头企业，带动乡村产业发展 龙头企业是乡村产业振兴的骨干力量，要着力培育壮大，发挥其引领驱动作用。一是壮大龙头企业队伍。新认定国家重点龙头企业，培育一批省、市、县级龙头企业。二是推动农民合作社和家庭农场健康发展。中央财政拟安排100亿元资金，重点支持发展农产品初加工、创建特色品牌、建设特色产品基地等。三是扶持农业产业化联合体。加快培育一批龙头企业牵头、农民合作社和家庭农场跟进、广大小农户参与的农业产业化联合体，构建生产联动、利益共享的联农带农机制。

2. 搭建融合载体，促进乡村产业发展 引导资源集聚、企业集中、功能集合，引导农业与加工流通和服务业等渗透交叉、融合发展。一是加强乡村产业园建设。认定一批特色产业鲜明、产加销一体、产业链条完整的乡村产业园，指导各地加快形成乡村产业园梯队。二是推进农产品加工园区建设。引导龙头企业到粮食主产区和特色优势区建立精深加工基地,打造一批农产品加工强县,努力改变目前"农村卖原料、城市搞加工"的格局。三是打造一批休闲农业示范县。加快建设设施完备、功能多样、特色突出、主题鲜明的休闲观光园区、乡村民宿、农耕体验、康养基地,打造"一村一景""一村一韵"的美丽休闲乡村。四是推进农业产业强镇建设。支持打造"一村一品、一乡一业"的镇域产业集群,力争用五年时间,建设 1 500 个农业产业强镇,辐射带动乡村产业发展。

3. 创响乡土品牌,引领乡村产业发展 发掘农业多种功能和乡村多重价值,强化市场营销与绿色引领的对接,发掘乡土资源"新绿金"。一是促进产品顺畅销售。加强产地加工包装、储藏保鲜、电商服务条件建设,完善线下冷链、物流设施,拓展线上销售渠道。二是培育提升知名乡村品牌。实施乡土品牌提升行动,培育一批彰显地域特色的区域公用品牌,打造一批凝结质量信誉的企业品牌,创响一批体现乡土气息的"乡字号""土字号"产品品牌。三是加强绿色发展标准体系建设。加快制修订农业投入品、农产品加工、农村新业态等领域的国家标准和行业标准,建立统一的绿色农产品市场准入标准,增加绿色优质产品供给。四是进一步扎实推进产业扶贫。支持贫困地区发展特色优势产业,巩固扩大脱贫攻坚成果。

4. 支持创新创业,推动乡村产业发展 通过促进农村创新创业,培育乡村产业发展新动能。一是培育创新创业主体。引入一批返乡入乡创新创业人员,培育一批在乡创新创业人员,发掘一批"田秀才""土专家""乡创客"等能工巧匠。二是搭建创新创业平台。创建一批农村创新创业和实训孵化基地,宣传推介一批农村创新创业带头人、优秀乡村企业家典型和典型县。三是运用现代信息技术。发展农村电商、数字农业和智慧农业。同时,有序引导工商资本发展乡村产业,做给农民看、谋划"蛋糕",带着农民干、做大"蛋糕",帮着农民赚、分好"蛋糕"。

第三章

乡村支柱产业

乡村产业的内涵很丰富，外延也很广，需要聚焦重点、聚合力量，不断培育壮大，加快构建完备的乡村产业体系。乡村支柱产业有"五个重点"，即现代种养业、乡土特色产业、农产品加工业、休闲旅游业、乡村服务业等。其乡土特色产业拓宽农业门类，农产品加工业提升农业价值，休闲旅游业拓展农业功能，乡村服务业丰富农业业态。

第一节　发展现代种养业

发展现代农业、推进农业供给侧结构性改革，是我国经济发展进入新常态的必然选择，是适应和引领新常态的战略部署。农业供给侧结构性改革是供给侧结构性改革的重要一环，党中央、国务院对此高度重视，必须切实加以推进。

一、发展现代种养业的背景分析

近年来，我国农业农村发展保持稳中有进的良好态势。农业连年丰收、农民持续较快增收、农村社会和谐稳定，新产业新业态蓬勃发展，为经济社会发展大局提供了有力支撑。随着经济发展进入新常态，以及工业化、信息化、城镇化、市场化、国际化的深入推进，我国农村经济社会发展出现了许多阶段性、标志性的新情况新变化。

1. 农产品供求关系发生深刻变化，供给保障能力大幅提高，消费需求加快升级　这些年，我国农业基础设施明显改善，靠天吃饭的状况有了根本改变。城乡居民消费结构快速升级，大路货不好销了，优质、生态、安全的农产品即使价格高一点也有人要。在这种情况下，主要农产品供求矛盾从总量问题转变为结构问题，保障供给由追求总量平衡转变为更加注重结构优化、品质提升和效益提高。

2. 农业生产经营方式发生深刻变化，传统农户比重明显下降，新型经营主体蓬勃发展　工业化、城镇化的拉动，农村青壮年劳动力大规模向城镇和非农产业转移，平均每年新增1 000多万，总数达到2.8亿，城市常住人口比重高于农村，占总人口的比例接近60%。农村人地关系、农业产业结构、生产经营方式发生了深刻变化，家家种地、户户养猪、牛拉人扛的时代正成为历史，种养大户、家庭农场、合作社、农业企业等规模经营的新型经营主体大量涌现，新机具、新装备、新技术广泛应用。目前，各类新型经营主体总数达到350万家，适度规模经营比重超过40%。加快农业转型升级，调整生产经营关系，既有迫切需要又有现实条件。

3. 农业生产与生态的关系发生深刻变化，资源环境约束日益趋紧，可持续发展要求更为紧迫　近年来，我国农业快速发展，但资源过度开发、超强利用，四海无闲田，耕地数量减少、质量下降，农业面源污染加重，制约农业发展的资源环境两道"紧箍咒"越绷越紧。这就要求我们必须走低污染、低消耗的绿色发展道路，既能产出数量充足、质量安全的产品，又能留住干净的水源、肥沃的耕地、美丽的田园，实现生产、生活、生态"三生共赢"。

4. 工农城乡关系发生深刻变化，城乡互动显著增强，农业发展要素日益多元　改革开放以来，工农产品价格"剪刀差"逐步消除，但工农城乡要素价格"剪刀差"日益突出。农村土地、资金、高素质劳动力等优质资源大量流向工业和城市，农村自我发展能力弱化，城乡居民收入差距过大。城乡发展不平衡不协调问题，依然是当前我国经济社会发展最突出的矛盾。与此同时，也出现了工商资本下乡、农民工返乡创业创新的热潮，休闲农业、乡村旅游、电子商务等新产业新业态蓬勃发展。加快推进城乡一体化发展，建立城乡要素平等交换机制，引导和推动工商资本、实用技术、各类人才等先进生产要素参与农业农村建设，实现新型城镇化与建设新农村双轮驱动，带动农民增收致富，成为现实课题。

5. 农产品市场环境发生深刻变化，国内国际市场融合加深，国际竞争压力日益凸显　一家一户自给自足的生产模式正在结束，农业的商品化、市场化、国际化程度明显加深。农产品流通格局发生显著变化，不仅是"买全国、卖全国"，部分产品更是"买全球、卖全球"。国际竞争压力显著加大，农业比较效益偏低的问题更加凸显。近年来，我国农业生产成本进入快速增长期，推动国内农产品价格快速上涨。与此同时，国际农产品价格下降，导致大部分农产品国内价格明显高于国际，有些产品出现生产量、库存量、进口量"三量齐增"的现象，提高农业效益、增强市场竞争力的要求十分迫切。

这些变化归结为一点，就是我国已经到了必须加快推进农业供给侧结构性改革的发展阶段。一方面，农业搞好了，有条件了。现代农业建设加快推进，科技支撑能力不断增强，供给保障能力大幅提升，供求关系发生深刻变化。我们有了这个条件，要抓住机遇。另一方面，社会对农业的要求变了，有新要求了。老百姓更加关注质量安全、生态环境、绿色发展，同时，国际竞争压力也日益加大。直白地说，就是过去的路子不可持续了，必须另辟蹊径了。这些都倒逼我们必须推进农业供给侧结构性改革。固守过去没有出路，顺势而为才是正途。

二、发展现代种养业的主要思路和任务

推进农业供给侧结构性改革是一项时代性任务。改革开放以来，我国农业结构调整大体经历了三轮：第一轮是 20 世纪 80 年代中后期，粮食连续几年丰收，出现了相对过剩和"卖粮难"问题。为此，中央提出"决不放松粮食生产，积极发展多种经营"的方针，对种养结构进行调整，重点是"压粮扩经"。第二轮是 20 世纪 90 年代中后期到 21 世纪初，粮食产量创历史新高，出现阶段性供过于求，农民

增产不增收、农业比较效益偏低问题突出。为此，中央提出实施农业战略性结构调整，主要是调整优化农业布局，2003 年初发布了全国优势农产品区域布局规划。现在进入了第三轮，就是 2015 年底提出的农业供给侧结构性改革。这次与以往有明显不同。总的来看，前两轮都是在计划经济向市场经济转轨、国内市场相对封闭的背景下展开的。当时，主要是粮食相对过剩，不是什么都多了；而现在不仅粮食多了，其他品种也是调什么、什么多。因此，这轮农业供给侧结构性改革，是在我国农业发展到较高水平上的主动作为，是在城乡一体化深入推进背景下的统筹调整，是在国内国际市场深度融合趋势下的应时之举。所以，要更加注重遵循市场需求导向，更加注重提高农业质量效益和竞争力，更加注重绿色生态，更加注重促进生产力与生产关系相协调。

发展现代种养业，推进农业供给侧结构性改革，要在确保国家粮食安全的基础上，紧紧围绕市场需求变化，以增加农民收入、保障有效供给为主要目标，以提高农业供给质量为主攻方向，以体制改革和机制创新为根本途径，优化农业产业体系、生产体系、经营体系，提高土地产出率、资源利用率、劳动生产率，促进农业农村发展由过度依赖资源消耗、主要满足量的需求，向追求绿色生态可持续、更加注重满足质的需求转变。总体思路和目标任务，可以概括为"四个三"：

1. 瞄准"三增目标"　立足农业增效、农民增收、农村增绿这三大目标，从供给侧入手、在体制机制创新上发力，从根本上解决农业发展面临的结构性矛盾，有效提高农业综合效益，稳定农业经营收入这个农民收入的基本盘，促进农业可持续发展。

2. 推进"三大调整"　一是调优产品结构。推进质量兴农，为消费者提供更加优质安全的农产品，满足多层次、高质量、多样化、个性化需求。要把优质绿色农产品放在突出位置。二是调优产业结构。促进粮经饲统筹、种养加一体、农林牧渔结合、一二三产业融合，发展新产业新业态，推动农业产业向中高端迈进。三是调优区域结构。推动农业生产向粮食生产功能区、重要农产品生产保护区、特色农产品优势区聚集，推动先进要素向现代农业产业园、科技园、创业园聚集，提高农业的集约化、专业化、组织化和社会化水平。

3. 坚持"三条原则"　一是坚持市场的手段。发挥好市场这只"看不见的手"的作用，依靠市场动员要素、优化配置、提升效率。二是坚持改革的办法。深化体制机制创新，加强制度供给，激活市场、激活要素、激活主体。三是坚持农民的主体地位。尊重农民意愿，让农民真正参与到农业供给侧结构性改革的过程中来，更多分享改革成果。

4. 守住"三条底线"　推进农业供给侧结构性改革，在方向性问题上不能出大的偏差，必须守住粮食生产能力不降低、农民增收势头不逆转、农村稳定不出问题这三条底线。

三、发展现代种养业面临的问题

在工作推进中，要坚持问题导向和目标导向相结合，重点解决好现代农业发展面临的产品质量低、生产成本高、环境压力大、产业链条短、市场竞争力弱五个突出问题。

1. 增加绿色优质农产品供给，促进质量兴农、品牌强农　当前，我国农产品供给的总量问题已基本解决，现在的问题是结构性矛盾突出。主要表现为大路货多，市场需要、城里人喜欢、消费者青睐的优质绿色品牌农产品少，难以满足消费者日益升级的多元化、小众化、个性化、品牌化需求。大路货卖不掉，好东西又买不到，农产品"卖难""买难"并存。比如奶制品，在每年"两会"的记者会上，大家都会问到这件事。客观地讲，近年来我国奶业取得了长足进展，养殖规模化、挤奶机械化、监管规范化水平显著提升，品质明显提高。但因为之前在奶业上出过事，市场对国产乳品缺乏信心。一边国内的鲜奶卖不出去，部分地区甚至出现倒奶杀牛现象；一边"大包粉"大量进口，还有不少国人去海外抢购奶粉，人家还限购，这是中国奶业人的耻辱。

解决问题的办法是要坚持两手抓，做好"加减法"，把紧缺的补上去，把该减的减下去，把该退的退出来。做好加法，就是顺应市场需求，把增加绿色优质农产品供给放在突出位置，强化质量兴农，增加销路好、品质高、市场缺的优质特色农产品生产，扩大绿色、有机和品牌农产品供给。做好减法，就是适当调减滞销、库存多的品种生产，减少一般、过剩农产品的供应，减少无效和低端供给。

2. 缓解资源环境压力，促进农业绿色发展　绿色是农业的本色，绿色发展是农业供给侧结构性改革的基本要求。这些年，我国粮食连年增产丰产、农民连年增收，成绩令人瞩目，但也付出了很大代价，资源环境亮起了"红灯"。目前，全国基础地力相对较高的耕地面积不足 1/3，特别是东北黑土地退化严重，黑土层由开垦初期的 80 厘米左右下降到 20～30 厘米。同时，农药、化肥等投入品使用量大、利用率低，只有 35% 左右。此外，还有大量农业废弃物未能得到有效处理。据测算，全国每年产生畜禽粪污约 38 亿吨，成为农业面源污染的主要原因。这些废弃物处理不好是负担、是烦恼，处理好了就可以变废为宝，化腐朽为神奇。

推进农业供给侧结构性改革，要以降低资源利用强度、改善产地环境、发展绿色产品为重点，推行农业绿色生产方式，发展资源节约型、环境友好型农业，把该退的坚决退下来、把该治理的切实治理到位，杜绝欠新账、逐步还旧账。一方面，要保护和利用好农业资源，严守耕地、水资源保护红线，实施好新一轮退耕还林还草工程。2019年将轮作休耕制度试点规模扩大到 1 200 万亩。另一方面，要坚决打赢农业面源污染治理攻坚战，控制农业用水总量，减少化肥农药使用量，基本实现畜禽粪污秸秆农膜资源化利用，实现"一控两减三基本"的目标。

3. 促进一二三产业融合发展，延长产业链、提升价值链　国际农业竞争的实质是产业体系的竞争。没有完整的产业链、没有协调的产业链，就难以提高农业的附加值，农业就只能是产品农业、弱势农业、低效农业。近年来，在国家产业政策引导下，农林牧副渔、种养加销游等各产业建设都取得明显进展，布局逐步向优势产区集聚，链条逐步向中高端延伸，现代农业产业体系不断完善。但与发达国家相比，我国农业仍然大而不强，突出问题是产业链条短、一二三产业融合不紧。以加工业为例，美国的农产品加工转化率超过 85%，加工业与农业产值比超过 4∶1，仅玉米加工产品就多达 3 500 种；而在我国，农产品加工转化率只有 65％，加工业与农业产值比仅为 2.2∶1，玉米加工产品仅 200 多种。

推进农业供给侧结构性改革，要调优种养业、调精加工业、调活服务业，推动一二三产业融合发展。纵向上，加快构建生产、加工、物流、营销一体化发展新格局，形成比较优势充分发挥、竞争力明显增强的现代农业产业体系；横向上，要拓展农业的多种功能，大力发展休闲农业、乡村旅游和电子商务，推进农业与旅游、教育、文化等深度融合，让产区变景区、产品变礼品、农房变客房，把绿水青山变成金山银山。

4. 推进农业节本增效，增加农民收入 近年来，受国际大宗农产品价格下行影响，国内农产品价格持续走低。特别是玉米价格降幅较大，主产区农民增收受到较大影响。2018 年农民收入增幅收窄，2004 年以来首次没有高于 GDP 增幅。与此同时，我国农业生产成本持续攀升，农机作业费用、生产资料价格等物质投入成本上涨，人工费用、土地租金上升。过去 10 年，稻谷、小麦、玉米生产成本年均增长都在 10％以上，2019 年一季度尿素、农用柴油等农资价格同比分别上涨 9.6％和 15％，部分地区农业用工价格上涨态势明显，而三种主粮均价却同比下降 1.8％。我国农业生产受成本"地板"和价格"天花板"挤压越来越重，农民收入增长的经营性收入和工资收入"两大支柱"的支撑能力在减弱，增收形势不容乐观。

节本就是增效，就是增收。推进农业供给侧结构性改革，要从节水、节肥、节药、节能入手，降低生产成本，改革商事制度，减少流通成本，提高经营效益和全要素生产率，增加农民收入。为此，一是要在科技上下功夫。加快集成推广一批节本增效、环境友好的新技术新模式，全面推进良种化、机械化、信息化，加快机器换人步伐。二是要在改革上下功夫。深化农村土地制度改革，完善"三权分置"办法，降低制度性成本，激活农村资源要素，让改革红利更多惠及农民。三是要在政策上下功夫。加大农业支持保护力度，完善农业补贴、价格、金融保险等政策，解决农民贷款难、贷款贵、风险大等突出问题，织密农民增收保障网。

5. 创新经营管理方式，提高农业市场竞争力 当前农产品市场竞争激烈，国内市场如此，国际市场更是如此。市场竞争是价格、质量、服务的综合竞争，同等价格比质量，同等质量比价格，同质同价比服务。价格与成本密切相关，坦率地讲，我国人多地少、资源紧缺，降低农产品生产成本有一定空间，但要降到比美国、巴西等国家还低，基本上做不到。比价格我们没有优势，但在拼质量、拼服务上潜力很大。要在运用市场的手段、改革的办法上多做文章。

一方面，要念好市场经。更加重视市场、研究市场、运用市场，提升质量、培育品牌，推动优质优价，让好产品卖出好价钱。要为农产品代言，讲述品牌故事，效果非常好。另一方面，要增加制度供给。改革开放后，我们实施了家庭联产承包责任制，这一项制度就成功解决了困扰多年的"吃不饱饭"问题。现在，农业发展内外环境都发生了深刻变化，我们要更加重视研究制度供给，善于用改革的办法创新体制机制，激发农业农村发展活力。

值得注意的是，推进农业供给侧结构性改革，一定要保持粮食生产基本稳定。目前，城乡居民和加工企业基本不存粮了。粮食生产是"两难"，多了不行，少了更不行。随着"二孩"政策全面放开、城镇人口比重上升和居民消费水平提高，我国农产品需求将呈刚性增长。因此，在推进农业供给侧结构性改革的过程中，粮食绝对不能出问题。一是要保住稻谷、小麦"两大口粮"，完善稻谷、小麦最低收购价政策，加快划定粮食生产功能区，把稻谷、小麦的面积稳住、产量稳住；二是要调动地方政府重农抓粮和农民务农种粮的"两个积极性"，健全生产者补贴制度和主产区利益补偿机制，给种粮农民适当补贴，加大对产粮大县奖补力度，让种粮的人有账算、地方发展粮食生产不吃亏；三是要大力实施藏粮于地、藏粮于技"两藏战略"，加强高标准农田建设，推动农业科技创新，给农业插上科技的翅膀。

四、发展现代种养业的重要举措

重点抓好八方面工作：

（一）划定、建设粮食生产功能区和重要农产品生产保护区

建立"两区"是党中央、国务院作出的战略决策。通过"两区"建设，将粮食等重要农产品生产用地细化到乡村地块，把该保的保护好，是落实"藏粮于地、藏粮于技"战略的具体举措，可以更好地调动地方政府和农民发展粮食及重要农产品生产的积极性。今后一些农业政策和资金项目，如最低收购价、高标准农田建设、财政转移支付等，很可能将主要在"两区"实施。

《国务院关于建立粮食生产功能区和重要农产品生产保护区的指导意见》，全面部署和启动了"两区"建设和划定工作。建好"两区"，核心是"划、建、管"三个字。划，就是划定粮食生产功能区9亿亩、重要农产品生产保护区2.38亿亩（与粮食生产功能区重叠8 000万亩）。建，就是大规模推进高标准农田建设，以及综合配套、便捷高效的农业社会化服务体系，提高"两区"综合生产能力。管，就是严格按照永久基本农田保护规定，管控"两区"用途，充分应用现代信息技术，形成粮、棉、油、糖等重要农产品种植结构全国"一张图"。

（二）下大力气实施农业绿色发展"五大行动"

把农业绿色发展摆在突出位置，打响农业面源污染治理攻坚战。加强环境突出问题治理，促进农业绿色发展稳健起步。农药使用量连续两年保持零增长，化肥使用量已接近零增长，农业面源污染加重的趋势得到缓解。但这些仍然是制约农业绿色发展的瓶颈问题。

要推进农业绿色发展，应抓好两个方面：一是政策导向，二是重大行动。

1. 政策导向方面　近些年，农业生产补贴逐年增加，但很多补贴政策在WTO规则里属于"黄箱"范围，有上限约束。增加以绿色生态为导向的农业补贴，推动"黄箱"转"绿箱"势在必行。农业政策目标将由数量增长为主转到数量质量效益并重上来，提高补贴资金指向性，增量资金重点向资源节约、环境友好、优质安全农业倾斜，大力支持耕地地力保护、轮作休耕、草原生态保护以及退耕还林还草等。推进绿色发展是农业发展观的一场深刻革命；《意见》的印发实

施，对农业绿色发展作出了战略部署，对政策导向进行了调整。今后的财政补贴、资金项目等都要向绿色发展倾斜。

2. 重大行动方面　第一个是畜禽粪污治理行动。解决大规模畜禽养殖场粪污处理和资源化问题。第二个是果菜茶有机肥替代化肥行动。园艺产品化肥用量占总用量的 40% 以上，是推进化肥减量的着力点和突破口。开展试点示范，力争果菜茶核心产区和知名品牌生产基地化肥使用量减少 50% 以上。第三个是东北地区秸秆处理行动。东北是我国的大粮仓，也是玉米秸秆总量最大的地区。通过努力，力争综合利用率达到 80% 以上。第四个是以长江为重点的水生生物保护行动。把修复长江生态环境摆在压倒性位置，共抓大保护、不搞大开发。我们将加快推进长江流域全面禁捕，率先在水生生物保护区实现禁捕。第五个是农膜回收行动。推广使用加厚地膜，鼓励地膜回收，力争回收率达到 80% 以上。

（三）支持新型经营主体发展适度规模经营

我国人多地少，户均耕地只有 7 亩多，相当于欧盟的 1/40，美国的 1/400，现代先进技术、资本要素、机械装备等难以进入，搞现代农业难度比较大。推进农业供给侧结构性改革，必须通过培育新型经营主体，发展多种形式适度规模经营，提高农业全要素生产率，从根本上提升农业竞争力。近年来，我国种养大户、家庭农场、合作社等新型经营主体不断发展壮大，适度规模经营比重已超过 40%。要把培育壮大新型农业经营主体、发展多种形式适度规模经营，作为推进农业供给侧结构性改革的重要抓手。

在发展适度规模经营过程中，要注意处理好两个关系：一是土地流转与多种形式的关系。农业规模经营有多种实现形式，既有土地流转型，也有土地入股型，还有代耕代管、土地托管等服务带动型。这些形式都是地方从实际出发的创新做法和经验。发展多种形式的规模经营，要因地制宜，哪种有生命力，就鼓励哪种。二是新型经营主体与普通农户的关系。新型经营主体是农业供给侧结构性改革的引领力量，也是政策支持的方向。但当前和今后相当长的一个时期，普通农户在我国仍是农业生产的基本面。要把握好规模经营的"度"，尊重农民意愿，不搞"大跃进"。不搞强制推动、包办代替，防止人为"垒大户"。惠农政策不要忘了小农户，要通过服务的办法把小农户带动起来。

（四）大力发展农业生产性服务业

生产性服务业是现代农业产业体系的重要组成部分，主要是为农业生产提供全链条、专业化的服务，包括农资购买、机种机收、统防统治、测土配方施肥、烘干仓储、信息服务等。这些服务，不仅分散的普通农户需要，新型经营主体同样需要。当前，新型经营主体总体上仍处于起步阶段，规模偏小，专业化、组织化、市场化程度不高，掌握新信息新技术、拥有新机具新装备等现代生产要素的能力不足。而规模变大后，更需要专业化服务，对生产性服务的项目需求更多、质量要求更高。这方面，发展的潜力很大。

大力发展多元化、多层次、多类型的农业生产性服务业，基本形成服务结构合理、专业水平较高、服务能力较强、服务行为规范、覆盖全产业链的农业生产性服务业。扩大政府购买农业公益性服务机制创新试点，积极培育生产性服务组织，满足不同生产经营主体各环节、多层次的服务需求。

（五）大力推进农业科技创新

发展现代种养业，大力推进农业科技创新，是乡村产业发展的基础，也是农业的根本任务所在。这方面，关键要把住四点：

1. 巩固提升农业产能 首要的任务是巩固提升粮食产能，守住国家粮食安全底线。总书记一再强调，中国人的饭碗必须牢牢端在自己手里，我们的饭碗里应该主要装中国粮。抓粮食生产的劲头丝毫不能松懈，保粮食安全的决心丝毫不能退让。加快建设高标准农田，集中力量攻克一批关键技术，实施"藏粮于地、藏粮于技"战略。全面落实永久基本农田特殊保护制度，累计建成高标准农田 6.4 亿亩，完成 9.7 亿亩粮食生产功能区和重要农产品生产保护区划定任务，棉油糖、果菜鱼、肉蛋奶等生产稳定、供应充足。同时，要加强生猪等畜禽产能建设，提升动物疫病防控能力，推进奶业振兴和渔业健康养殖，增加有效供给。

2. 创新产业组织方式　过去，种养业多是农民一家一户干，产业链极短，收益不多，需要向加工流通全面拓展，构建多种形式的合作模式，大力推广"农户＋家庭农场＋合作社＋公司"的合作模式，促进小农户之间、小农户与新型经营主体之间开展合作和联合，推进小农户与现代农业发展的有机衔接。支持龙头企业与农民合作社、家庭农场和农户建立紧密型利益联结机制，加快发展粮经饲统筹、种养加一体、农林牧渔结合的现代种养业，推进农产品就地加工转化增值，提升农业经营集约化、标准化、绿色化发展水平。

3. 提升科技装备水平　大力推进科技创新，提升农业科技自主创新能力和科技成果转化应用能力。农业科技进步贡献率达到58.3%，主要农作物耕种收全程综合机械化率达到67%。

4. 加快产业链开发　推动种养业向加工流通、品牌营销、休闲旅游全面拓展，构建多种形式的合作模式，加快发展粮经饲统筹、种养加服一体、农林牧渔结合、贸工农旅融合的现代种养业，推进农产品就地加工转化增值。

要以科技创新为支撑、为牵引。近年来，我国农业科技创新取得明显进步，但与发达国家相比还有较大差距。今后要紧紧围绕提高农业质量效益和竞争力这一核心目标，加快调整科研创新方向和重点，着力在节本增效、优质安全、绿色发展等方面下功夫。一是加强国家农业科技创新联盟建设。集中科研院所、大专院校的优势力量，攻克一些区域性共性重大问题，包括新品种联合攻关、东北黑土地保护、华北地区节水农业、南方重金属污染治理、玉米秸秆综合利用等。二是加强农业科技成果转化。充分调动企业等各类主体参与创新的积极性，加速农业科技成果转移转化和推广应用；实施种业科研成果权益比例改革试点，通过对种业成果"赋权"、给科技人员"让利"，调动他们开展科研和推广"两个积极性"。三是创新基层农技推广机制。适应农业市场化、信息化、规模化发展需要，探索公益性推广与经营性服务融合发展的新机制。鼓励基层农技人员与新型经营主体联合与合作，通过技术入股、承包等方式进入家庭农场、合作社、龙头企业，让农技人员在服务奉献中也能得实惠。

（六）深入推进农村改革重点工作

农村改革，主要是土地制度、集体产权制度改革。这是当前农村改革的重中之重。

1. 关于土地制度改革　新形势下深化农村改革的主线，仍然是处理好农民与土地的关系。2018 年底，中共中央办公厅、国务院办公厅印发了《关于完善农村土地所有权承包权经营权分置办法的意见》，实行土地所有权、承包权、经营权"三权分置"。这是我国农村改革的又一次重大创新，把土地承包经营权作进一步细分，顺应了农民保留土地承包权、流转土地经营权的意愿。落实中央决策部署，农业农村部先后出台了一系列引导规范发展的文件，特别是在推进确权登记颁证上成效显著。

2. 关于集体产权制度改革　改革的目的是要逐步建立中国特色社会主义农村集体产权制度，形成有效维护农村集体经济组织成员权利的治理体系。一是全面启动农村集体资产清产核资工作；二是将农村集体资产股份权能改革试点县扩大 100 个。为此，要大规模组织干部培训。各地应高度重视这项工作，中央和地方共同努力推动农村资源变资产、资金变股金、农民变股东，维护好广大农民的物质利益和民主权利。

◆ 专栏：典型案例

江苏省以现代农业迈上新台阶推动乡村产业振兴

习近平总书记对江苏"三农"工作高度重视。2014 年总书记视察江苏时，要求努力建设"强富美高"新江苏，推动现代农业建设迈上新台阶；2017 年视察江苏时，勉励聚焦富民增收和绿色发展，走好乡村振兴路。江苏认真贯彻总书记重要指示，围绕乡村振兴走在前列、率先实现农业现代化，把产业兴旺作为关键之举，深入推进农业供给侧结构性改革，加快农村一二三产业融合发展，促进农业由增产导向向提质导向转变，全省乡村产业发展呈现结构优化、质量提升、功能拓展、效益增强的新特点。

一、坚持把推动现代农业提质增效作为乡村产业振兴的目标导向

以优质化、品牌化、绿色化为导向，大力实施现代农业提质增效工程，夯实乡村产业振兴基础。围绕提升乡村产业发展层次，制订实施了8个千亿元级优势特色产业规划，全面推进"一村一品、一镇一特、一县一业"建设，全省销售额超10亿元的县域优势特色产业162个。一是突出质量兴农。推进农产品质量安全示范省建设，推行农业标准化生产，强化农产品质量安全可追溯，将绿色有机农产品比重等纳入全省高质量发展监测体系。二是突出品牌强农。实行省级品牌目录制度，"阳澄湖大闸蟹""盱眙龙虾"等五大品牌入选全国百强农产品区域公用品牌，"连天下""淮味千年"等区域公用品牌影响力持续增强。三是突出绿色发展。大力实施化肥农药减量增效行动，加快畜禽养殖废弃物资源化利用整省示范建设，全省畜禽养殖废弃物综合利用率达82.7%。

二、坚持把发展新产业新业态新模式作为乡村产业振兴的新增长点

立足农业多种功能和乡村经济多元化，大力发展休闲旅游、文化体验、农村电商等乡村新产业新业态新模式，促进农村一二三产业融合发展，延伸产业链、提升价值链、健全供应链。大力实施"百园千村万点"休闲农业精品行动，加强省级乡镇电子商务特色产业园建设。2018年，全省休闲农业综合收入达535亿元，农产品网络销售额达470亿元，农产品淘宝卖家数量位居全国第三，直接带动200多万农民就业。加快主食工业化步伐，积极探索中央厨房发展模式，有9个企业入选全国中央厨房模式案例。

三、坚持把推进主体培育和机制创新作为乡村产业振兴的动力源泉

围绕做强大龙头、培育新农人、带领小农户，持续壮大新型

经营主体，全省省级以上农业产业化重点龙头企业 836 家，家庭农场 4.8 万家，农民合作社 9.9 万家，成为乡村产业振兴的生力军。在做强大龙头方面，鼓励企业对接多层次资本市场，234 家农业企业在江苏股权交易中心"农业板"挂牌。在培育新农人方面，每年培育高素质农民 20 万人，同时创建农村创业创新园区（基地）203 个，吸纳 38 万人就业。在带领小农户方面，支持龙头企业牵头组建农业产业化联合体，促进龙头企业、家庭农场、合作社与小农户共享信息资源、抱团发展。

四、坚持把强化农田基础和科技装备作为乡村产业振兴的有力支撑

深入实施"藏粮于地、藏粮于技"战略，完成粮食生产功能区和重要农产品生产保护区划定并上图入库，高标准农田占耕地面积比重提高到 61%。推进粮食生产全程机械化整省试点，启动高效设施农业机器换人和绿色环保农机装备与技术示范应用工程，全省农业机械化水平达 84%。强化农业科技创新与推广，建设 22 个现代农业产业技术体系，农业科技进步贡献率达 68%。整合农业农村信息服务资源，建设"苏农云"农业农村大数据平台，农业信息化率提高到 62.4%。

五、坚持把抓好平台搭建和政策扶持作为乡村产业振兴的重要保障

组建江苏乡村振兴产业联盟，成立"现代农业提质增效工程推进办公室"，强化组织协调，集聚资源要素。连续 3 年成功举办全国"双新双创"博览会，加大南京国家农业科创园等园区建设力度，引导乡村产业集聚发展。支持农业企业挂牌上市，对在主板上市、新三板、四板挂牌的企业分别给予 300 万元、40 万元、20 万元的一次性奖励。设立 1 亿元"鑫农贷"农业企业融资风险补偿基金，缓解企业贷款难问题。强化用地、用电、用水等优惠政策措施落实，支持乡村产业振兴。

第二节　壮大乡土特色产业

乡土特色产业是指根植于农业农村特定资源环境，由当地农民主办，彰显地域特色，开发乡村价值，具有独特品质和小众类消费群体的产业。其涵盖特色种养、特色加工、特色工艺、特色生态、特色旅游和特色商贸等产业。

一、乡土特色产业的现状分析

习近平总书记指出，要做好"特"字文章，加快培育优势特色农业，打造高品质、有口碑的农业"金字招牌"。近年来，乡村特色产业有了长足的发展，已成为农民就业增收的支撑力量和农业农村经济的重要产业。

（一）乡土特色产业示范村镇不断涌现

"一村一品""一镇一特""一县一业"是乡土特色产业品牌化、集群化发展的重要平台和载体。2015 年以来的中央 1 号文件对此都有明确要求。农业农村部从 2007 年起，先后印发《关于加快发展一村一品的指导意见》等 3 个文件，分 8 批认定 2 851 个全国"一村一品"示范村镇。通过激发示范村镇的自身农业资源和自然生态优势，实现人无我有、人有我优、人优我特的发展途径，不断将资源优势转化为产业优势、产业优势转化为经济优势、经济优势转化为市场优势，带动了乡土特色产业高质量发展。

（二）乡土特色产业集群开始形成

为全面提升我国特色农业的绿色化、标准化、品牌化发展水平，从 2018 年起，中央财政安排 12.74 亿元支持 20 个省份 62 个县市，围绕 1～2 个主导产业建设绿色化标准化生产基地，发展加工仓储物流等关键环节，加强质量控制和品牌培育，不断推进绿色循环优质高效特色产业的发展。另外，我国很多带有地域特色的传统产业，如卤制品、酱制品、豆制品、腌制品等传统食品加工业，以及竹编、木雕、银饰、民族服饰等传统手工业，对地方发展起到了很好的示范带动作用。

（三）加大品牌推介

四川郫县豆瓣酱、重庆涪陵榨菜、山东潍坊风筝、河北蔚县剪纸等一批乡土特色产业，承载着历史的记忆，传承着民族的文化，创造着独特的产业价值。它们不仅满足了城乡居民日益多样化、特色化的消费需求，也成为当地人民增收致富的主导优势产业，而且还保护了传统技艺、传承了民族文化。这些乡土特色产业发展给乡村产业振兴指明了方向，树立了榜样。各地通过遴选一批全国乡村特色产品和能工巧匠，加强宣传推介，创响 10 万个"独一份""特别特""好中优"的"土字号""乡字号"特色产品品牌。

（四）乡土特色产业政策体系趋于完善

《乡村振兴战略规划（2018—2022 年）》明确提出，引导各地以资源禀赋和独特历史文化为基础，有序开发特色资源，做大做强特色产业。2019 年 6 月 17 日，国务院印发《关于促进乡村产业振兴的指导意见》明确提出，做精乡土特色产业，因地制宜发展小宗类、多样性特色种养，加强地方小品种种质资源保护和开发。建设特色农产品优势区，推进特色农产品基地建设。支持建设规范化乡村工厂、生产车间，发展特色食品、制造、手工业和绿色建筑建材等乡土产业。充分挖掘农村各类非物质文化遗产资源，保护传统工艺，促进乡村特色文化产业发展。2019 年，农业农村部牵头编制了《乡村特色产业发展规划（2019—2025 年）》，紧紧围绕特色种植、特色养殖、特色食品和特色手工等产业，梳理发展思路、重点任务和区域布局，通过规划引领，整合资源力量，引导各地发展特色产业。

二、壮大乡土特色产业的意义分析

乡土特色产业是乡村产业的重要内容，特色鲜明、前景广阔。乡土特色产业包括特色种养、特色食品、特色制造、特色手工业、特色绿色建筑建材、乡村特色文化产业等。使之振奋兴起、繁荣昌盛，才能实现乡村产业高质量发展。

乡土特色产业发展是一个持续动态的过程，也是一个积极探索的过程。20 世纪 80 年代，突破"以粮为纲"的制约，经济作物产业快速发展，各类特色产业多点开花。90 年代中后期，特色农业产业化快速发展，特色农产品加工业起步发展。特别是党的十八大以来，农村一二三产业融合发展步伐加快，乡村产业依托乡村特色资源，因地制宜发展小宗类、多样化的乡土特色产业，创响了一批"土字号""乡字号"特色产品品牌，打造了一批"一村一品"示范村镇，建成了一批像甘肃定西马铃薯、江西赣南脐橙、陕西洛川苹果、湖北潜江小龙虾、重庆涪陵榨菜等特色产业集群，为促进农民增收和脱贫攻坚发挥了重要作用。加快发展乡村特色产业，任务艰巨、意义重大。

（一）这是实现乡村产业振兴的需要

乡村振兴，产业兴旺是基础。只有产业兴旺，乡村振兴才有基础。没有产业兴旺，乡村振兴就是"空中楼阁"。促进乡村产业振兴，需要集聚资金、信息、人才等要素，也要开发乡村特色资源，形成各具特色、多彩纷呈的格局。我国地域辽阔，有丰富的特色资源和厚重的文化传承，这些都是乡村产业发展的基础和优势所在。要依托种养业、绿水青山、田园风光和乡土文化等，发展优势明显、特色鲜明的乡村特色产业，更好地彰显地域特色、承载乡村价值、体现乡土气息，走出一条人无我有、人有我特的乡村特色产业发展之路。要做好"特"字文章，加快培育优势乡村特色农业，把乡村特色产业做成乡村产业的"闪光点"和"靓丽风景线"。

（二）这是深入推进农业供给侧结构性改革的需要

过去，粮食和重要农产品供给不足，生产发展是以增产为导向，目的是解决温饱问题，有吃就行，吃饱就行。随着经济的快速发展，消费结构升级了，由过去吃得饱向吃得好、吃得营养、吃得健康转变，这需要个性化、多样化、差异化的供给。现在，越是有特色的，越是有市场的，不求比别人有多多，但求比别人有多特，以"特"的特征和品质赢得市场。这里的"特"，有区域特色、资源特色，也有功能特色、工艺特色和时代特色等，均是把"特"的内涵贯彻生产过程，给消费者有新鲜感、独特感，有一种让消费者一分钟看上、一刻钟爱上、一辈子"赖"上的效果。发展乡村特色产业，要突出特色优势，精炼乡土品质、讲好乡土故事，打造高品质、有口碑的乡村"金字招牌"，使之成为乡村特色产业通向市场的"身份证""通行证"，成为增强供给侧对需求侧适应性灵活性的"试金石"。

（三）这是打赢脱贫攻坚战的需要

2020 年，农村贫困人口如期脱贫，贫困县全部摘帽，区域性整体贫困彻底解决，全面小康社会一个民族、一个家庭、一个人都不能少。贫困地区多在"老少边穷"地区，也有独特的资源禀赋，因地制宜发展乡村特色产业，把资源优势和生态优势转为产业优势和经济优势，才能实现以产业带动农民持续增收、实现脱贫致富。要深入开发贫困地区绿水青山、清风明月、大地山河、美丽传说以及良好的土壤、空气和水源等资源，大力发展乡土特色产业，实现贫困人口就地就近就业和稳定增收，成为"绿水青山"转化为"金山银山"的"金杠杆"，为打赢脱贫攻坚战挖掘"新绿金"。

当前，乡村特色产业发展面临不少问题，表现在：一是产业大而不强。特色产业规模小而全，专精特新不突出，未能达到产业小而强、特而美。二是布局散而不聚。特色产业集中度低和园区聚集度低，产业集群尚未形成，未能达到小而群、聚而合。三是品牌有而不亮。"原字号""粗字号""初字号"的大路货居多，普遍产品单一，处在价值链低端，未能达到小而响、好而优。四是融合浅而不深。多局限农业"接二连三""隔二连三"，主体融合和利益融合层次不深，未能做到小而新、融而深。五是要素供而不足。资金不好筹，融资保障能力弱，企业融资难、融资贵；土地不好拿，用地瓶颈多，较难获得建设用地指标；人才不好聘，形不成技术和管理团队。

在看到问题的同时，也要坚定促进乡村特色产业发展的决心和信心。一是有良好的政策环境。实施乡村振兴战略，坚持农业农村优先发展，将调动各种资源要素进入农业、投入农村，基础设施和公共服务将更加便捷，各种支持政策正在加紧出台。二是有巨大的消费市场。城乡居民恩格尔系数降低到 28.2%，已从"吃饱穿暖"的农产品需求转向多元化、个性化、品质化的消费需求。三是有强力的创新驱动。现代科学技术日新月异，技术产业井喷式增长，技术与产业交互联动、深度融合。这些都为乡村特色产业发展提供了千载难逢的历史机遇。

三、壮大乡土特色产业的思路措施

产业发展有其自身的规律，乡土特色产业也有其发展规律。要遵循规律，务实创新推进，乡村特色产业才能实现高质量发展。促进乡村特色产业发展，在路径上，要围绕"一个目标"、突出"三个关键"、聚焦"四个重点"。

（一）围绕"一个目标"

产业振兴是乡村振兴的重要基础。发展乡土特色产业，就要紧扣乡村产业振兴这一目标，以农业供给侧结构性改革为主线，围绕农村一二三产业融合发展，聚焦特色产业，集聚资源要素，强化创新引领，培育发展新动能，构建特色鲜明、布局合理、创业活跃、联农紧密的乡村特色产业体系，夯实乡村产业振兴基础。

（二）突出"三个关键"

1. 突出"特"字 "特"就是唯我独存、人无我有，这是乡村特色产业的根脉所在、独胜之处和竞争诀窍。要盯住区域特色、产业特色、时代特色，在产品属性、品牌形象、功能价值、营销方式等方面寻求特色优势。特别是寻找地域专属性强、稀缺程度高的产业和产品，获得高独占性和高获利性。即便是相邻地区主攻同一产业，也要细分领域、差异定位、错位发展，要人有我优、人优我特、与众不同。

2. 突出"品"字 首先是品种改良。在同类型产品中，要在口感、外观、营养价值等方面有优势，消费者才会选择。其次是品质。改善加工工艺和生产条件，强化质量管理和认证等，提升产品品质。再次是品牌。把质量和信誉凝结在品牌中，让口口相传的文字和符号走进消费者脑子里的记忆点，打造"地球人都知道"的品牌，获取品牌溢价。

3. 突出"文"字 文化是太阳，产业是影子，太阳有多远，影子就有多长，不讲地域文化的乡村特色产业走不远。乡村产业有其很强的地域性，"橘生淮南则为橘，生于淮北则为枳"，天南海北、东西迥异，从热带到寒带、从沿海到高原，地域类型多样、生态环境不同、文化传承差异。要把住乡村特色产业的"魂"，深度挖掘文化传统、发掘价值内涵，打造有故事、有文化、有内涵的乡村产业和产品。

（三）聚焦"四个重点"

1. 开发一批乡土特色产品　我国很多带有地域特色的传统产业，如卤制品、酱制品、豆制品、腌制品等传统食品加工业，以及竹编、木雕、银饰、民族服饰等传统手工业。关键是突出精致内涵，精心挑选"小而美""精而美""骨架小""颜值高"的产业。选择经过开发、提升和打造，开发乡土特色文化产业和创意产品。把握好数量和范围的"度"，让产品供给处于紧平衡状态，逐步成为消费者的"后备厢商品"和"伴手礼"。欧美日韩发达国家工厂化生产都是面临大众市场的，乡村特色产业都是面对特类人群高品质要求的。比如，波尔多葡萄酒就是法国乡村特色产业，经过多年精心培育成为世界品牌的。

2. 发掘一批乡村能工巧匠　遴选推荐一批瓦匠、篾匠、铜匠、铁匠、剪纸工、陶艺师、面点师等能工巧匠，加强乡村工匠、文化能人、手工艺人和经营管理人才培训，编印能工巧匠名录，多场合、多形式加强宣传推介。充分挖掘农村各类非物质文化遗产资源，保护传统工艺；开发一批乡土特色产业，保护传统技艺，传承乡村文化根脉。

3. 打造一批乡村特色产业基地　围绕特色农产品优势区，积极发展多样化特色粮、油、薯、果、菜、茶、菌、中药材、养殖、林特花卉苗木等特色种养。推进特色农产品基地建设，支持建设规范化乡村工厂、生产车间和家庭作坊，全面提升特色农业的绿色化、标准化、品牌化发展水平。

4. 创响一批乡村特色产品品牌　按照"有标采标、无标创标、全程贯标"要求，制定不同区域、不同产品的技术规程和产品标准，打造一批"独一份""特别特""好中优"的"乡字号""土字号"品牌，以良好的外观、适宜的包装展现在消费者面前。同时，要加强品类和品质双重定位，把"产品是什么、能干什么"说清楚，让消费者听明白、记心里，把质量品牌"产出来、管出来、讲出来、树起来"同步推进，实现打造一个品牌、带动一个产业、致富一方百姓。

四、壮大乡土特色产业的重要举措

发展乡土特色产业涉及多个方面、多个环节、多个部门，需要加强统筹协调，强化指导服务，推进乡村特色产业高质量发展，奠定乡村产业振兴的基础。

（一）以规划引导乡土特色产业高质量发展

特色资源分布比较广，需要加强规划引导，明确发展重点，有力有序推进乡村特色产业发展。按照"十四五"规划的工作安排，部里编制了《乡土特色产业发展规划（2019—2025年）》，进一步明确了乡村特色产业发展的思路目标、重点产品、区域布局和保障措施，引导更多资源、技术向优势区域集中，加快建设一批有特色、有规模、有品牌的乡村特色产业基地或产业集群。各地也要以当地资源禀赋和独特历史文化为基础，制订乡村特色产业发展的规划，有序开发特色资源，做精乡土特色产业。

（二）以创新驱动乡土特色产业高质量发展

发展特色种养，不能只是资源开发，需要有技术创新引领。目前，一些特色种养业品种在退化，影响到特色产品品质，消费者的认知度也在降低。比如，20世纪90年代的江西南丰蜜橘，过去的品质很好，现在由于品质退化，市场认知度低了，品牌更不响了。育种创新是一项基础性工作。过去，因为市场规模不大，企业和科研单位对小品种育种重视不够，今后这一状况需要改变。重点是两个方面：

1. 加强特色育种技术攻关　组织科研单位与企业联合开展技术攻关，加快选育一批高产优质多抗的特色种养新品种。同时，要提纯复壮一批传统特色优势品种，因地制宜开发小宗类、多样性特色种养。

2. 加强地方小品种种质资源保护与开发　结合实施新一轮种子

提升工程，组织各地收集有地方特色的种质资源。这些种质资源是宝贵的财富，既要好好保护，又要有序开发。特别是要利用现代生物育种技术，开发独有的种质资源，培育独有的品种，打造独有的特色品牌，实现以特取胜、以质取胜。

（三）以标准引领乡土特色产业高质量发展

乡村特色产业要真正实现"独一份""特别特"，必须有标准。从地域特点到技术规程和品质内涵，都要有标准。只有做到这样，乡村特色产业才有旺盛的生命力。重点抓好三件事：

1. 健全绿色标准体系　加快制修订特色产业原产地标准、特色农产品加工标准和农村新业态标准，制定各类特色农业品牌标准，建立统一的绿色农产品市场准入标准。

2. 推进标准化生产　按照"有标采标、无标创标、全程贯标"的要求，建设一批标准化生产基地。在特色产业优势区的核心区及品牌，要推行全程标准化生产。同时，要加强产地环境治理，推广绿色生产方式，推进农药化肥减量增效，从源头上保障农产品质量安全。加快建立农产品质量分级及产地准出、市场准入制度，实现从田头到餐桌的全产业链监管。

3. 培育提升特色产品品牌　结合实施农业品牌提升行动，培育一批彰显地域特色的区域公用品牌，打造一批凝结质量信誉的企业品牌，创响一批体现乡土气息的产品品牌，提升乡村产业品牌的知名度、美誉度和影响力，形成以品促村、以村带户、以户带人、村品互促的格局。

（四）以融合推进乡土特色产业高质量发展

跨界配置乡村特色产业与文化、旅游、康养、休闲、体育、教育等现代产业要素高位嫁接、交叉重组、渗透融合。

1. 打造特色产业化联合体，推进产业融合　认定一批特色农业产业化国家重点龙头企业，培育一批特色产业家庭农场、农民合作社，积极发展龙头企业带动、合作社和家庭农场跟进、广大小农户参与的特色农业产业化联合体，实现抱团发展。

2. 丰富特色产业业态，推进产业融合　推进"农业＋"多业态，大力发展稻渔共生、林下种养、净菜配送、智慧农业等新业态。在产业融合中拓展新功能、创造新价值，满足新需求、创造新需求，逐步从产品竞争转向链条竞争、单点赢利转向多点赢利，不断创造新的价值点和增长极。

3. 打造平台载体，推进产业融合 从 2018 年起，农业农村部和财政部联合启动实施绿色循环优质高效特色农业促进项目。中央财政安排 12.74 亿元，支持 20 个省份 62 个县市，围绕 1～2 个主导产业建设绿色化标准化生产基地。今后，还要建设一批绿色优质特色农产品生产基地，打造一批"小而精"的特色产业园，认定一批"一村一品"示范村镇，推进主体融合、业态融合和利益融合，形成多主体参与、多要素聚集、多利益联结、多模式推进的融合格局。

4. 健全联结机制，推进产业融合 推广契约式、分红式、股权式合作模式，有序推进土地经营权入股特色农业产业化经营，从股权层面推进利益融合和主体融合，拓宽农民跨界增收、跨域获利新空间。

（五）以产业扶贫推动乡土特色产业高质量发展

发掘贫困地区的资源优势、景观优势和文化底蕴，做强"独大"的特色产业，创响特色产业"独一份"知名品牌，发挥特色产业助力脱贫攻坚的"独到"作用。

1. 开发有独特优势的特色产业和产品 在有条件的地方打造"一村一品"示范村镇和休闲旅游精品点。支持贫困地区打造特色产品品牌。农业产业化强镇和绿色循环优质高效特色产业项目，尽可能向集中连片贫困地区倾斜。农产品产地初加工项目，要支持贫困地区建设储藏、烘干、保鲜、加工等设施。

2. 引导特色龙头企业建基地 依托贫困地区的资源优势，引导龙头企业与贫困地区合作创建绿色食品、有机农产品原料标准化基地，带动贫困户进入大市场。组织农业产业化国家重点龙头企业与农业农村部定点扶贫县合作，开发农业资源，拓展产品市场，以产业带动扶贫。

3. 开展农产品产销对接 组织贫困地区农业企业参加中国农产

品加工业投资贸易洽谈会等博览、会展等活动，举办扶贫专场，促进产销对接。组织国内大型加工、采购销售、投融资企业、科研单位赴贫困地区开展县企、村企对接活动，促进直销直供、原料基地建设、招商引资等项目对接。选择一批乡土特色产品进行集中展示和宣传推介，提升这些产品的市场认可度和品牌影响力。

第三节 提升农产品加工业

农产品加工业一头连着农业、农村和农民，一头连着工业、城市和市民，沟通城乡，亦工亦农，是为耕者谋利、为食者造福的产业。经过多年努力，我国农产品加工业有了长足发展，成为乡村产业的重要组成部分，是乡村产业中潜力最大、效益较高的产业。近年来，各地以农业供给侧结构性改革为主线，集聚资源要素，强化创新引领，突出融合带动，着力打造农产品加工业升级版，培育乡村产业振兴新引擎。农产品加工业正成为农业现代化的支撑力量、推进农业供给侧结构性改革的重要抓手。

一、农产品加工业发展现状分析

（一）成为乡村重要产业

2018 年，规模以上农产品加工企业营业收入 14.9 万亿元，比 2017 年增长 4.0%；实现利润总额 1 万亿元，比 2017 年增长 5.3%。每百元主营业务收入中的成本为 80.5 元，同比下降 0.7 元，低于工业平均水平 3.4 元；利润率为 6.8%，同比提高 0.1 个百分点。规模以上农产品加工企业数量达 7.9 万家。年营业收入过 100 亿元、10 亿元的企业分别有 88 家、2 573 家，营业收入总额占规模以上企业营业收入的 40%。

（二）结构布局不断优化

1. 产地初加工覆盖面扩大 全国近 10 万个种养大户、3 万个农民合作社、2 000 个家庭农场、4 000 家龙头企业，建设了 15.6 万座初加工设施，新增初加工能力 1 000 万吨，果蔬等农产品产后损失率从 15％降至 6％。

2. 精深加工重心下沉 加工企业在粮食生产功能区、重要农产品生产保护区、特色农产品优势区的中心镇和物流节点布局，形成生产与加工、科研与产业、企业与农户衔接配套，改变"农村卖原料、城市搞加工"的格局。

3. 副产物综合利用水平不断提升 秸秆、稻壳、米糠、麦麸、油料饼粕、果蔬皮渣、畜禽皮毛骨血、水产品皮骨内脏等被开发成新能源、新材料、新产品，变废为宝、化害为利，资源得以循环高值梯次利用。

4. 产业集群正在形成 2018 年，建设了 1 600 多个农产品加工园区（基地），打造 552 个标准原料基地、集约加工转化、紧密利益联结的农业产业强镇。河南省打造优质原料基地，注重科技创新，促进农产品加工业升级，正在由"天下粮仓"向"全国厨房"和"百姓餐桌"迈进。

（三）技术装备加快升级

1. 营养健康的加工技术快速发展 粮食、果蔬、油料、畜产品、水产品等领域的储藏保鲜、快速预冷、烘干干燥、冷链配送等初加工技术，非热加工、低温压榨、品质调控、可降解包装材料等精深加工技术，营养成分分离提取、功能产品开发等副产物综合利用技术相继攻克，一批具有自主知识产权的新技术快速应用。

2. 智能自动的加工设备升级换代 高效杀菌、无菌包装、在线检测、智能控制等国产加工设备快速应用，技术装备研发能力与世界先进水平差距逐步缩小，推进加工工艺技术"鸟枪换炮"、生产流程"机器换人"，实现了加工设备研发由"跟跑"向"跟跑、并跑、领跑"并存的重大转变。

（四）融合发展趋势明显

加工企业跨界配置现代产业要素，带动农业纵向延伸、横向拓展，构建加工龙头企业引领、农民合作社和家庭农场跟进、广大农户积极参与的融合发展格局。

1. 业态类型丰富多样 目前，70％的农产品加工企业拓展消费体验、休闲旅游、养生养老、个人定制、电子商务等业务，发展中央厨房、亲子体验、农业科普、数字农业、电子商务等新产业新业态。2018 年，主食加工业营业收入达 2 万亿元。

2. 联农带农作用明显 大力推广"农户＋合作社＋企业"等模式，打造原料生产、加工流通和休闲旅游等产业融合的利益共同体，把更多的就业岗位和增值收益留给农民。2018 年，80％的农产品加工企业与农民合作社、小农户建立利益联结机制，吸纳 3 000 多万农民就业，间接带动 1 亿多小农户通过原料生产增收。

二、农产品加工业的独特作用

经过多年的发展，农产品加工业正成为农业现代化的支撑力量、农业农村经济的支柱产业，成为国民经济的重要产业和事关国民营养健康的民生产业。但也要看到，当前我国农产品加工业仍然大而不强，与现代农业产业体系建设不相适应，与工业发展转型要求不相适应，与城乡居民不断升级的消费需求不相适应。一方面，城镇居民消费需求快速升级，为加工业发展提供了强大动力，特别是人口流动，生活节奏加快，出现了很多中央厨房、送餐快递，这是年轻人的生活方式改变带来的变化；另一方面，我国农产品加工业大而不强、与现代农业产业体系建设和工业发展转型要求不适应等问题突出。加快提升农产品加工能力和水平形势紧迫、意义重大。

（一）推进农业供给侧结构性改革的重要抓手

推进农业供给侧结构性改革，是当前和今后一个时期农业农村经济工作的主线。在新形势下，我国农业的主要矛盾由总量不足转变为结构性矛盾，突出表现为：产品结构不合理，一般的、大路货的多，绿色优质的、品牌的少；产业结构失衡，种养加脱节，强筋弱筋小麦、高油大豆、高蛋白玉米等优质专用原料短缺，需要大量进口；区域布局结构错位，北粮南运、南菜北运成为普遍现象。一方面，产区与销区距离远，增加了流通成本；另一方面，农业生产与水土资源时空分布不匹配，加剧了资源环境压力。发展农产品加工业有助于引导农户根据市场需求，生产适销对路的产品，优化产品结构；有助于以加工需求为牵引，形成"为加工而种、为加工而养"的种养结构，优化产业结构；有助于加工产能向主产区、优势区聚集，优化区域布局。这必将倒逼和带动种养业的转型升级，用改革的、市场的手段增强农业供给活力，提高农业供给体系的质量和效率。

（二）破解农产品卖难滞销、促进农民增收的重要途径

我国农业是千家万户搞生产、千军万马搞流通，面对的却是千变万化的大市场。由于农产品加工业发展滞后，产后储藏、保鲜、包装、分等分级和商品化处理能力不足，大量农产品都是集中上市，容易造成价格下跌、产品卖难，造成很大的浪费，影响农民增收。近年来，大宗农产品价格总体下行，特别是玉米价格降幅较大，东北主产区农民增收形势不容乐观。通过发展加工业，可以延长农产品保质期，实现错峰销售、均衡上市，促进减损增收、提价增收和就业增收，最大限度地释放农业内部的增收潜力。同时，通过发展加工业，还有助于带动资本回乡、人才返乡、科技下乡，激发农村发展活力，推进农民创业，拓宽就业增收渠道，打造农民脱贫致富的新支柱。比如，四川省眉州市东坡区大力发展泡菜加工，从一个小小的泡菜园区发展成为泡菜城，带动周边农民发展 43 万亩原料基地，农村面貌焕然一新。

（三）推进农业现代化、建设农业强国的重要支撑

判断一个国家是不是农业强国，农产品加工业发展水平是一个重要标志。国际农业竞争的实质是产业体系的竞争，加工是农业产业体系中承前启后的核心环节，没有加工的农业永远是产品农业、弱势农业。从国际经验看，现代农业强国无一不是农产品加工强国。美国农业人口只占全国人口的 2％，从事加工流通服务等行业的人口却占全国人口的 20％，农产品加工转化率超过 85％，加工业与农业产值比超过 4∶1，玉米加工产品多达 3 500 种，而我国仅有 200 多种。我国农业产业体系不完善、不健全，一产不强、二产不优、三产不活，一二三产衔接不畅。发展农产品加工业，有利于发挥桥梁纽带作用，促进农业的前延后伸，带动农业生产性服务业、电子商务、休闲农业、乡村旅游等新产业新业态的发展，促进一二三产业融合，加快构建现

代农业产业体系，为实现农业由大到强的转变提供强大引擎。

当前，我国城镇化、工业化快速推进，新消费主体、消费模式不断涌现。现代工业技术不断向农业领域渗透，加快发展农产品加工业面临难得的历史机遇。

1. 城镇居民消费需求快速升级，为加工业发展提供了强大动力
过去，每家每户都有七八口人，80％以上自己在家做饭，家家点火、户户炊烟。现在城镇居民家庭规模显著变小，工作生活节奏加快，加之80后、90后的消费行为发生了很大变化，对方便快捷、营养安全的加工食品需求剧增；城镇化率提高后，消费加工制品的人数增加，人们也能够承受优质绿色加工食品支出的增加，加工业发展的空间越来越广阔。

2. 工业化的快速发展，为加工业转型升级提供了有利条件　现代装备、生物和信息技术快速发展，在农产品加工领域得到有效运用，有利于提高加工的智能化、自动化和精细化水平。比如，包子、花卷、饺子、汤圆等，以往只能手工制作，规模小、产量低、成本高；现在，随着自动机械装备水平的提高，这些食品都实现了工厂化生产、规模化制作，既保持了传统风味，效率也大大提升。

3. 农业规模化经营快速发展，为加工业奠定了坚实基础　过去，我国农业生产经营以一家一户的小规模为主，经营分散、品种少、标准化程度低，搞不好加工，只能以卖"原字号""粗字号"为主。近年来，家庭农场、种养大户、合作社、农业企业加快成长，农产品生产的区域化、规模化、标准化、专业化水平不断提升，为加工业发展注入有生力量，为做精做细做深农产品加工提供了有利条件。

总之，当前发展农产品加工业要求紧迫、条件具备、机遇难得，到了必须加快发展的历史阶段。如果说，过去家庭联产承包责任制、乡镇企业和外出务工是我国农业农村经济发展的三大机遇，那么，农产品加工业是新时期我国农业农村经济发展的又一次重大机遇。抓住了，就能推动传统农业向现代农业跨越发展，实现"第二次飞跃"；抓不住，与世界农业强国的差距就会越拉越大，就会拖农业现代化的后腿。我们要像当年抓乡镇企业那样抓加工业，以只争朝夕、时不我待的精神，再创异军突起的辉煌，要有这样的眼光、气魄和尽头。

三、提升农产品加工业的总体要求

提升农产品加工业，要进一步厘清思路、明确目标，突出重点、狠抓落实，全力开创农产品加工业发展的新局面。

（一）在发展思路上

要坚持以改革为动力，以市场需求为导向，创新产业发展体制机制，完善扶持政策体系，尊重企业和农民主体地位，共同做大市场"蛋糕"；坚持以增加农民收入为核心，推动产业向中高端迈进，让加工增值收益更多地留在主产区、留给农民；坚持以转变发展方式为引领，推动数量增长向质量提升、要素驱动向创新驱动、分散布局向集群发展转变；坚持以绿色发展为方向，不以破坏环境、浪费资源为代价，强化环境、质量、安全、卫生标准的约束作用，不达标的坚决不能干；坚持以一二三产融合为路径，围绕消费谋加工，围绕加工谋生产，促进产加销一体化发展。

（二）在发展目标上

到 2020 年，加工业与农业产值比提高到 2.4∶1，加工转化率提高到 68%；到 2025 年，加工转化率达到 75%，结构布局进一步优化、自主创新能力显著增强、基本接近发达国家水平。过去，我国农产品加工业发展很快，年均增长率长期超过两位数，但这种快速扩张依靠的是资源要素大量投入，能耗高、效率低、环境污染严重。我们今后不能再走这种粗放式发展的老路，要在注重速度目标的同时更加强调质量目标，突出发展速度与质量统一，促进农产品加工业持续稳定健康发展，实现四个方面的转型升级。

1. 产业体系转型升级 发挥加工业"接一连三"的作用，构建种养加销一体的全产业链、全价值链，推进一二三产业融合发展。

2. 初加工和精深加工转型升级 完善产地初加工体系，加快精深加工技术装备研发推广，实现"应加工、尽加工""宜精深、全精深"。

3. 农民与加工主体关系转型升级 将原来农民与企业间的买断

和订单关系转变成保底收益、按股分红和社会化服务的关系，打造产业利益共同体、命运共同体。

4. 市场开拓能力和品牌创建转型升级　着力强化科技支撑，加强质量体系建设和文化塑造，创造更多的企业品牌和产品品牌。

四、推进农产品加工业的重要举措

要立足"农"的发展定位，姓农、靠农、为农，带动农业结构调整，带动农民一起致富，带动农村繁荣发展；要突出"企"的发展主体，让企业唱主角、市场做决定，政府主要是建平台、搞服务、优环境；要遵循"融"的发展路径，用加工业促进生产、流通、消费各环节的互联互通。重点做到五个"大力推进"：

（一）优化区域布局，大力推进加工业向重点区域集聚发展

当前农产品加工业布局分散，加工产能与主产区、加工与上下游脱节等问题比较突出。要加强规划和政策引导，积极推动加工业向主产区、主销区、"三区三园"和贫困地区发展，促进"四个结合"。

1. 加工与产地结合　产地在发展加工业方面具有天然的资源优势和区位优势。在大宗农产品主产区、特色农产品优势区，通过引进专用品种和技术，打造一批标准化原料基地。通过培育和引进加工企业，促进就地就近加工转化。

2. 加工与销地结合　销地的市场规模、消费能力以及距离远近，决定了农产品加工业的发展前景。要结合市场消费新需求，在大中城市郊区推介培育一批主食、方便食品、休闲食品和净菜加工等企业。

3. 加工与园区结合　现代农业产业园、农民创业园和特色农产品优势区资源要素集聚，为发展农产品加工业提供了很好的平台和载体。依托这些园区，把原料生产、展示销售有机衔接，培育一批前后相连、上下衔接的全产业链产业集群。

4. 加工与扶贫结合　发展加工业是贫困地区脱贫摘帽的现实选择和重要途径。要帮助贫困地区积极引进加工企业，支持农户发展原料生产和绿色加工等，通过发展加工产业实现精准脱贫。

应按照"粮头食尾""农头工尾"的要求，质量兴农调"农头"，接二连三壮"工尾"，勇闯市场做"粮头"，千方百计壮"食尾"，支持粮食生产功能区、重要农产品生产保护区、特色农产品优势区发展农产品加工业，走出一条资源优势转化为经济优势的产业振兴之路。推进优粮优产、优粮优购、优粮优储、优粮优加、优粮优销，争做保障国家粮食安全的"压舱石"，当好农业供给侧结构性改革的"排头兵"，建成粮食产业高质量发展的"示范区"，打造农业现代化创新发展的"试验田"。支持县域发展农产品精深加工，建成一批专业村镇和加工强县。要特别支持家庭农场和农民合作社发展初加工，这是解决就地就近增收的重要途径。欧洲一些国家这方面的经验很成熟，发展很好，有一套成熟的模式，值得学习借鉴。

（二）培育壮大主体，大力推进利益联结机制创新

加工业的发展关键靠主体。要多渠道支持各类主体发展壮大，加强龙头企业培育，鼓励工商资本投资，支持种养大户、家庭农场、合作社等新型农业经营主体发展加工业，让他们与加工业同发展、共壮大。通过将政府支持补贴量化到农户，折股到合作社，推进"龙头企业＋规模种养户＋合作社"等共同发展模式、农村产业融合支出项目、"百县千乡万村"示范工程等。支持加工企业建设烘干储藏、直供直销等设施。支持他们抱团闯市场，发展电子商务、休闲旅游、科普教育、养生养老等新产业新业态，分享二三产业增值收益。中国的农民不怕吃苦，就怕吃亏。资本下乡不仅不能剥夺农民的财产权益，也不能剥夺农民的发展机会。尤其是加工业、休闲农业和乡村旅游，不能光老板坐地收钱，"富了老板，亏了老乡"。

（三）调整产业结构，大力推进农产品加工重点领域加快发展

当前推进加工业发展，要聚焦初加工、主食加工、精深加工三大领域。

1. 大力提升初加工整体水平 针对农产品初加工水平低、设施简陋、工艺落后等问题，要聚焦主导产业，重点支持优质特色果品、蔬菜等园艺产品生产，对各类农产品加工、储藏、烘干、包装和分等分级等环节进行补助。

2. 大力发展主食加工　农业农村部下发了《关于深入开展主食加工业提升行动的通知》，各地要按照通知要求，开发多元化主食产品，培育一批示范企业，宣传推介"原料基地＋中央厨房＋餐饮门店"等模式；发展"餐桌"经济，构建从田头到餐桌的全链条供给模式。

3. 增强加工的精深程度　精深加工能够延长产业链条，最大限度地提升农产品附加值。目前，我国的农产品精深加工水平普遍较低，加工副产物60％以上没有得到综合利用。据测算，通过精深加工可以使粮油薯增值2～4倍，畜牧水产品增值3～4倍，果品蔬菜增值5～10倍。要依托农产品加工科技创新联盟，组织开展公共关键技术装备研发和推广，打造一批精深加工领军企业。

（四）强化科技支撑，大力推进公共关键技术装备攻关

技术装备过度依赖进口，自主创新能力弱，科技人才缺乏，是我国农产品加工业发展的瓶颈。必须加快科技创新步伐，在一些公共关键技术装备方面取得突破性进展。

1. 强化协同创新　围绕烘干储藏、冷链物流、营养成分提取、副产物综合利用等薄弱环节，完善国家农产品加工技术研发体系，加快技术装备集成示范，重点建设一批企业研发分中心和中试基地。

2. 强化成果转化　开展全国性、区域性和专业性农产品加工科技创新推广活动，搭建信息化科技成果转化平台，完善"产、学、研、推、用"体系建设；支持科技人员通过成果入股创办、领办加工企业，实现股权分红。

3. 强化吸收引进创新　加强国际技术合作与交流，引进一批适合我国加工业发展的设施设备。学习、吸收国际先进成果，增强自我创新能力。

4. 强化人才培养　开展农产品加工行业人才培训，加快培育一批创新领军人才、创新团队和技能人才。

通过加工，促进农产品"转型升级"，获得第二次生命。告别"洗剪吹"，实现农产品形式的多样化。既满足不同人群的需求，又能够让生产与消费更好地对接。

（五）强化组织保障，大力推进政策落实

国务院办公厅印发的《关于进一步促进农产品加工业发展的意见》提出一系列政策措施，很有含金量，有些政策还有实质性突破。比如，在财税上，落实增值税抵扣政策和所得税优惠改策，将农民合作社兴办加工流通列入农业担保体系支持范围；在金融上，鼓励银行业金融机构为农产品生产、收购、加工、流通和仓储等各环节提供多元化服务；在用地用电政策上，城乡建设用地要重点支持农产品初加工和加工园区建设，农产品初加工用电执行农业生产用电政策等。

五、扩大农产品加工业的外延

发展农产品加工业的本质就是资源产品化。农产品是产品，副产物也是产品。清风明月、大地山河、碧水青山、蓝天白云、美丽传说都是产品。卖过程、卖体验、卖风情、卖观感，教育、科普、康养都是产品。当有了一项坚实可复制的"能力核心"后，可以试着把它变为"产品"，脱离"服务"这种交付形式对人类时间的依赖。产品杠杆相对于团队杠杆，在复制做大的空间上，具有更大优势。自然中存在的物质形态，经过价值挖掘和重构（商业模式），就叫资源。"资源圈＋点子圈＋价值圈"就是产品。如果再落地实施，与需求对接，就是市场化。

针对农产品外延的扩大，要开展三个加工：

（一）工业化加工

农产品传统的销售方式就是"裸销"。越新鲜、越生猛、越快捷越好，因而往往价格不能体现价值。这对消费者是有利的，对生产者来说就吃亏了。经过加工，改变农产品的呈现方式，就可以实现其潜在的价值。

传统的工业化加工方式还有很大上升空间。比如，把水果加工成果汁、罐头、酒。只要在质量和品牌打造上多下功夫，就可能获得数倍乃至上百倍的利润。地方和基层政府、企业家，仍有必要发展这种农产品加工业。

（二）故事加工

现阶段最有效的"加工"是讲故事。比如，一般橙子卖三五元一斤，而红塔集团前董事长、"中国烟王"褚时健出狱后开发的"褚橙"，一盒 5 千克可以卖到 168 元，合每斤 16.8 元。这一方面固然是因为"褚橙"确实质量好，但不可否认，2018 年 1 月迎来九十周岁生日的褚时健出狱后再创业的励志传奇，大大有助于"褚橙"卖出好价钱。

（三）品牌加工

品牌加工也是一种农产品"加工"，并且是最有时代特色的加工。褚时健只有一个，"褚橙"是不可复制的。但农产品极为丰富的品牌文化含义是可以挖掘的，不同农产品可以挖掘的附加值，可以讲的文化、历史和传说很多，在网络时代可以创造出惊人的价值。在实施乡村振兴战略的新时代，传统农业要升级为现代农业，把农业和文化产业有机融合，应当是一个方向。

第四节　优化乡村休闲旅游业

近年来，随着消费结构的升级，城乡居民对休闲旅游、健康养生等需求增加。各地发掘农业多种功能和乡村多重价值，推动乡村休闲旅游业蓬勃发展，成为横跨一二三产业、兼容生产生活生态、融通工农城乡的新产业新业态，为乡村产业振兴注入了新动能。

一、乡村休闲旅游业的价值分析

（一）更深挖掘乡村价值，促进农业从单纯衣食功能向多功能转化

乡村休闲旅游业适应人们对农业功能需求的变化，促进"农业＋"文化、教育、旅游、康养等产业发展，催生创意农业、教育农园、消费体验、民宿服务、农业科普、康养农业等新产业新业态，天然地把农业生产、农产品加工、乡村服务等一二三产业融合在一起，并从零星分布向集群转变，从郊区景区周边向更多适宜乡村拓展，涌现出一大批有特色的"农家乐"、休闲农庄、休闲聚集村和民俗村。通过试

吃体验、认识农业、体验农趣和科普讲解等方式，发挥网站、微信、公众号和电商的展示、互动、体验功能，实现消费主体的集聚，帮助消费者获取对称信息，让农业多种功能和资源多重价值充分发挥。2019年，北京农业嘉年华58天迎客110万，推出190多个创意农业景观、800多个农业优新特品种、70多项先进农业技术、220多项互动体验活动，累计接待入园游客110.72万人次，带动周边草莓采摘园接待游客253万人次、昌平民俗旅游接待游客55.72万人次，实现总收入2.47亿元。据测算，2018年全国休闲农业和乡村旅游接待人次超30亿，营业收入超过8 000亿元。

（二）更广开辟增收渠道，促进农民从单纯卖农产品向更多"卖过程""卖风情"转变

乡村休闲旅游业发掘稻田湿地、油菜花海、草原绿地、森林氧吧和河流海洋等绿色价值，让农业有文化说头、有休闲玩头、有景观看头，实现农业物化产品和精神产品双重增值。农民不仅需要生产出优质原生态的农产品，还要加工成游客可品尝、可观赏、可携带的商品和工艺品。不但卖产品，也可以卖体验和过程，多元化增加经营性收入。农民把农家庭院变成市民休闲的"农家乐园"和可住可租的旅店，实现空气变人气、叶子变票子，增加财产性收入。农民把农业产区变成居民亲近自然的景区，带动餐饮住宿、农产品加工、交通运输、建筑和文化等关联产业发展，增加工资性收入。陕西省礼泉县袁家村发展乡村餐饮和旅居，收入超过10亿元。浙江省天台县后岸村家家发展"农家乐"，收入超过2 000万元，户均收入超过18万元。

（三）更强凝聚乡村人气，促进乡村从单纯农民居住向农民市民居住转变

乡村休闲旅游业以其新颖的产业形态和有效的运行方式，充分发掘农业的文化传承、生态涵养等多种功能，以及乡村绿水青山、清新空气等多重价值，为市民打造"离城不近不远、房子不高不低、日子不紧不慢"的高品质生活，给居民提供望蓝天白云、看碧水清波、吸清新空气、品特色美食的休闲好去处，日益展现出产业融合、资源整合和功能聚合的独特作用与迷人魅力。目前，休闲农业和乡村旅游示范县 388 个，聚集村已达 9 万多个，美丽休闲乡村 710 个，美丽田园 248 个，形成了南京农业嘉年华、海南共享农庄、四川省农业主题公园等品牌。北京市开展"十百千万"畅游行动，推出了十条北京最美乡村路、百余个美丽休闲乡村、千余个精品观光采摘园、近万家民俗接待户。

（四）更多集聚资源要素，促进城乡人才、土地、资金等要素从单向流动向双向流动转变

乡村休闲旅游业以其连接城乡、沟通工农的独特功能，吸引外出务工人员返乡，农村的人气和资源要素从城市回流。促进大量的工商资本投入农业和农村改造，资金集聚效应明显，先进生产技术和管理技术得到广泛应用。乡村的水、电、路、气、信等公共设施得到改善，城市的公共服务正在快速向农村延伸，消费支出由城市向农村流动。休闲农业和乡村旅游同时吸引外部人才下乡进村创业，促进本乡人才就地就近就业，激发各类人才努力进取兴业，实现城市和乡村融合、市民和农民互动、城镇化和"逆城镇化"相得益彰。国务院印发的《关于促进乡村产业振兴的指导意见》要求，优化乡村休闲旅游业，实施休闲农业和乡村旅游精品工程，培育一批美丽休闲乡村、乡村旅游重点村，建设一批休闲农业示范县。

乡村振兴，产业兴旺是基础。乡村休闲旅游业是乡村产业的重要组成部分，也是一大亮点。它是横跨一二三产业、兼容生产生活生态、融通工农城乡的新产业新业态。在实施乡村振兴战略中，要大力发展乡村休闲旅游业，促进农业强、农村美、农民富、市民乐。其作用体现在：

1. 促进产业兴旺有"市值"　乡村休闲旅游业是农村一二三产业发展的天然融合体，产业链长、涉及面广、内涵丰富。促进乡村休闲旅游业发展，要发掘农业的多种功能，夯实一产的基础，推动二产两头连，促进三产走高端。乡村休闲旅游业的发展，要以农业农村资源为依托，与教育科普、健康养生、农事体验、乡土产品等结合，带动种养、加工、营销、电商、餐饮、住宿等一二三产业深入发展，让乡村资源优势变为经济优势，让农民的钱包鼓起来。

2. 促进生态宜居有"颜值" 乡村休闲旅游业是绿水青山转化成金山银山的"金扁担",可以将田园变"公园"、农区变"景区"、劳动变"运动",空气变人气。在很多"山清水秀人也秀、鸟语花香饭也香"的农区周边,让乡村的景观靓起来,为市民提供"风餐路宿、人情事故"(风景旅游、农家饭菜、景观道路、宿营房屋、人情味道、农事体验和故事传说)等服务,让人们享受"好山好水好风光"的视觉愉悦。

3. 促进乡风文明有"气质" 乡村休闲旅游业为广袤的农村大地"铸魂",传承良好的乡风、民风和家风。发展乡村休闲旅游业,要结合当地的文化符号、文化元素,通过休闲养生、农耕体验等活动,挖掘被掩藏、被遗忘的民俗乡土文化、农耕饮食文化、图腾文化和民间工艺,将其激活、保护、传承和弘扬。在丰富休闲农业功能的同时,传承了博大精深的农耕文明,为乡村发展铸造了文化灵魂。

4. 促进治理有效有"基质" 乡村休闲旅游业以农民为主体、农村为场所,既有小农户和基层组织的自主经营,又有工商资本的参与带动,在发展过程中与农民和基层组织存在着千丝万缕的合作。在这一过程中,乡村休闲旅游业将先进的管理模式、管理理念源源不断地引入农村,潜移默化地影响基层组织的管理方式,促进自治、法治、德治"三治"体系的建立,激发基层组织自我组织、自我激励、自我调整、自我改进、自我创新的活力。

5. 促进生活富裕有"品质" 乡村休闲旅游业能够极大地提升农产品附加值,增加农民收入,扩大就业容量,有效提升农村产业的劳动生产率、土地产出率、资源利用率,让农业"有干头、有赚头、有奔头、有念头"。让农民就地就近就业,在"家门口"就有持续稳定的收入来源,使农民衣食住行无忧,日子过得更加体面。

二、乡村休闲旅游业取得的成效

近年来,为适应消费结构升级的需求,各地以农业供给侧结构性改革为主线,以农村一二三产业融合发展为路径,加强规划引导,加大投入力度，因地制宜发展各具特色的乡村休闲旅游业，取得了积极成效。

（一）产业规模不断扩大

目前，乡村休闲旅游业已从零星分布向集群分布转变，空间布局从城市郊区和景区周边向更多适宜发展的区域拓展，规模效应越来越凸显。据测算，2018 年全国乡村休闲旅游业接待人次超 30 亿，营业收入超过 8 000 亿元。休闲农业成为城市居民休闲、旅游和旅居的重要目的地，成为乡村产业的新亮点。

（二）业态类型不断丰富

乡村休闲旅游业主要有三种类型：

1. 以"农家乐"和聚集村为主的休闲旅游 这主要集中在城市郊区，以提供食宿、游乐、采摘、购物为主。

2. 以自然景观、特色风貌和人文环境为主的生态旅游 主要集中在景区周边，发展风景旅游、农家饭菜、宿营房屋、农事体验等服务。

3. 依托田园景观，以健康养生为主的休闲旅游 主要集中在气候宜人、资源独特、农业生产集中连片的区域，提供食宿、康养、保健等服务。

此外，也形成了一些有特色的农业嘉年华、特色小镇等品牌。截至 2018 年底，已创建 388 个全国休闲农业和乡村旅游示范县（市、区），推介了 710 个中国美丽休闲乡村。

（三）产业内涵不断拓展

由原来单纯的休闲旅游逐步拓展到文化传承、涵养生态、农业科普等多个方面。在传统吃、住、行、游、购、娱基础上，更注重开发"好山好水好风光"的农业农村资源，发掘资源潜在价值。通过拓展科普教育、农事体验的功能，让人们享受青山绿水的视觉愉悦，近距离参与农业生产，了解乡村民俗，不断传承农耕文化。通过拓展养生养老、健身运动的功能，让城市居民到乡村居住，感受田园和农耕生活，充分享受返璞归真的喜悦。通过发展乡村休闲旅游业带动了餐饮住宿、农产品加工、交通运输、建筑和文化等关联产业，促进了农民多元化增收获利。特别是一些贫困地区，发掘独有的稀缺资源，发展乡村休闲旅游业，有效带动农民脱贫致富。

三、促进乡村休闲旅游业持续健康发展的思路措施

乡村休闲旅游业是一个新兴产业，也是一个系统工程，需要统筹谋划、精准发力，为乡村振兴提供有力支撑。在发展思路上，要坚持"一个围绕，两个紧扣，三个突出，三个着力提升"。

（一）一个围绕

就是围绕发展现代农业，运用现代科技、管理要素和服务手段，改造提升传统的乡村休闲旅游业，逐步实现生产、经营、管理、服务的现代化。

（二）两个紧扣

1. 紧扣乡村产业振兴　让农业经营有效益、成为有奔头的产业；让农村留住人、成为安居乐业的美丽家园。

2. 紧扣农民持续增收　让农民足不出户就能获得稳定的收益，实现自身价值的提升和经营收入的增长。

（三）三个突出

1. 突出特色化　立足当地资源、区位和传统优势，打造特色突出、主题鲜明的乡村休闲旅游产品。

2. 突出差异化　因地制宜、错位竞争，让消费者感受与众不同的景观和体验。

3. 突出多样化　设立针对不同消费需求的产品，满足消费者个性化需求，实现休闲旅游产品异彩纷呈。

（四）三个着力提升

1. 着力提升设施水平　从人性化、便利化、快捷化的角度，加强休闲旅游设施建设，让消费者尽情享受、顺畅游玩。

2. 着力提升服务水平　为游客提供休闲、观光、体验等服务，让游客玩得放心、住得安心、花得舒心。

3. 着力提升管理水平　创新管理理念，引进农业、旅游、人力、财务等多领域人才，实现质量效率同步提升。

四、推进乡村休闲旅游业持续健康发展的重要举措

围绕发展思路和要求，重点抓好以下措施落实：

（一）强化规划引领

要立足资源优势、产业基础和市场需求，制订好发展规划，引导资金、技术、人才等向优势区域集聚。中央印发的《乡村振兴战略规划（2018—2022年）》，对乡村休闲旅游业发展作了统筹安排。各地要按照规划要求，注重因地制宜和多规合一，切实抓好落实。

（二）强化精品打造

以行政村镇为核心，培育一批天蓝、地绿、水净、安居、乐业的美丽休闲乡村（镇）。以聚集区和经营主体为核心，建设一批功能齐全、布局合理、增收机制完善、示范带动力强的休闲农业精品园区和农庄。持续开展精品推介活动，推介农业嘉年华、休闲农业特色村镇、农事节庆等形式多样、富有特色的活动。

（三）强化规范管理

对乡村休闲旅游的标准进行梳理，制修订一系列的技术规程和服务标准，提升产业的标准化、行业的规范化。组织开展人才培训，重点开展经营管理、市场营销、创意设计等培训，培养一批素质强、善经营的休闲旅游人才。要不定期地对休闲旅游聚集区的设施状态、安全责任、服务水平开展督促检查，保障服务规范、运营安全。

（四）强化设施完善

基础设施投入主要靠国家、省级、市县级的交通建设规划和旅游景点的建设规划投入。农业农村部门要加强与有关部门的沟通协调，密切配合、共同推进。旅游景点设施投入主要靠经营主体自筹资金解决，国家予以适当补助。要引导经营主体利用现有的一些农业项目补助资金，更主要是撬动金融等社会资本支持。

（五）强化业态丰富

对"农家乐""农事体验"等一些传统业态，要通过改造基础设施、提升服务水平、创新营销模式，实现"老树开新花"。适应消费升级需要，引导经营主体发展高端民宿、康养基地、摄影基地、教育

农园等高端业态。因地制宜创制深度体验、新型疗养等新型业态，发展森林疗养、音乐康养等服务。

五、促进乡村休闲旅游业的持续健康发展应着力处理好几个关系

针对当前乡村休闲旅游业发展中出现的新情况新问题，要加强引导、规范管理，保持良好的发展势头。重点要处理好以下几个关系：

（一）要处理好政府引导与市场主体的关系

1. 发挥市场配置资源的决定性作用 充分调动各类市场主体从事乡村休闲旅游业的积极性，才能有效地将社会的资金、技术、人才等要素与农业特色产业、农村生态与环境、农民生活与文化等优势相结合，创造出满足城镇居民体验农业、回归自然、回报乡村需求的新产业新业态，才能在政策和规则的框架下，使得休闲农业在经营上更加灵活多样，在机制上更加充满活力，在服务上更加贴近市场需求。

2. 更好发挥政府的引导作用 政府通过制订发展规划，引领休闲农业的发展方向；通过制定优惠政策和措施，吸引社会主体参与；通过强化管理服务，促进规范服务，提档升级。如果缺乏正确的引导，就会出现诸如损害农业基础、破坏生态环境、侵害农民权益等问题。

（二）要处理好农民主体与社会参与的关系

1. 尊重农民的意愿和主体地位 发展乡村休闲旅游业必须把促进农民就业创业、增加农民收入作为根本出发点和落脚点。不论是搞休闲观光还是餐饮服务，都要健全利益联结机制，让农民深度参与，这样才能持续稳定发展。

2. 引导社会资本参与，集聚更多资源要素 鼓励城市工商资本进入乡村，兴办休闲农业和乡村旅游，解决乡村产业发展中资金短缺问题，将更多的先进管理经验、信息技术和营销网络引入乡村，做大做亮这一产业。同时，资本下乡要带动老乡，不能代替老乡，更不能剥夺老乡。"农家乐"不能光让老板乐，还得让农民乐。

（三）要处理好经济效益与生态效益的关系

1. 注重经济效益提升 乡村休闲旅游业是一个产业，要遵循经济规律，投资要有收益，经营要有利润，这样才能持续；否则，根本办不下去，还留下一个烂摊子。不仅投资损失更大，而且农民收益也得不到保障。

2. 注重生态环境保护 天人共美、相生共荣的好生态，是乡村休闲旅游业的独特吸引力和竞争力。发展乡村休闲旅游业，要坚持生态为先，践行好"两山"理念，美化山水林田湖草。严禁开山填湖、破坏生态，杜绝毁坏村容村貌，严格落实耕地保护制度。

第五节 培育乡村服务业

乡村服务业是服务于农村经济社会和农业再生产，通过多种经济方式、经营方式，多层次、多环节发展起来的产业，是我国现代服务业的重要组成部分。改革开放以来，随着我国城镇化的快速推进和人口老龄化的不断发展，农业生产规模、技术水平和劳动力结构发生了巨大变化；农村常住人口结构出现了重大调整，农村人口老龄化的比例明显高于城镇；此外，新时代人民群众对美好生活的追求有了更高的要求，消费理念、消费结构和消费方式加速转变升级。这些翻天覆地的变化，导致近些年乡村服务业获得新的发展。无论在生产领域还是生活领域，乡村服务业的范畴都更加宽阔，参与的主体更加多元化，服务方式更加专业化，各地涌现出一批成功的典型。党的十九大提出要实施乡村振兴战略，标志着我国农业农村现代化将进入一个新的发展阶段，乡村服务业迎来了新的发展。

一、乡村服务业概念的内涵

"服务"在《新华字典》中的解释是"为集体（或别人的）利益或为某种事业而工作"。在经济学领域，服务是一个专业名词，但学者们对服务的表述不尽相同。马克思认为，"服务这个名词，一般说，不过是指这种劳动所提供的特殊使用价值，犹如其他商品所提供的特殊使用价值一样；但是劳动的特殊使用价值在这里取得了'服务'这个特殊名词，是因为劳动不是作为物，而是作为活动提供服务的。"1974年，斯坦通（Stanton）指出，"服务是一种特殊的无形活动。它向顾客或工业用户提供所需的满足感，它与其他产品销售和其他服务并无必然联系。"

服务业是指以服务为主导经济活动的行业和部门的总称，是国民经济的重要组成部分。20世纪30～50年代，英国经济学家费希尔和克拉克提出了三次产业分类，得到了世界上的广泛认同。三次产业的分类方法总体上将产业结构划分为农业、工业和服务业，又称"第一产业、第二产业和第三产业"。产品直接取自自然界的部门称为第一产业；初级产品进行再加工的部门称为第二产业，很显然，第一产业和第二产业都是以物质资料生产过程为基本内容的；第三产业的重点则是非物质资料生产过程，是为生产和消费提供各种服务的部门。

乡村服务业是服务业在乡村的存在，是服务于农业再生产和农村经济社会发展的产业，也是现代服务业的重要组成部分。乡村服务业包含的内容很多，比如耕种收植保等生产性服务、仓储流通业、婚丧嫁娶育，以及餐饮、理发、修理、家政、养老等生活服务业。乡村服务业是相对城镇服务业而言的，城镇经济发展水平更高，产业分工更加明确。因此，城镇服务业的发展起步较早，现代服务的专业化程度也更高。乡村服务是伴随着乡村的诞生而出现的，但在相当长的时期内，乡村服务总体上是以互助合作的方式实现的，也是乡风文明的重要内容，乡村服务没有成为独立的产业部门。随着乡村社会经济水平的不断提高，乡村生产生活方式发生变化，乡村的社会分工越来越明确，为服务专业化的成长提供了空间。此外，信息技术的快速普及推广，城镇居民对乡村生活的体验需求，也促进了乡村服务业的发展。

二、乡村服务业的主要分类

为了便于世界各国统一产业分类和统计，联合国出台了《国际标准产业分类》。其中，服务业包括贸易、运输和储藏、食宿服务活动、信息和通信、金融和保险活动、房地产出租和租赁活动、专业和科技活动、行政和支助服务活动、教育、人体健康和社会工作、艺术娱乐和文娱活动、其他服务活动等。

我国国民经济分类总体上参考了《国际标准产业分类》。根据《国民经济行业分类》（GB/T 4754—2017），我国服务业包括批发和零售业，交通运输、仓储和邮政业，住宿和餐饮业等 15 个门类和批发业、零售业、铁路运输业、道路运输业、水上运输业等 49 个大类。结合我国乡村的实际，乡村服务业主要类型如下：

（一）生产性服务业

顾名思义，乡村生产性服务业是服务于农业生产各环节的，主要包括为耕地、播种、疫病防控、收获、仓储等环节提供的服务以及金融服务等。对应 GB/T 4754—2017，主要指农、林、牧、渔专业及辅助性活动和农林牧渔技术推广服务。

1. 农业专业及辅助性活动　包括种子种苗培育活动、农业机械活动、灌溉活动、农产品初加工活动、农作物病虫害防治活动以及其他农业专业及辅助性活动。比如，代耕代种代收、大田托管等农业活动。

2. 林业专业及辅助性活动　包括林业有害生物防治活动、森林防火活动、林产品初级加工活动以及其他林业专业及辅助性活动。

3. 畜牧专业及辅助性活动　包括畜禽良种繁殖、畜禽粪污处理、其他畜牧专业及辅助性活动。

4. 渔业专业及辅助性活动　包括鱼苗及鱼种场活动、其他渔业专业及辅助性活动。

5. 农林牧渔技术推广服务　指将相关新技术、新农艺/工艺、新产品向市场推广进行的相关技术活动。

（二）仓储与流通业

乡村仓储与流通业是围绕乡村生产生活物资及农产品提供的仓储物流、批发零售等服务，主要包括 GB/T 4754—2017 中的农、林、牧、渔产品批发，饲料批发，化肥、农药、农用薄膜批发；各类日用品零售，农机、摩托车、自行车零售，建筑材料、五金、灯具等零售，文具、体育用品、图书等零售；道路运输服务，水上运输服务；

谷物、棉花等农产品仓储，通用仓储，低温仓储；快递服务等。目前，乡村仓储与流通业的重点是农产品仓储和农产品流通服务，包括农产品批发业、农产品直销和农产品电子商务等。

（三）生活服务业

乡村生活服务业主要围绕乡村居民和来到乡村的城镇居民的生活提供的相关服务活动，对应包括 GB/T 4754—2017 中民宿服务，餐饮业，家庭服务、托儿所服务，理发及美容服务，洗浴和保健养生服务，婚姻服务，殡葬服务，机动车、电子产品和日用产品修理，清洁服务，护理机构服务，老年人、残疾人养护服务，室内娱乐活动，休闲观光活动等。目前，乡村生活服务业的重点主要是居民服务、修理服务、养老服务、健康服务、休闲农业和乡村旅游、乡村文化等。

三、培育乡村服务业的价值分析

（一）乡村振兴的重要支撑

在农产品流通业方面，统筹农产品产地、集散地、销地批发市场建设，加强农产品物流骨干网络和冷链物流体系建设。在休闲农业方面，要实施休闲农业和乡村旅游精品工程，建设一批设施完备、功能多样的休闲观光园区、乡村民宿、森林人家和康养基地，培育一批美丽休闲乡村、乡村旅游重点村，建设一批休闲农业示范县。在乡村信息产业方面，要深入推进"互联网＋"现代农业，加快重要农产品全产业链大数据建设，加强国家数字农业农村系统建设。全面推进信息进村入户，实施"互联网＋"农产品出村进城工程。推动农村电子商务公共服务中心和快递物流园区发展。在乡村服务业方面，要支持供销、邮政、农业服务公司、农民合作社等开展农资供应、土地托管、代耕代种、统防统治、烘干收储等农业生产性服务业。改造农村传统小商业、小门店、小集市等，发展批发零售、养老托幼、环境卫生等农村生活性服务业。由此可见，现代乡村服务业已成为产业振兴的重要组成部分，为乡村振兴战略的实施提供了有力的支撑。

（二）农业农村现代化的重要保障

农业农村现代化离不开乡村服务业。发展现代农业迫切需要加快发展农业生产性服务业。当前，虽然有一部分农业新型经营者通过流转土地发展了适度规模经营，不过未来相当长的时期内，农户小规模经营仍然是农村经营方式的主体。农村又面临着劳动力减少和老龄化的突出问题，靠农户自身无法实现农业现代化。发展农业生产性服务业，有利于集中采购农业生产资料，从而降低生产成本；有利于引进优良的品种和先进的农业生产技术，提高生产科技水平，避免农业投入品施用，减少农业面源污染，实现农业绿色发展；有利于实施大面积的机械化作业，降低单位作业成本，提高装备利用率；有利于培育农产品品牌，实现品牌增值，提高农产品竞争力和质量效益。2019年2月，中共中央办公厅、国务院办公厅专门印发《关于促进小农户和现代农业发展有机衔接的意见》，要求通过发展农业生产性服务业、推进以及实施"互联网＋小农户"计划等，不断健全面向小农户的社会化服务体系。提高农村居民生活水平，迫切需要发展生活性服务业。改革开放以来，我国农业农村发生了巨大变化。不过，城乡之间的差异仍然十分明显，包括城乡居民收入、公共服务以及要素配置等方面。发展农村生活性服务业，可以在养老、保健、文化等方面为老百姓提供更好的服务，不断缩小与城镇之间的差异。

（三）农村创新创业的重要领域

近年来，各地认真贯彻中央部署，加强指导，强化服务，建机制、育主体、树典型、搭平台，农村创新创业风生水起。从实践看，农村"双创"的主要领域在种植业、养殖业、农产品加工业、农产品流通业、电子商务和休闲农业等。可见，乡村服务业是农村"双创"的重要领域。以美国为例，从事农业生产领域的人口只占总人口的2％左右，而从事与农业生产有关的生产、供应和农产品加工、销售以及为农业生产服务的人口却至少占到了总人口的15％以上。可见，从未来发展趋势看，乡村服务业仍然是农村创业创新的主战场之一。

（四）农民脱贫增收的重要途径

近年来，随着我国工业升级、"机器换人"计划的加速，农民获得工资性收入增长的潜力受限；以政策性补贴为主的转移净收入也贴近"天花板"；再加上受国际农产品价格影响，我国农产品价格下行压力加大，农民收入持续较快增长面临着巨大挑战。发展乡村服务业，具有强大的吸纳劳动力的能力，为农民就业创业提供了传统农业经营之外的新途径。据 2017 年统计数据分析，批发零售业完成 1 亿元增加值吸纳的劳动力数量是工业的 4 倍以上。农民从事服务业的收入呈不断增长的趋势，人均服务业收入从 2003 年的 237.1 元上涨到 2016 年的 1 183.8 元，增长幅度为 399%，年均增长 12.8%。在 2012 年之前，农村居民服务业收入占家庭经营性收入的比重维持在 15% 左右，变动幅度不大，但总体上缓慢上升；从 2012 年开始，第三产业收入比重有加速提高的趋势，2016 年的比重达到了 25%。截至 2017 年底，全国 756 个电子商务进农村综合示范县中，国家级贫困县占比达 66%，带动近 300 万建档立卡贫困户依托电商实现增收。

四、乡村服务业的发展历程与趋势

（一）发展历程

1. 统筹供给阶段　统筹供给阶段指新中国成立到 20 世纪 70 年代末。新中国成立初期，我国乡村服务业基础非常弱，互助合作成为发展服务业的重要形式。1949 年 9 月，《中国人民政治协商会议共同纲领》提出，"在城镇和乡村中组织供销合作社、消费合作社、信用合作社、生产合作社和运输合作社。"1954 年，通过了《中华全国供销合作社总社章程》，明确其基本任务是进一步开展城乡物资交流，促进农业增产。新中国成立后，农民普遍分得土地，需要资金发展农业生产。为了缓解资金压力，在中国共产党和人民政府的领导下，根据自愿和互惠的原则，成立了农村信用社，提供农村金融服务。1953 年，在总结东北和华北试办农业技术推广站的成功经验的基础上，开始建立以农场为中心、互助组为基础，劳动模范和技术员为骨干的技术推广网络。1954 年，在全国建设农业技术推广站，为农业生产提供农业科技推广服务。1958—1976 年，受到"大跃进"和"文化大革命"的冲击，基层供销社基本处于无政府状态；乡镇技术推广站下放到人民公社管理，"文化大革命"中绝大多数农业技术推广机构被撤销；农村信用社也归人民公社管理，失去了为社会服务的农村合作金融性质。乡村服务业遭受巨大破坏。1975 年，邓小平恢复工作，中央决定恢复全国供销总社之后，乡村服务业也逐渐开始恢复发展。总体而言，新中国成立到改革开放之前这段时期，在高度集中的计划经济体制下，供销合作社承担了乡村服务业的主要部分，包括餐饮、修理、仓储、运输等；农产品采用分类管理，大多数农产品收购环节实行统购派购制度，农产品销售环节实行统销制度；生产资料实行专营制度。例如，1957 年国务院颁发《关于由国家计划收购（统购）和统一收购的农产品和其他物资不准进入自由市场的规定》，国家委托供销合作社和国营商业机构收购，并统一规定价格。

2. 市场化转型阶段　指 20 世纪 80 年代至 90 年代初。乡村服务业的市场化发展是伴随着我国经济体制的改革逐步实现的。1978 年召开中共十一届三中全会，农村家庭联产承包责任制开始全面实施，农户成为经营主体，获得了经营自主权。农产品商品化的程度不断提高，国家逐渐减少统购统销的数量和范围。1981 年农产品统购 141 种，1984 年减少为 38 种。1985 年，国家彻底改革统购派购体制，不再向农民下达农产品统购派购任务，农产品不再受原来经营分工的限制，实行多渠道直线流通。生产资料流通体制的改革则相对较慢。1985 年实行生产资料国家定价、政府指导价和市场调节价相结合的制度，形成化肥、农药价格的双轨制。后来，出现了市场混乱、价格大涨等问题。1988 年，国务院出台《关于化肥、农药、农膜实行专营的决定》，规定由国家商务部中国农业生产资料公司和各级供销合作社的农业生产资料经营单位进行专营，其他部门单位和个人一律不准经营。此后，随着农资市场供求关系明显改善，国家加快开放了农资市场化流通步伐。在农产品和农资流通市场化改革过程中，乡村服务业以供销合作社提供为主向主体多元化发展。1985 年中央 1 号文件明确，提供社会化服务的组织不局限于国有和集体组织，可以是个人。1986 年中央 1 号文件提出，要建立健全各级科研、教育、信息、技术推广和经营管理服务组织，逐步完善农民自办的按照产品和行业组建的专业合作组织。《中共中央、国务院关于 1991 年农业和农村工作的通知》也要求，各级党委和政府要帮助督促和引导当地各种服务组织在产前、产中和产后的服务中发挥各自的作用；积极帮助合作经济组织把农民急需的服务项目搞起来，并不断扩大服务内容。在农村家庭联产承包责任制实行过程中，国家高度重视农业技术推广工作。1982 年中央 1 号文件要求在全国范围内加强农业技术推广机构建设，建成县级技术推广中心。1984 年，开始实施《农业技术承包责任制试行条例》，在调动部分农业技术推广人员积极性的同时，出现推广体系破损、人员涣散等问题。1991 年，国务院出台《关于加强农业社会化服务体系建设的通知》，要求加强技术推广工作。1993 年，《农业技术推广法》颁布实施，标志着依法管理农业技术推广机构。农村技术推广服务逐渐进入规范化、法制化的轨道。

3. 快速发展阶段 指 20 世纪 90 年代初至今。进入 20 世纪 90 年代后，农村向市场和商品经济方向不断发展，农村改革进入面向社会主义市场经济体制转轨的阶段，乡村服务业真正进入市场化发展阶段。1992 年，邓小平发表了南方谈话，进一步明确了市场经济的地位。党的十四大明确，我国经济体制改革的目标是建立社会主义市场经济体制。最能体现市场化发展的是商品的定价机制。1994 年，社会商品零售、农副产品收购、生产资料销售市场定价比重达到 90.4%、79.3% 和 80%。从 1999 年 9 月 1 日开始，棉花的收购、销售价格主要由市场形成，国家不统一定价。供销合作社在市场化发展过程中成功实现了转型升级。1995 年，国务院下发《关于深化供销合作社改革的决定》，要求将供销社真正办成农民自己的合作经济组织。供销合作社充分发挥企业、流通网络、基层供销的优势，将龙头企业、专业合作社和农民联系起来，为农业生产提供一系列的专业服务。2006 年，供销社实施以农资现代经营服务网络、农副产品市场购销网络、日用消费品现代经营网络为主要内容的"新网工程（新农村现代流通服务网络工程）"，从流通各方面发挥供销社在社会服务体系中的作用。2012 年，供销合作社连锁经营服务网点 91.28 万，覆盖 80% 的乡镇和 40% 的村。农资下乡配送中心 800 多个，直营和加盟网点 18 000 个，成为最大的农资连锁经营网络。在农产品流通方面，供销合作社将农民经纪人、专业合作社、各级社有企业尤其是批发市场组织成现代农产品流通网络。近年来，随着农村经营制度改革、劳动力结构的迅速变化以及乡村振兴战略的实施，乡村服务业正在发生巨大变化，服务的范围越来越广，服务的专业化程度越来越高。在生活服务方面，2016 年商务部出台了《关于促进农村生活服务业发展扩大农村服务消费的指导意见》，要求各地根据当地农民需求，提供理发、餐饮、洗浴、养老、废旧物资回收、维修、信息咨询、文化、物品寄存、通信、融资、网购等服务。在生产性服务方面，2017 年，农业部、国家发展改革委、财政部联合印发《关于加快发展农业生产性服务业的指导意见》，部署了农业市场信息、农资供应、农业绿色生产技术、农业废弃物资源化利用、农机作业及维修、农产品初加工和农产品营销七大类生产性服务业。

（二）发展趋势

1. 纵向全程化　改革开放初期，农民的生产积极性被充分调动起来，劳动生产率也大大提高，农民收入主要来源于农业经营性收入。随着我国工业化和城镇化的深入推进，越来越多的农村劳动力开始外出务工获得工资性收入作为补充，关键环节的劳动替代需求迫切，在此背景下提供某环节专业服务的组织迅速发展。比如农机合作社，可以承担耕地服务以及进行跨区作业完成收获服务。2011 年开始，我国城镇化率达到 51.27%；2015 年，工资性收入超过经营净收入，成为农民最重要的收入来源。这些变化都源于农村的青壮年群体正在不断融入城镇中，当前农村劳动力结构的老龄化问题已十分突出，"谁来种地"成为社会关注的热点。在农村基本经营制度保持稳定的情况下，农业生产的托管服务应运而生。所谓农业生产"托管服务"，是指农民通过有偿方式将自己农田的生产作业委托给专业组织，比如合作社或大户，并获得农田收益的方式。2017 年，农业部办公厅专门发布《关于大力推进农业生产托管的指导意见》，大力支持农业生产托管服务的发展，将托管分为单环节托管、多环节托管、关键环节综合托管和全程托管等多种托管模式。从发展趋势看，随着机械化的进一步发展，农业生产的全程托管将越来越得到认可。通过全程托管，可以进一步减低生产成本，有利于推广绿色生产技术和塑造农产品品牌。

2. 横向全面化 简单互助合作是我国广大农村生活服务在相当长的时期内的运作方式。比如，街坊邻里帮忙办理喜宴、组织结亲队伍结婚嫁娶等。

随着市场经济不断发展、农村人口结构显著变化以及人民从生存型服务消费向享受型、发展型服务消费转变，农村生活服务越来越体现为专业化分工。吃、住、行、美、乐、养都出现了专业队伍，形成一个个不同的产业。在"吃"方面，既有城镇专门的餐馆、酒店提供餐饮服务，也有专门下乡的餐饮服务组织，委托方只需要提供场地和支付服务费，其余包括食材、餐具、灶具等都由餐饮服务组织自行解决。在"住"方面，农村许多闲置的民居，在开发休闲农业和乡村旅游项目过程中，摇身一变成为民宿项目，为农民增收开辟了新的渠道。在"行"方面，有一批专门从事客车驾驶的农民，有偿提供往返农村和城镇的接送服务。在"美"方面，传统走街串巷的"剃头挑子"变成了整洁专业的美容美发厅。在"乐"方面，有乐队、秧歌队、地方特色歌舞队，逢年过节、大办喜事的时候提供着有偿的娱乐服务，不经意间也传承了传统文化。在"养"方面，随着人口老龄化的不断发展，不仅农村人需要老有所养，许多城里人也希望在乡村环境中颐养天年，共同的需求催生了乡村的养老产业。

在乡村服务业中，休闲农业、乡村旅游近些年发展迅猛，这些新产业新业态融合了第一产业、第二产业和上述生活服务业，成为乡村最具有活力的新兴产业。2016 年，农业部等 14 个部委联合发布《关于大力发展休闲农业的指导意见》，鼓励各地依托农村绿水青山、田园风光、乡土文化等资源，有规划地开发休闲农庄、乡村酒店、特色民宿、自驾车房车营地、户外运动等乡村休闲度假产品，大力发展休闲度假、旅游观光、养生养老、创意农业、农耕体验、乡村手工艺等，促进休闲农业的多样化、个性化发展。

3. 手段信息化 当前，以信息技术为代表的新一轮科技革命方兴未艾，以数字化、网络化、智能化为特征的信息化浪潮蓬勃兴起，信息技术与乡村服务业深度融合成为必然趋势。乡村服务业信息化主要体现为农村公共服务信息化、农村电子商务和农村经营性服务信息化等方面。在农村公共服务信息化方面，农业农村部积极推动信息进村入户工程，构建以 12316 为核心的公益服务体系，加快建设益农信息社，加大涉农信息资源整合共享力度，协调推动村务公开、社会治理、医疗保险、文化教育、金融服务等领域的信息化建设和应用。现代农业发展和农村需求扩大促进了农村电子商务的迅速崛起，农产品、农村手工制品上行和消费品、农业生产资料下行双向流通格局基本形成，长期困扰农民的买难卖难问题得到了较大程度缓解，农村居民消费的多样性、便利性和安全性不断提升。2017 年，我国农村网络零售额首破万亿元大关，达到 12 448.8 亿元。信息技术对农村经营性服务业发展起到了至关重要的作用。利用现代信息技术，在农业植保、病虫害统防统治、农机作业、农业气象等方面可提供更加精准、更加高效的服务，"私人定制""庄稼医院"等新业态层出不穷。

4. 主体多元化 在积极推动供销合作社改革发展的同时，国家鼓励更多的经济组织参与到乡村服务业中。1993 年，《中共中央、国务院关于当前农业和农村经济发展的若干政策措施》指出，要建立比较完备的农业社会化服务体系，逐步形成社区集体经济组织、国家经济技术部门、各种民办专业技术协会（研究会）等组织相结合的服务网络。2004 年开始，国家安排专门资金支持农民专业合作社开展信息、技术、培训、质量标准、市场营销等服务。从现实情况看，已经形成了农民专业合作社、技术推广机构、供销社、科研教育机构、协会等多元化的农村服务体系。农民专业合作社开展统一机耕、种植、植保、收获为主的服务，乡镇农技站、农机站、林业站、畜牧站、水产站、经管站等提供良种、技术、信息为重点的服务，供销社和商业、物质、外贸、金融等部门发展生产资料、生活资料、收购加工、运销出口以及融资保险为重点的服务，科研教育机构突出技术咨询指导培训，农民专业技术协会提供各种专项服务。此外，邮政系统借助遍布城乡的服务网点和完整的仓储、运输、信息系统，在农村广泛建立"三农"服务站和邮政连锁超市，探索了"支农资源整合＋优质农资配送＋全程农技服务＋连锁加盟经营＋示范效果推广"的服务模式。一些农资供应企业也尝试将业务前伸后延，提供更加丰富的生产性服务。比如，中化集团推出"中化 MAP"模式，金正大集团推出"金丰公社"模式，深圳诺普信农化有限公司推出"田田圈"模式等。

五、培育乡村服务业的重点

（一）发展生产性服务业

重点是围绕农业生产，提供全程服务，包括农资供应、土地托管、代耕代种、统防统治、烘干收储等服务。通过专业经济组织开展土地托管等生产作业服务，推广应用绿色发展技术、装备，保护小农户土地基本经营权，帮助其走上农业现代化的轨道。同时，要支持供销、邮政、农业企业、农民合作社等开展服务，满足农民低成本、便利化、全方位、高效率的"一站式"社会化服务需求。

（二）发展生活性服务业

过去，农村有一些生活性服务业，重点是供销社，还有一些个人兴办的小门店，也有一些小集市。现在，要适应村庄变化、城镇建设的需要，改造传统小商业、小门店、小集市等商业网点，积极发展批发零售、养老托幼、环境卫生等生活性服务业，为乡村居民提供便捷周到的服务。此外，还要发展乡村信息产业，实施"互联网＋"农产品出村进城工程，推动贫困地区优质特色农产品上网销售，加快实现乡村数字化、网络化和智能化。

（三）积极发展服务业新型业态

除要求大力发展农产品加工业外，还要求积极发展农业生产性服务业，推广农超对接、农企对接和社区直销等流通服务，推进农业与旅游、教育、文化、健康养老等产业深度融合，大力发展定制服务、会展农业、农业众筹新型业态，在新型经营主体和农民之间建立合作制、股份制、股份合作制、长期订单等紧密型利益联结机制，让农民分享二三产业增值的收益。从实践看，休闲农业、农村电商、农产品直销等乡村服务业已经成为产业融合发展的重要内容，并呈现出蓬勃发展的态势。同时，在农村积极发展新兴产业，吸引城市人才、资本"下乡"，缓解要素在城乡之间配置的不公平，同时帮助返乡住乡农民就近创业就业，增加收入，缩小城乡收入差距。乡村服务业属于新兴产业，必将在城乡融合发展过程中发挥重要作用。

（四）加大政策引导扶持力度

逐步从原来的补主体、补装备、补技术向补服务转变。通过财政补贴降低生产成本，扶持引导小农户广泛接受农业生产性服务，培育农业生产性服务市场，推动农业生产性服务业加快发展。同时，着力做好农村生活服务，包括健全农村生活服务网络，扩大农村服务消费，引导各类市场主体参与农村居民生活服务体系建设。

（五）大力促进技术创新

技术进步是经济增长的主要动力。技术升级的过程与服务升级的过程是高度融合的。服务升级为技术升级提供导向，技术升级为服务升级提供支撑。当前，5G、人工智能、大数据、移动互联网、物联网及云计算等的协同融合点燃了信息化新时代的引擎，为服务互联网向纵深发展注入后劲。比如，智能农机、农业物联网的应用使得作业效率更高、范围更大，服务更加精准。大数据与云计算可整合农产品生产、上市、仓储、物流、价格等信息资源，通过信息的分析发布引导行业健康发展。随着我国老龄化的加快推进，利用云数据等手段开发新型软件，应用于乡村养老产业的市场空间巨大。目前，一些国家和地区已经采取远程医疗服务技术，在远程实现诊疗和健康咨询服务；同样的原理，对动植物进行远程的疫病诊断治疗、生产咨询可以提高效率并降低成本。

第四章
促进乡村产业振兴路径

第一节　推进农村一二三产业融合发展

党的十九大报告提出："促进农村一二三产业融合发展"。习近平总书记指出，发挥三次产业融合发展的乘数效应，抓好农村电商、休闲农业、乡村旅游等新产业新业态。这一重大战略部署，体现了党中央对农业农村经济发展规律的深刻把握，展示了推进农业农村现代化的坚定信心，也为加快实现乡村振兴指明了方向。农村一二三产业融合发展是中国农民的又一伟大创造，有其深厚的理论基础，更有重大的实践意义。

一、农村一二三产业融合发展的时代背景及理论基础

经济发展有其自身的时代背景，也形成了对应的经济理论。原始社会后期，人类社会最早出现的是个人与个人之间的社会分工，形成了以第一产业为主体的经济发展模式。早在古希腊时代，柏拉图在《理想国》中就论述了分工和专业化。18 世纪后期，亚当·斯密在《国富论》中提出，人与人之间存在交换需求导致分工出现，分工又必须寻找合作。19 世纪中期，马克思、恩格斯在《德意志意识形态》中提出，工商业首先从农业中分工出来，商业再从工业中分工出来。马克思在《资本论》（第一卷）中指出，分工不仅提高了生产力，而且也创造了生产力。分工深化到一定程度会趋于收敛，这一过程的演进始终伴随着一个相反的运动，即将分开的产业再合并在一起，原来

已经形成的分工界限重新变得模糊。

20世纪初，凯恩斯等提出了国内生产总值（GDP＝消费＋投资＋政府支出）和增加值理论。这一理论提出有其深刻的时代背景，当时正处在世界经济大萧条，需要有新的理论来引导和拯救世界经济。这一理论的基本内涵就是注重投资和要素投入，发挥政府的推动作用。这一理论重要成果标志，就是一个国家或地区经济产出全部最终产品和劳务增加价值。实践表明，这一理论在经济萧条和短缺经济时代发挥的作用是很强的。但这一理论强调投资和要素数量上投入，忽略产业边界模糊的倍增效益，回避环境损伤和绿色价值利用。在技术加快进步的背景下，这一理论也有其局限性。

20世纪60年代，美国学者卢森伯格提出"技术融合"理念，其后英国、美国、法国、德国、荷兰学者将这一理念引入农业，提出现代化农业和农业产业化。20世纪末，美国哈佛商学院迈克尔·波特提出农业产业集群概念。此后，日本东京大学教授今村奈良臣提出"农业六次产业化"概念。这些都体现了产业融合的思想，但仅集中在农业内部的产业重组，未体现出跨界配置资源要素的思想。

20世纪90年代，我国农业产业化发展起步，将产加销、贸工农在一定程度上建立"联合"，形成了初级的融合。21世纪以来，随着信息技术广泛应用，产业技术、制度和模式发生深刻变化，产业相互渗透、相互交叉，边界出现模糊，不断衍生新产业新业态，产业融合现象渐成趋势。我国农村也出现产业融合态势，推进农业向加工流通延伸、向休闲旅游拓展，利用信息技术发展农村电商等。通过制度、技术和商业模式创新，将农业与农产品加工业、流通服务业等渗透交叉，形成新产业新业态新模式，实现产业跨界融合、要素跨界流动、资源集约配置、联农带农紧密的经营方式。在一定意义上讲，农村一二三产业融合发展是继家庭联产承包责任制、乡镇企业、农业产业化之后农民的"第四次创造"。

融合是指几种事物合成一体，你中有我、我中有你、边界模糊、混合交融。农村一二三产业融合发展的理论基础在于：

1. 分工深化催生农村一二三产业融合　农户和企业不但从事种

养业"一产"细分的"农林牧渔"等产业，而且从事"二产"细分的"产加储运制"等产业，还从事"三产"细分的"游乐娱购住"等产业，并使细分的产业突破产业界面与另一个细分的产业交叉重组、混合交融，在产业边界处分化出新业态，将创新元素导入农业，实现新的产业变革，并将分工协作、增值收益和就业岗位在农村内部化。

2. 技术渗透打通农村一二三产业融合 农户和企业利用绿色天然的生物技术、装备技术生产产品，利用互联网技术吸引了城镇人员，组织游客体验、参观和购物，使不同层次产业分工协作在同一产业中展开，农产品以高出 3～5 倍价格的体验产品形式售出，实现技术趋同、产品趋同和产业趋同，形成产业融合模式。参见图 4-1。

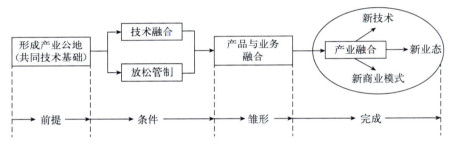

图 4-1　产业融合的形成过程

3. 利益共享倒逼农村一二三产业融合 农户和企业将产业化了的农业作为统一的主体，再跨界参与其他产业的分工，与工业、商业、旅游、信息、康养等产业高位嫁接、交叉融合，汲取二三产业中已经高度发达的相关细分产业的成果，摆脱农业季节性生产、分工不充分、劳动生产率低的境况，把闲置资源、闲暇时间和闲散劳力都利用起来，做密农民就业增收的时间、空间，赚取农业的平均利润。

4. 功能发掘拓展农村一二三产业融合 农户和企业开发农业生产、社会、生态与文化传承等多种功能及乡村多重价值，将工业化标准理念和服务业人本理念导入农业农村，以加工农业、生物农业满足消费者对优质绿色食品的需求，以生态农业、休闲农业满足人们对优美生态环境的需求，以创意农业、康养农业等满足人们对优秀传统文化的需求，把"绿水青山"转化成"金山银山"。

5. 集群成链助推农村一二三产业融合　一些地方乡村聚焦一个主导产业，将各环节首尾相连、上下衔接、前后呼应，通过环节间价值交换、产品输送和信息反馈，将标准原料基地、集约加工转化、区域公共品牌和社会服务网络融为一体，实现产业链延伸、价值链提升和供应链重组，形成多主体参与、多要素聚集、多业态发展、多模式推进的产业聚集地。各经营主体共享规模效益、强化分工协作、降低创新成本、优化要素配置，不断培育出产城融合体、大中型农业产业化联合体和区域品牌，并将资源要素和增值收益留在集群、留给农民。

总之，农村一二三产业融合发展是对马克思分工协作理论的创新发展，是对西方经济学的必要扬弃，是我国"三农"发展思路的重大创新。这一发展理论的形成，必将突破农村产业分离、城乡产业分割发展的桎梏，促进农村跨越产业、行政、区域和城乡边界，开辟农业农村发展新空间，形成产业融合、产城融合、城乡融合发展新格局，为乡村振兴提供不竭动力。

二、我国农村一二三产业融合发展的重要价值及实践意义

我国农业农村进入新时代，乡村振兴的大幕已拉开，农业农村现代化迎来新的发展机遇。加快推进农村一二三产业融合发展，成为乡村产业振兴的重要动力源。

（一）推进农村一二三产业融合发展，是培育农业农村发展"三次动能"的需要

改革开放以来，农业农村动能转化发生过三次：

1. "分"的动能　20世纪80年代，家庭联产承包责任制改革，释放了亿万农民的积极性和创造性，开启了我国改革开放的历史征程。

2. "流"的动能　90年中后期，大量农民工到城镇和东南沿海务工经商，积累了经验、资金和人气人脉。

3. "合"的动能　近年来，农民合作、主体联合、企业抱团、要素聚合、产业融合日益成为趋势，推动城市和社会上的新技术、新理

念和新思路渗透到农业中，使农业多种功能和农村多重价值充分挖掘，把农业农村的"资源圈"，通过返乡下乡人员的"点子圈"，形成了新的"价值圈"，增强了供给侧对需求侧的适应性和灵活性，培育了农业农村经济发展新动能。

（二）推进农村一二三产业融合发展，是打造农业产业化"4.0"升级版的需要

农村一二三产业融合不是农业产业的简单结合，不是农业产业化"翻版"，而是农村产业有机深度交融，其产业边界更加模糊、业态创新更加活跃、利益联结程度更加紧密，是农业产业化"高级版""升级版"，也是农业产业的4.0版（规模农业是1.0版，产业化农业是2.0版，信息化农业是3.0版）。农村一二三产业通过融合带动资源、要素、技术、市场需求等在农业农村整合集成和优化重组，将农业农村发展由单纯依靠土地、劳力和投入等传统要素转变到依靠资金、技术、人才、信息、设施、装备、生态、企业、企业家等多种新型要素协同发力上来。如果说农业产业化只是把产加销三个"鸡蛋"并列在一起的话，融合发展则是把三个"鸡蛋"打碎重新炒出一盘新菜，即通过交叉融合催生出新产业新业态新模式。

（三）推进农村一二三产业融合发展，是开辟农民就业增收"第三空间"的需要

农民就业增收：

1. "靠地" 靠地力畜力机械力发展种植、养殖增加收入，粮棉油薯、肉禽蛋奶、果蔬茶菌、水产品、特色农产品供应充足，但也出现增收渠道变窄的问题。

2. "靠力" 凭借力气和技能，外出打工增加收入，但也衍生出"三留守"和"空心化"问题。很多农民工家庭失去温暖、夫妻失去团聚、老人失去照顾、孩子失去教育等，基层干部形象地将其比喻为"386199"部队。

3. "靠融" 农民联合自办企业或引进企业，通过融合发展，让农业"有文化说头、有休闲玩头、有景观看头、有再来念头"，不但卖产品，也可以"卖过程、卖观感、卖风情、卖景色"，以产品聚财气、以景色聚人气，进而创造出更多新型业态、产生更多增值环节、增加更多就业岗位。同时，通过建立利益分享机制，可以分享产业链、价值链延伸后的全产业链增值收益，而不是仅仅作为初级产品的提供者。

（四）推进农村一二三产业融合发展，是形成农民"第三次创业热潮"的需要

改革开放以来，农村经历了三波创业热潮。

1. 20 世纪 80 年代初乡镇集体和能人创业 一批敢为人先、百折不挠的农村能人纷纷登场，所创增加值一度占国民经济"三分天下有其一"，在工业中占据"半壁江山"。

2. 20 世纪 90 年代农村青壮年就地就近创业和进城经商创业 就地就近和外出农民工总量达到 2.87 亿。

3. 党的十八大以来围绕农村一二三产业融合发展创业 随着"大众创业、万众创新"向农村的延伸，很多农民和返乡下乡人员利用融合带来更多的机会、更好的要素和更大的舞台，在农业内外、生产两端和城乡两头创新创业。所创办的产业广泛覆盖电子商务、众筹农业、创意农业、休闲农业、体验农业、网上农场、网上"农家乐"等融合业态，呈现出小众类、中高端和特色化等特征。安徽合肥创业农民说："乡村有融合，何必去奔波！农村有加工，何必去打工！"

（五）推进农村一二三产业融合发展，是形成城乡要素流动"逆向通道"的需要

多年来，城市向农村索要农产品和各种优势要素，城乡要素只有乡向城流动这一条路。农村一二三产业融合将资源要素、产业体系和人气人脉留在农村，遏制住城市向农村要粮、要地、要人、要钱、要产业的"虹吸效应"。同时，开辟了城乡要素由城向乡流动的"逆向渠道"，吸引城市和工业人才、资金、技术及信息等各类资源要素向乡村汇聚，促进城乡要素双向流动、平等交换，实现城市和乡村融合、市民和农民互动、城镇化和逆城镇化相得益彰，使农业农村的广阔天地再造新辉煌。

（六）推进农村一二三产业融合发展，是完善农业补贴政策"黄转绿"的需要

目前，农业补贴主要向生产者及生产环节和价格补贴，这属于"黄箱"政策，恰与 WTO 规则相悖。农村一二三产业融合发展为调整农业补贴政策提供了新的方向，通过补贴推动农民以合作制、股份制、联合体等方式，分享加工流通、休闲旅游、文化教育等二三产业带来的收益。这类补贴不同于现有的直接补贴和价格补贴，属于"绿箱"政策范围，有广阔的补贴政策空间。

三、我国农村一二三产业融合发展的现状和问题

（一）发展现状

近年来，农村一二三产业融合发展持续推进，新型农业经营主体带动农户，以规模农业、特色农业、专用农业为"融合点"，以产业链条和价值链条延伸拓展为"融合线"，以产业园区和产业聚集区为"融合面"，以各类大中小产业化联合体为"融合体"，形成了"点、线、面、体"的立体推进格局。可概括为"六向融合"：

1. 农业产业内部"内向"融合　推行种植与林牧渔内部交叉重组，催生了"稻田养鱼（虾、蟹）"、"鸭稻共生"（目前稻渔综合种养超过 3 000 万亩）和"林下养鸡"等循环农业，形成以绿色循环为特征的农业内部融合类型。开展秸秆和畜禽粪便资源化利用，促进有机肥生产等产业加速成长，秸秆还田和饲料化、基料化、能源化在主产区大范围普及，养殖场粪污处理在畜牧大县广泛开展，生物质有机肥和菌肥等在水果、蔬菜、茶叶等园艺作物生产中得到大力推广。

2. 农业产业延伸"顺向"融合　将全产业链、全价值链等现代产业运营方式导入农业，使农业与加工流通融合，将生产、加工、流通、储藏、运输、保鲜、包装、分等分级、净化、商品化处理、产品后整理等一体运作，实现加工产品由粗到精、加工程度由初到深、精深加工由小到大、综合利用加工由后到前、主食加工由散到聚，催生主食工厂化、中央厨房、农商直供、直供直销、个人定制、会员制等，形成以产业链条延伸为特征的融合类型。

3. 农业功能拓展"横向"融合　　充分发掘农业的文化传承、生态涵养、观光旅游、教育科普、健康养生等多种功能，以及乡村"清新空气、清风明月、大地山河、碧水青山、蓝天白云、洁净水源、美丽传说"等多重价值，推动农业农村与文化、教育、旅游、康养、餐饮等产业融合，催生创意农业、教育农园、消费体验、民宿服务、康养农业等，吸引城镇市民到农村休闲观光体验、旅游旅居度假，形成以休闲体验为特征的功能拓展融合类型。

4. 信息技术向农业"逆向"融合　　通过互联网技术，获取市场消费信息向二产、一产反推，用消费倒逼流通、加工、生产，形成"反弹琵琶、举一反三"的格局。农民为加工而种，为加工而养，种植的农产品进工厂、进市场、进养殖场。这就促进农业与信息产业融合，催生农业物联网、在线农业、数字农业、智慧农业、直播农业、"抖音"农业、农业众筹等智慧型农业。信息技术的渗透，物联网覆盖耕地面积逐步扩大，模糊了农业与二三产业间的边界，缩短供求双方之间的距离，促进网络营销和在线租赁托管，形成以信息化为引领驱动的新技术渗透融合类型。

5. 农业与各产业"多向"融合　　以农业为基础，以产业之间多个方向融合渗透和交叉重组为路径，以产业链延伸、产业范围拓展和产业功能转型为表征，以产业发展和发展方式转变为结果，纵向延伸、横向拓展、反向渗透，形成新产业新业态新商业模式，改变原有竞争合作关系，导致产业界限模糊化，甚至于重划产业界限，带动农村产业空间布局的调整。

6. 农业与城镇"万向"融合　　在农业产业园、加工产业园、物流配送园和特色村镇中引进社区元素，使产业园区成为产业社区；在产业社区中引进城镇元素，使产业社区成为城镇社区，催生出特色小镇、美丽乡村、田园综合体、产城园区等产城（村、园）融合类型。陕西礼泉袁家村通过发展乡村休闲旅游，成为产村融合典范，年收入超10亿元。四川眉山泡菜加工园区通过引进城镇元素，打造成了"中国泡菜城"，聚集了29家大型泡菜企业，其中国家级龙头企业9家，园区年产值超过100亿元，成为产城融合典范。

(二)发展趋势

当前,农村一二三产业融合发展取得了积极的成效,正成为农业农村发展的新趋势。

1. 融合主体不断壮大 一大批引领示范好、服务能力强、利益联结紧的新型经营主体及时转变经营理念,积极向全产业链、全价值链方向发展,成为产业融合的主体。据不完全统计,截至 2018 年底,返乡下乡"双创"人员累计达到 780 万人,其中 82% 创办了融合类项目。新型融合主体正在从数量增加到质量提升、从单纯生产到综合带动、从收益独占到利润共享转变,形成龙头企业引领、新型经营主体为主、农民广泛参与的"雁阵"格局。融合使小农户的"人"变成"众人",进而变成"法人"和"社团",使农户的一产变二产,二产变三产,三产变多产,一业兴百业兴。

2. 融合业态丰富多样 乡村呈现出"农业+"多业态的融合发展趋势。"种植+"林牧渔,形成鸭稻共生、蟹稻共生、稻渔共生、林下养殖等循环型农业。"农业+"加工流通,形成延伸型农业,让人们品尝"土里土气土特产、原汁原味原生态、老锅老灶老味道"。2018 年,主食加工产值突破 2 万多亿元。"农业+"文化、教育、旅游、康养等产业,形成体验型农业。很多适宜乡村在"山清水秀人也秀、鸟语花香饭也香"的农区周边,把田园变"公园"、农区变"景区"、劳动变"运动",空气变人气,提供"风餐路宿、人情事故"(风景旅游、农家饭菜、景观道路、宿营房屋、人情味道、农事体验和故事传说)等服务,让人们享受"好山好水好风光"视觉愉悦,被誉为"离城不近不远、房子不高不低、饭菜不咸不淡、文化不土不洋、生活不紧不慢"高品质生活。"农业+"信息产业,形成智慧型农业,原来"面朝黄土背朝天"景象正向"人在干、云在转、数在算、面朝屏幕背朝云"场景转变。

3. 融合模式持续创新 各地积极推广"六向"融合发展模式,推进政策集成、要素集聚、功能集合、企业集中,打造标准化原料基地、集约化产业园区、体系化服务网络,培育了一批各具特色的区域产业融合集群。2018 年,各类乡村产业园 1 万多个,其中在 1 600 多个加工园区中，进驻的大中型企业占 16％，有 97 家企业集团年销售收入过 100 亿元。

4. 融合机制更加多元　企业与各类经营主体建立了"保底收益＋按股分红""土地租金＋务工工资＋返利分红"等多种紧密利益联结机制，将产业链各主体打造成为"风险共担、利益共享、命运与共"的农村一二三产业融合共同体。农民增收渠道从农业内部向全产业链持续拓展，"获农金、收租金、挣薪金、分股金、得财金"的"五金农民"跨界增收、跨域获利的格局基本形成。初步测算，产业融合使农户经营收入增加了 67％，采取订单方式带动农户的占 55％，融合主体年平均向农户返还或分配利润达 500 多元；在股份合作方面，企业的资金、设备、技术与农户的土地经营权、劳动力等要素结合在一起，实现了向"资源变资产、资金变股金、农民变股东"的跃升。

5. 融合成效显著增加　目前，我国乡村特色产业品牌达 10 万余个，打造了一批"小众类、中高端、错峰头、高附加值"的特色产品。一些农民把特色农产品变礼品，把特色民俗文化和工艺变商品，把特色餐饮变服务产品，再把礼品变成工艺品，形成"后备厢工程、伴手礼工程"。截至 2018 年底，农产品加工企业 7.9 万家，规模以上农产品加工企业主营业务收入达 14.9 万亿元，成为"联农业最深、联农民最紧"的民生产业，成为乡村产业高地。乡村休闲旅游营业收入达 8 000 多亿元，接待游客达 30 亿人次，为城乡居民提供了"养眼洗肺伸懒腰、望山见水忆乡愁、万水千山只等（休）闲"的好去处。农业生产性服务业营业收入超过 2 000 亿元，农产品网络零售额达 1.3 万亿元。据初步测算，农村一二三产业融合发展增加值在 27 万亿元左右，在国内生产总值中占三分之一。

（三）存在问题

虽然农村一二三产业融合发展取得了积极成效，但总体上仍然处于初级发展阶段，还存在一些困难和问题。

1. 融合发展理念滞后　一是融合发展概念不清晰。一些地方尚没有适应形势、转变观念、创新思路，多数地方认为融合就是一个概念，对融合政策宣传不到位、措施不得力。二是推进机制不健全。一些部门管理体制不顺，部门之间的协同配合不强，导致产业各环节统筹推进不够，"产加销消"链条互联互通性比较差，尚未走出"种来种去、养来养去"的怪圈。三是融合总量偏小。一些地方融合仅仅是一种趋势，局限在农业"接二连三""隔二连三"的浅层次融合，融合深度不足，机制不活，主体融合和利益融合尚未有实质性进展。

2. 融合发展层次较低　一是融合链条短，附加价值偏低。精深加工程度不够，优质绿色加工发展不充分，加工和农业产值比值较发达国家低一半，加工在融合发展中仍是"短腿"。二是利益联结松散，合作方式单一。融合各方仍然以土地流转、劳动雇用和产品买卖关系为主，契约式、股权式、分红式联结方式较少，尚未形成真正的利益共同体。三是多功能挖掘不够，同质化严重。"老天爷"自然遗产、"老祖宗"文化传承、"老百姓"风土乡俗、"老前辈"精神价值触及不多，高品位、多样化、特色化不足，缺乏差异化竞争和深度开发。

3. 融合主体带动力较弱　一是新型农业经营主体发育迟缓。自我发展能力较差，上联不上企业、下带不好农户，未能有效破解农户松散、土地零散、资金闲散、市场分散、合作组织软散"五散"问题。二是相关主体结构单一。管理粗放、经营能力不强，个性彰显不力，创新能力较弱，参与融合能力较差。三是产业联盟机制不健全。联农带农机制不紧密，在推进区域标准化、品牌化建设方面服务不足。

4. 融合基础设施建设滞后　一是城乡基础设施互联互通衔接性不强。许多农村地区供水、供电、供气条件差，道路、网络通信、仓储物流设施等不发达，农村路网不完善，道路等级低，村内道路硬化率低。一些农村道路被形象地描述为"车在路上蹦、人在车上蹦、心在肚里蹦"。农村电网改造滞后，农村电压不稳定，电费价格偏高。农村信息网络建设滞后，仓储物流设施严重缺乏。二是农村基础设施建设投入严重不足。农村垃圾收运和污水处理投入，长期以来依靠农民自身，能力十分有限，导致先进技术要素向乡村扩散渗透力不强，延缓了新业态发展。融合公共服务供给不足，加大了融合发展的成本和风险。

5. 融合政策制定滞后　一是用地难更加明显。土地用途管理的"一刀切"现象，使用地需求难以得到满足，项目建设难以正常实施。二是融资难更加突出。农村直接融资渠道狭窄，资本投入及融资渠道不够畅通，金融产品、服务和贷款抵押方式相对较少，70％的企业存在融资难、融资贵问题。在流转土地上建设的农业生产设施和附属设施不能用于抵押。三是人才获得难更加强烈。专业型人才和复合型人才缺乏，想聘用管理和技术人才、组建创业团队比较困难。四是应对风险难更加需要关注。一些地方政府对新产业新业态重视不够，没有列入重要日程，各类主体融合路上没人扶、融合失败没人管、家庭社会不理解。

◆　专栏：典型案例

广东：坚持融合创新　优化升级　打造乡村产业振兴新引擎

一直以来，中共广东省委、省政府高度重视乡村产业发展工作，拿出实招硬招，真金白银地投、真刀真枪地干，农村一二三产业融合发展呈现出多主体参与、多要素发力、多业态打造、多模式推进、多利益联结的新格局。主要做法有：

一、打造一批平台，实现产业平台县、镇、村全覆盖

一是以现代农业产业园为"龙头"。围绕"百园强县、千亿兴农"的目标，按照"主导产业突出、现代要素集聚、设施装备先进、生产方式绿色、辐射带动有力"的要求，聚力建设现代农业产业集群。2018—2021年，省财政计划投入100亿元建设200个省级现代农业产业园。目前，已在粤东、粤西、粤北15个市启动建设100个省级现代农业产业园，珠三角6市自筹资金建设19个省级现代农业产业园，全省实现了"一县一园"的总体布局。二是以"一村一品、一镇一业"为"龙尾"。从2019年起，连续三年，每年整合筹措10亿元，支持粤东、粤西、粤北地区和贫困山区3 000个示范村发展特色效益农业，打造200个农业特色专业镇，实现粤东、粤西、粤北地区全覆盖，促进地方特色产业由资源变产品、产品变商品、商品变名品。目前，已制定了1＋N个规范性管理制度文件，正在对全省主要特色农产品适宜种植区域分类调研，绘制全省特色农产品产业发展电子地图，引导全省"一村一品、一镇一业"建设因地制宜、统筹协调发展。

二、培育一批主体，发挥新型农业经营主体的领军作用

积极实施龙头企业"百千计划"（百家上市融资农业企业、千家省级重点龙头企业）、农民合作社规范提质工程、家庭农场健康发展行动，推动成立荔枝、茶叶、丝苗米和花卉等产业联盟。结合现代农业产业园、"一村一品、一镇一业"等平台建设，推动农业经营主体逐步向优势产业、产区集聚，带动农户深度参与农村产业融合。目前，已有超过900家新型农业经营主体集聚省级现代农业产业园，带动农户205万户，实施主体自筹资金共187.76亿元，约占总投入的73％。创新财政投入方式激发市场活力，省财政对粤东、粤西、粤北每个省级现代农业产业园支持5 000万元。这5 000万元直接拨付到牵头实施主体（企业），由牵头实施主体制订资金使用方案，赋予企业更大的自主权。

三、创响一批品牌，发挥"粤字号"品牌示范带动效应

聚焦农业品牌"小、散、弱"等共性问题。一是整合提升一批。整合同区域、同类别品牌，重点建设英德红茶、罗定稻米、清远鸡、斗门白蕉海鲈等国家级、省级区域公用品牌和企业专用品牌。二是宣传推介一批。统筹资金在各级媒体开展品牌宣传，举办广东省名特优新农产品评选推介活动和广东现代农业博览会等，推动"粤字号"农产品组团进京入沪、网红直播助力产品上网，开展2019广东荔枝丝路行、广东荔枝"520"等系列活动，大力宣传品牌、唱响品牌。三是培育保护一批。编制《广东特色农产品品牌发展规划》，建立品牌目录制度，健全品牌支持保护体系。2019年，以徐闻菠萝营销为试点，首创农产品营销"12221"模式（建设一个全产业链数据平台，组建采购商和经纪人两支队

伍，建设产地和销区两个市场平台，策划产区、销区市场两场活动，实现打造品牌等一揽子目标)，取得了明显的效果。

四、创设一批政策，为乡村产业发展保驾护航

一是强化顶层设计。省委、省政府连续两年高规格召开全省乡村振兴工作会议，组建乡村产业振兴专项组，与农业农村部签署部省共同推进广东乡村振兴战略实施合作框架协议，出台或正在推动出台培育新型农业经营主体、促进农村一二三产业融合发展、涉农资金统筹整合实施方案、乡村振兴用地政策、现代农业高质量发展实施意见等一系列具有针对性、可操作性的政策措施。二是强化资金保障。2018 年，省财政安排"三农"投入 616.8 亿元，增长 125.9%，规模历年最大、增幅历年最高。成立了全国首个农业供给侧结构性改革基金，已完成直接投资规模 78.37 亿元。建立健全农业信贷担保基层服务网络，累计担保放款 26.02 亿元，着力缓解了融资难、融资贵问题。

四、推进农村一二三产业融合发展的思路及措施

党的十九大报告指出，坚持农业农村优先发展，实施乡村振兴战略，推进农业农村现代化。乡村产业振兴是大战略、大棋局，农村一二三产业融合发展必须纳入乡村产业振兴的大格局中，聚焦重点，强化支持，加力发展，使之振奋兴起、繁荣昌盛、兴旺发达。

（一）总体思路

以习近平新时代中国特色社会主义思想为指导，全面贯彻党的十九大精神和实施乡村振兴战略部署，牢固树立新发展理念，坚持农业农村优先发展，坚持推动高质量发展，以实现农业农村现代化为总目标，以农业供给侧结构性改革为主线，强化创新引领，突出集群成链，培育新型农业经营主体，完善利益联结机制，催生新业态新模式，延长产业链、提升价值链、重组供应链、重构利益链，壮大乡村产业，让农民分享全产业链增值收益，为全面建成小康社会、实现乡村振兴奠定坚实基础。

（二）基本原则

1. 立足农业、富裕农民 以农业为基本依托，确保粮食等重要农产品有效供给，完善农户参与融合利益联结机制，促进农民增收。

2. 因地制宜、类型多样 突出区域特色和政策差异，不搞整齐划一的统一实施。发挥典型示范引领作用，形成多形式、多类别、多模式推进格局。

3. 市场决定、政府引导 尊重企业与农户的市场主体地位和经营决策权，优化营商环境，引导工商资本瞄准预期目标，参与融合发展。

4. 改革创新、激发活力 秉持创新理念，大力推进体制机制改革，消除制度障碍，激发融合主体的创新动力和发展活力。

5. 产城融合、繁荣乡村 优化产业结构和空间布局，促进融合产业和城镇建设相协调，带动产业空间融合和美丽乡村建设，促进农民就地城镇化。

（三）发展目标

力争用五年时间，通过延长产业链条、拓展农业功能、强化利益联结，基本形成规模大、层次深、领域宽、业态多的农村产业融合发展新格局。农业发展方式明显转变，农业附加值明显提高，农民收入来源进一步拓宽，为乡村产业振兴和城乡融合发展夯实基础。农村一二三产业融合发展增加值占国内生产总值的比重有较大提高。

（四）融合路径

1. "四点"切入促融合 一是做大融合聚集点，开展适度规模经营，实现绿色种养生产基地化、基地规模化、规模生态化、生态产业化、产业融合化。二是做长融合延伸点，发展绿色加工和休闲旅游，纵向延长产业链条，横向拓展产业功能，增强融合发展带动能力。三是做亮融合品牌闪光点，坚持标准引领，以农业产业化龙头企业为依托，创响一批质量过硬、信誉可靠的融合品牌。四是做圆融合循环点，发展绿色循环农业，并促进粮经饲、农牧渔、产加销、农文旅、一二三产业在更大范围的循环融合。

2. "四链"重构促融合 一是延伸产业链，构建现代农业产业体系，生产营养安全、美味健康、方便实惠的食品和质优价廉、物美实用的加工制品。二是提升价值链，从各个环节层层提升农业价值，不断提高土地产出率、资源利用率和劳动生产率。三是重组供应链，以"三二一"或"三一二"反弹琵琶理念增强农业精准性和竞争力，引领"一产"按照市场消费需求组织生产。四是构建利益链，让农民不再只是原料的供应者，而是后续产业的参与者、建设者、共享者。

3. "四生"并进促融合　一是发掘生产资源，把农业生产变成"生产园区"，打造产业园区，推进一产向二三产业拓展，实现产业跨界融合发展；二是发掘生活资源，把农民生活变成"生活社区"，打造宜居家园；三是发掘生态资源，将农村生态变成"生态景区"，打造幸福乐园，实现小型化、微景观、组团式、生态化；四是发掘"生意"资源，将广大农户"做生意"的原料园、加工园、体验园、电商园、物流园首尾相连、上下衔接、前后呼应，打造乡村"生意圈"。

4. "四多"格局促融合　一是多主体参与，支持各类新型经营主体发展融合项目，激发多种主体生机活力；二是多要素聚集，将产业发展由依靠单要素发展转变到依靠多要素协同发力上来；三是多机制联结，发展契约型、分红型、股权型利益联结；四是多平台打造，利用各类产业园区，打造产园融合、产城（镇）融合、产村融合等多种平台。

（五）推进措施

推进农村一二三产业融合发展，重点抓好以下措施：

1. 坚持绿色理念引领融合　践行绿色发展理念，培育绿色价值取向，形成绿色发展模式，在更高层次上推进产业融合发展。

以一产的绿色化保障融合。推进农业投入品减量增效，促进化肥、农药使用量负增长。加快农业废弃物资源化利用，开展畜禽废物综合利用、秸秆综合利用、农膜回收。严格饲料兽药质量安全管理。加强产地环境改良，以健康的土壤生产绿色优质产品、提供绿色优质原料。以二产的绿色化打通融合。推进农产品加工标准化、清洁化、智能化，促进农产品加工业转型升级。加快推进稻壳、米糠、麦麸、

117

油料饼粕、果蔬皮渣、畜禽皮毛骨血、水产品皮骨内脏等加工副产物综合利用，开发新能源、新材料、新产品等，促进副产物循环高值梯次利用，变废为宝，化害为利。以三产的绿色化提升融合。加强农产品产地、集散地、销地批发市场建设，加快构建农产品物流骨干网络和冷链物流体系。大力建设公共营销平台和田头储藏、预冷保鲜、分级包装、冷链物流设施等，减少环节、降低损耗。

2. 培育经营主体带动融合 一是培育龙头企业，壮大融合骨干力量。扶持一批以龙头企业带动、合作社和家庭农场跟进、广大小农户参与的农村产业融合体，建立紧密型利益联结机制。开展土地经营权入股发展农业产业化经营试点。新认定一批农业产业化国家重点龙头企业，引导龙头企业下沉重心，担当产业融合领军企业，带领合作社和农户一起闯市场，把就业岗位留在农村、增值收益留给农民。二是发展农民合作社，增加融合主体。培育农民合作社联合社，探索发展公司化合作社，支持家庭农场与农民合作社联合向加工流通、休闲旅游和电子商务拓展，自营或者与龙头企业联营，推进产业融合发展，让农户分享更多增值收益。三是构建产业化联合体，扩大融合范围。支持发展行政区域范围内的大型产业化联合体，积极发展产业园区内中型产业化联合体，鼓励发展企业、合作社与农户组成小型产业化联合体。发挥各主体优势，提高农户参与度，扩大支持政策创新试点范围。

3. 打造平台载体推进融合 这是乡村产业发展的高地。产业园区和集群一头连着农业、一头连着工业，一边接着产地、一边接着销地，是人才、技术、资金等要素流向乡村的重要载体，是返乡入乡在乡人员创新创业的重要平台，发挥着联工促农、联城带乡的桥梁纽带作用。要推进政策集成、要素集聚、功能集合和企业集中，建设一批产业园区和产业集群。一是建设现代农业产业园。要按照"产业特色鲜明、要素高度集聚、科技装备先进、辐射带动有力"的要求，引导资金、技术、人才、信息、设施、装备等向园区聚集，建设一批特而强、聚而合、精而美的产业融合示范园。立足县域资源禀赋，突出优势特色农业主导产业，推进"生产＋加工＋科技＋品牌"一体化发展，建设一批一二三产融合、产加销游一体、产业链条完整的现代农业产业园。坚持整体规划、分布开发、成方连片，合理布局生产、加工、物流、研发等功能板块，引导资金、技术、人才、信息、设施、装备等向产业园集聚，集中连片建设生产基地或产业带，建成农业结构调整的"转化器"、新型农民的"孵化器"和农业产业层次的"提升器"，在乡村产业振兴中发挥示范引领作用。二是建设特色产业集群。支持各地发展乡村特色产业，加强技术研发、产品营销、品牌培育、商贸流通、人才培养等服务，打造小众类、中高端、精致化的特色产业。引导各类联合体抱团将一产往后延、二产两头连、三产连前端，催生一批名企、名品、名家，打造一批小众类、中高端、精致化的乡村特色产业生产基地和园区；认定农村一二三产业融合发展先导区，形成多主体参与、多要素聚集、多业态发展、多模式推进的融合格局，使之成为乡村各类市场主体降低成本、抱团发展、提质增效和转型升级的重要载体；促使各产业前后延伸、上下衔接、首尾相连，建设特而强、聚而合、精而美的产业集群，将小商品融入大市场、小农户融入大产业、小企业融入大集群，共促产城融合和新型城镇化发展。三是加快培育农业产业强镇。发挥镇（乡）上连县、下连村的纽带作用。建设以乡镇政府所在地为中心的经济圈，聚集乡土经济活跃的产业、为农服务的商业、生产生活性服务业，实现镇域主业强、百业兴、人气旺、宜居宜业。建设一批标准原料基地、集约加工转化、区域主导产业利益联结于一体的农业产业强镇。创建一批农村一二三产业融合发展示范园和先导区，形成多主体参与、多要素聚集、多业态发展、多模式推进的融合格局。建设以乡镇政府所在地为中心的经济圈，实现加工在镇、基地在村、增收在户。特色小镇建设要立足产业基础，促进要素聚集和功能拓展，走出一条特色鲜明、要素集聚、宜居宜业、富有活力的发展之路，更好地服务农业发展、乡村繁荣和农民富裕。

4. 培育创新创业动能推进融合　农村产业融合是创新创业的领域，农村创新创业是产业融合的主体。一是以培育创新创业群体扩大融合新生力量。落实创新创业扶持政策，引导农民工、大中专毕业生、退役军人、科技人员等返乡下乡人员和本乡"田秀才""土专家""乡创客"到乡村创新创业，支持返乡农民工到县城和中心镇就业创业。二是以搭建创新创业平台强化融合新的支撑。举办农村创新创业项目创意大赛，宣传推介创新创业带头人、优秀乡村企业家典型和典型县。创建一批具有区域特色的农村"双创"示范园区和实训孵化基地，努力营造激情涌现、活力迸发的氛围，共促农村产业融合。

5. 强化政策扶持推进融合　政策需要产业融合寻找新的扶持空间，产业融合需要政策"黏合剂"，需要政策扫清产业融合障碍、畅通城乡融合渠道。通过统筹上下左右、人财物事和四面八方，整合好人、钱、地、产、文和现有涉农资金、项目、园区等资源要素，为产业融合提供政策保障。一是深化产权制度改革。加快农村集体资产清产核资和集体成员身份确认，推动资源变资产、资金变股金、农民变股东，发展多种形式的股份合作，激发集体经济组织资源、资产、资金的活力，引导工商资本到乡村投资参与融合发展。二是加大财政投入。按照"黄转绿"要求，争取从单纯补贴生产环节转向对全产业链给予补助支持。各地通过财政支持、市场运作的方式，支持各类融合主体发展。三是健全金融支持体系。加快推进农村商业银行更好地回归县域法人机构本源，专注服务本地、服务县域、服务社区，专注服务"三农"和小微企业。支持发展农业供应链金融、产业链融合贷款，依托核心企业提高小农户和新型农业经营主体融资可得性。四是完善税收扶持政策。扩大农产品增值税进项税额核定扣除试点范围。鼓励地方根据本地区实际，采取税收地方留成部分"先征后返"等方式，支持产业融合发展。五是健全用地保障政策。城乡建设用地增减挂钩节余的用地指标重点支持乡村产业发展。农村集体经营性建设用地可以直接入市，主要用于发展产业融合。整治农村闲置宅基地、村庄空闲地、废弃地及"四荒地"，用于产业融合。六是建设人才队伍。加强农民职业技能培训，扩建主要面向农村招生的职业技术院校，深化农业系列职称制度改革，吸引各类人才投身发展乡村产业，加快建设知识型、创新型、复合型产业融合人才队伍。

◆ 专栏：融合模型

1. 认养农业如何实现一二三产业融合发展？

认养农业的奥秘就在于，外地人花费一笔钱就可以到认养基地认养一亩农地，也可以按地块大小认养农民家的菜地，然后在手机上安装 App 软件，通过认养基地在各个项目区安装的高清摄像头，24 小时监控自己的"一亩三分地"，查看水稻、蔬菜等农作物的长势。而当地农户则必须严格按照双方在合同中签订的种植标准，将无公害绿色甚至有机农产品在收获之后直接配送到消费者的家中。

当然，认养农业的卖点并不只有农产品，还可以与旅游、养老、文化等产业进行深度融合，把城市居民作为目标市场，以体验、互动项目为卖点，将自己的特色农产品、旅游景点、风情民宿进行整合包装，打包兜售。这就像是一杯调好的鸡尾酒，里面既有味美质优的农特产品，又有精心设计的农事体验，还有原生态的青山绿水和舒适惬意的民宿环境，为那些"认养"的客户提供了个性化选择，让农业轻轻松松就抱上二三产业的大腿，何乐不为呢？

2. 柚子如何实现一二三产业融合发展？

一级农产品，就是种好柚子，卖柚子。

二级农产品，就是搞加工。以"柚香""茶香"为基调，赏柚花、喝柚花茶，开发柚子入菜、采茶、制茶、茶月饼 DIY、精油、香皂、木雕、黄金蛋 DIY，然后包装和行销后变成伴手礼。

三级农产品就是，搭配深度体验、互动、住宿等活动。售出以柚子为原材料的精油、香皂、木雕等产品，而且还可把柚子树提前"卖"出去：让前来游玩的城市人以每棵树多少多少的价格"认领"。

这样一来，农民与城里人之间建立了一种固定的联系。在开花的季节，农民会邀请树的"主人"前来赏花；收获的季节，"主人"会在采摘的过程中体会丰收的快乐，也可以自己动手用果实做点香皂、洗发水或精油带回去享用。

3. 萝卜如何实现一二三产业融合发展？

发掘萝卜核心内涵，内融体系、外融产业。

一业聚核：一业就是萝卜产业，以萝卜为核心，集聚萝卜的基本功能，上下游链接，整合资源，从而实现产业融合。

一心三区：以育种为中心，建立标准化原料园区、加工物流园区和体验观光园区。

三产融通：对接旅游业、文创业、物流快递业、农业体验和乡村生活服务业。

五网联通：萝卜＋服务网、萝卜＋扶贫网、萝卜＋旅游网、萝卜＋快递网、萝卜＋融合网。

四头二子：从枝头到舌头，从田头到桌头，从种子到筷子，全程质量控制，创建产地环境、生产过程、产品质量和包装储运全程控制的标准体系。质量安全标准达到国际先进水平，体现清洁化、减量化、优质化和生态化的高度融合。

4. 橙子如何实现一二三产业融合发展？

首先，在产业园内栽培无毒脐橙苗木，把橙子园作为第一车间。

然后，把采摘下来的橙子转入初加工第二车间。经过连续清洗、烘干，通过机器将每个脐橙按大小自动分拣装筐。

再次，进入加工第三车间。榨汁线将新鲜榨出的橙汁运送到－18℃的冷冻库保存，以最大限度地保持橙汁的鲜美。

最后，推进"基地＋加工＋营销＋品牌＋旅游"的全产链发展模式，集生态农业、旅游观光和现代农业体验等多功能为一体。

产业园包括脐橙苗木繁育区、标准化生产种植区、研发加工区、文旅休闲区和脐橙博览区，据此实现一二三产业的融合发展。

5. 稻田如何实现一二三产业融合发展？

首先，稻田＋鸭、稻田＋鱼、稻田＋蟹等"稻田＋"的共生系统属于大农业范畴，都是第一产业。其次，由稻田本身延伸出第二产业，稻米深加工、稻米文创包装。最后，依托稻田民宿、客栈、观光、度假、会议、音乐节等建立起来的服务业即第三产业，这才是一二三产业融合。

这样，稻田和乡村的功能得以拓展。农业和乡村有多种功能，除了生产功能，还有生态功能、生活功能、体验功能、景观功能等。利用这些资源，可实现其功能的最大价值。

6. 如何通过手机实现一二三产业融合发展？

手机就是新农具！乡村有很多好小米、核桃、土鸡蛋、柿子、板栗等。城里人喜欢原生态的优质农产品，但不了解种植过程。可以在手机上直播种地、播种、锄草、收获，这样粉丝和客户就会多起来，从而带来丰厚收入。

通过开起微店，将小米、核桃、伴手礼、小杂粮、布老虎等卖到大城市，甚至国外。除了赚钱，农民思想观念还可以发生变化。原来种什么没主意，什么好卖就种什么。

7. 小农户如何实现一二三产业融合发展？

小农户要在家庭经营的基础上开展各种形式的联合与合作，把数量竞争变成质量竞争，把人变成众人、变成法人、变成联盟，把一产导向变成三产导向，促进一二三产业融合。通过小农户之间以及小农户与农业企业之间开展各种形式的联合和合作，使土地、劳动力与资本之间形成较为均衡的利益格局，使农民能公平合理地分享二三产业的增值利润。因此，合作社要从生产主体转变为市场主体，从单纯的原料提供者转变为农业经营者；要将大量小规模农户纳入现代农业生产体系、经营体系和组织体系中，带领他们共同致富。

8. 乡村集体如何通过一二三产业融合实现发展？

乡村集体要发展高附加值的产业。比如，沿海的海产品养殖及其加工业，平原区域的农副产品的种植业、养殖业及其精深加工业，不断壮大集体经济实力。

要充分挖掘农业非传统功能，提升农业的价值创造能力。通过对绿水青山、田园风光、乡土文化等特有优势，加快这些资源与旅游、文化、教育等产业融合的深度，拓宽经营性收入来源；还可以探索生产服务、电商、旅游、健康、物业等产业与集体经济融合发展的新型业态。

◆ 专栏：融合问答

1. 何谓融合的三个车间？

第一，粮食车间。以加工企业为龙头，成立农业专业合作社。农民以土地经营权入股或投工参与经营，享受土地流转和投工收入。在土地集中连片经营后，土地利用率提高2%；农机费下降100元/亩，农资费下降50元/亩，灌溉用水电费下降20元/亩。

第二，加工车间。提高原粮质量稳定性，提升生产技术的自动化，加强管理的精细化。

第三，体验车间。积极探索物流、电子商务、餐饮、旅游等项目，创造增量效益。

2. 为什么产教融合体、产消融合体才是方向？

产学研，产和学研本是两个体制，非要把两个体制捏合归堆在一起，也是同床异梦。只有产与教、产与研形成融合共同体，即产教融合体、产研融合体，才能彻底解决"两张皮"问题。

产加销一体也是如此，产和加销各唱各的调，怎么办？建议推动"社员制"，即城市的消费合作社加上创意产业的创作能力，组建"创产消费合作社"或"消费创产合作社"。通过消费创产合作社的方式结合起来，共同帮助乡村发展经济。不仅解决了消费和供给的关系，而且能够把创意、创新的更多元素整合起来形成双向供给，形成产消融合体、产创融合体。这才是出路。

3. 何谓乡村产业"五个促"融合？

第一，从区域主导产业入手促融合。促进一些各具特色的优势主导产业实现融合，有利于做强做大农业和农村经济。

第二，延伸产业链促融合。花卉、苗木、林果和茶叶等产业可以隔二连三，畜牧业、水产业要接二连三。

第三，分享增值收益促融合。订单农业、保底加分红、股份合作等，由农民自身来选择。

第四，遵循分工分业促融合。发挥各地经营主体在各个环节的自身优势，形成一种最佳的组合。并不是一个企业三个产业都搞才能叫产业融合，也不是一个乡村三个产业都要占全了才叫搞了产业融合。

第五，打造平台促融合。要形成有效的资源整合平台。

4. 为什么说乡村产业振兴的前景是品牌和融合？

振兴乡村产业大有可为，其前景是特色产业和品牌农产品。必须利用乡村的自然环境和特色资源，发展乡村的特色产业，打造农产品品牌。

农业是与土壤和自然环境紧密结合的产业，是一个有区域性特征的产业。产业选对了，产业作出品牌了，农业也就有了市场竞争力。

当前必须注意的是，乡村产业不一定都是农业产业。乡村也要推进一二三产业融合发展，乡村产业要在二三产业上做文章，开辟乡村新产业，形成新业态。

5. 什么是乡村产业振兴的"二鸟"理论？

第一只鸟，是腾笼换鸟。即将农业一产换成一二三产业融合发展，把旧产业换成新产业新业态新模式的新动能，把生产-加工-销售-消费转变成消费-销售-加工-生产，把依靠人力、地力、畜力、天力、机械力换成鸟枪换炮、机器换人、电商换市、空间换地，把分散的农户变成众人、合作社、企业、法人、社团、联盟，实现微观基础再造。

第二只鸟，就是传统产业实现凤凰涅槃、浴火重生。凤凰是传说中人间幸福的使者，每隔五百年就会背负着人世间的情仇恩怨，投身烈火自焚，以美丽和生命的结束换取人间的幸福和祥和，在经历惨烈的痛苦和轮回中得以重生。重生之后，新的凤凰，其羽更丰，其音更清，其神更髓。这个故事的寓意就是倡导一种不畏痛苦、义无反顾、不断追求、提升自我的精神。

6. 为什么说"反弹琵琶"是乡村产业振兴的必由之路？

体验农庄、共享农庄和农村电子商务引领农业从"生产什么、加工什么、卖什么、吃什么"向"吃什么、市场需要什么、卖什么、加工什么、生产什么"转变。通过电子商务、视频农业、直播农业和在线农业对接产销，建立以消费需求为导向的生产经营体系，带动农业市场化、倒逼标准化、促进规模化、提升组织化、引领品牌化，推动农业供给侧结构性改革，提高农业的质量效益和竞争力。突破时空限制，延长农产品销售时间，扩大销售半径，实现农村小生产与城市大需求之间的有效对接。

农村新产业新业态新模式贯穿农业生产、加工、流通、消费、库存等全链条，是农业大数据的重要来源。利用数据预测和调节生产、消费，提高宏观决策和管理水平，指导农民合理安排生产、调整品种和销售时机，促进农产品供求总量和结构平衡。

第二节　培育农业产业化龙头企业

农业产业化龙头企业（以下简称龙头企业）是乡村产业振兴的"精锐部队"和"开路先锋"。中共中央、国务院高度重视培育壮大龙头企业，中共中央、国务院印发的《乡村振兴战略规划（2018—2022年)》提出："不断壮大农林产业化龙头企业"。2019年中央1号文件要求："培育农业产业化龙头企业和产业化联合体，建立农村一二三产业融合发展体系，健全紧密利益联结机制，让农民分享产业增值收益。"充分发挥龙头企业在乡村产业振兴中的作用，具有十分重要的现实意义。

一、龙头企业在乡村产业振兴中具有不可替代的重要作用

农业产业化是农业农村经济转型升级的必然结果。20 世纪 50 年代中期，国家建立起农产品统购统销制度和城乡二元户籍制度，虽然保障了工业所需农产品原料的供给和工农产品价格"剪刀差"的顺利获取，但也形成了农村搞原料、城市搞加工的格局，把农业产业链条人为地"掐断"了。

20 世纪 80 年代初，农村实行家庭联产承包责任制，改革农产品购销体制，鼓励发展二三产业，形成了一批"三就地"（就地取材、就地加工、就地销售）农业产业化雏形。90 年代初，随着社会主义市场经济体制的逐步确立，一批加工流通企业到农村建设原料基地，带动农民将农业生产向加工流通延伸拓展，形成了产加销一体化、贸工农一条龙的产业化经营格局，将城乡二元格局"掐断"了的链条重新接续起来，大量龙头企业也逐步成长起来，引领驱动农业产业化快速发展。农业产业化是农业组织方式、经营模式的创新，是农民继家庭联产承包责任制和乡镇企业之后的第三个伟大创造。

党的十八大以来，龙头企业抓住产业转型、消费升级的机遇，提升产品质量，打造知名品牌，创新利益联结方式，发展新产业新业态新模式，越来越走到了农业农村经济发展的舞台中心。2018 年，我国龙头企业 8.7 万家，其中国家级龙头企业达到 1 243 家，年销售收入过 1 亿元的突破 8 000 家，过 100 亿元的达到 70 家，带动 1.27 亿小农户增收致富。更重要的是，832 个国家扶贫工作重点县业已培育市级以上龙头企业 1.4 万家。龙头企业以高组织化的经营方式和产业体系的力量改写与重组了我国农业，带领亿万小农户义无反顾地走向市场、走向开放，为乡村产业振兴拓展了巨大的战略空间，增添了巨大的活力和定力。促进乡村产业振兴，必须发展壮大龙头企业，发挥好引领带动作用。

（一）龙头企业是乡村产业融合的先天载体

农业产业化是乡村产业融合发展的初级版；产业融合发展是农业产业化的升级版，是真正意义上的产业化。龙头企业开展种养加、产

加销一体化经营，将工业化标准理念和服务业人本理念导入农业，将全产业链全价值链理念引入农业，跨界配置农业和现代产业要素，具有乡村产业融合发展的天然优势。龙头企业一方面"前延后伸"，将一产往后延、二产两头连、三产走高端，形成全产业链、全价值链。另一方面，龙头企业带动农民合作社和农户向后端延伸发展加工流通，让农民分享产业链增值收益。2018 年，全国产加销或产销一体化的农民合作社示范社 11 万多个，交易额超过 2 000 万元的专业市场 4 000 多个，全国 10 个省份认定省级农业产业化示范联合体近 1 000个，均是龙头企业带动形成的。要重视培育龙头企业，在融合层次上求深、融合范围上求广、融合主体上求多，夯实乡村产业振兴基础。

（二）龙头企业是集聚资源要素的天然平台

龙头企业连接工农、打通城乡，作为资源的整合者和市场的开拓者，将自身的"点子圈"与农户的"资源圈"结合，形成"价值圈"，将更多的技术、人才、资金、信息等现代要素"引"向农业、"流"向农村、"汇"向乡村产业。近三年，国家重点龙头企业固定资产投资年均增速 4.73％。2018 年，新增固定资产投资 5 000 亿元，资金的投入带动人才的回流，下活了农村资源要素这盘棋。北京大北农集团以科技创新为立企之本，建有饲料技术中心和饲用微生物国家重点实验室，2018 年仅研发投入就达 5.26 亿元，新增申请专利 81 件、授权专利 90 件，带动科研团队和经营管理团队逐步形成，为农业聚集了大量的精英人才和人气人脉。要重视培育龙头企业，加快资源要素聚集，培育乡村产业增长极。

（三）龙头企业是培育新产业新业态的强大引擎

龙头企业是乡村最具创新活力、实力和号召力的主体，既熟悉乡村产业，又了解消费趋势，还掌握科技动态，成为提升乡村创业创新潜能的发动机，也成为联通乡村产业升级与居民消费升级的天然桥梁。龙头企业把"天下粮仓"打造成"全国厨房""百姓餐桌"，从种子到筷子、从枝头到舌头、从田头到餐桌，全产业链构建，催生中央厨房和"外卖"平台企业 850 家，2018 年主食加工产值突破 2 万亿元。40％省级以上龙头企业通过互联网渠道开展农产品销售，超过

1/6涉足乡村休闲旅游产业。很多龙头企业发展绿色产业，北京德青源公司采用高浓度沼气发酵技术和热电联供沼气发电机组，对鸡场粪污进行处理，每年可提供1 400万度的绿色电力和16万吨的有机肥料，实现二氧化碳减排8.4万吨。要重视培育龙头企业，着力打造新产业新业态，拓展乡村产业发展空间。

（四）龙头企业是联农带农的中坚力量

龙头企业作为"离农业最近、联农民最紧"的产业集合体，带领千千万万的小农户、家庭农场、合作社与千变万化的大市场有效对接，在解决农产品卖难问题的同时带动农民增收致富，形成了订单带动、利润返还、股份合作等契约型股权型紧密型利益联结方式，为促进农民就业增收发挥了重要作用。2018年，8.7万家龙头企业带动1.27亿小农户年户均增收超过3 000元。9 000多家省级以上龙头企业参与到产业扶贫进程中，通过土地流转、吸纳就业、订单收购、股份合作等方式，切实让贫困户获得稳定可持续的收入。四川铁骑力士集团在凉山彝族自治州采取"公司＋农民合作社＋家庭农场"的生猪产业扶贫模式，带动2 200个农户增收致富。要重视培育龙头企业，建立多种形式的利益联结机制，为乡村产业发展增添新活力。

（五）龙头企业是质量兴农品牌强农的标杆引领

龙头企业的名企、名品、名家往往"三名共生"，有能力开展标准制定、质量管控和宣传推动，在培育壮大农业品牌方面具有得天独厚的条件，面临如鱼得水、如虎归山、如鸟入林的重大机遇。2018年，56％的省级以上龙头企业的产品获得了相关认证，60％的省级以上龙头企业中建有专门质检机构，70％的龙头企业通过 ISO9000、HACCP、GAP、GMP 等质量体系认证，50％以上的龙头企业获得省级以上名牌产品或著名（驰名）商标。近年来，河北实施区域品牌、企业品牌、产品品牌"三位一体"创建，如雨后春笋般涌现出君乐宝、五得利、今麦郎等一批品牌"矩阵"，进一步提高了农产品品牌溢价。要重视培育龙头企业，加快标准引领，创响知名品牌，提升乡村产业的竞争力。

二、龙头企业引领乡村产业振兴的机遇和挑战

实施乡村振兴战略为龙头企业发展提供了前所未有的重大历史机遇。无论是乡村物质基础条件、资源要素配置，还是体制机制环境、政策支持导向，都利于龙头企业发展。但受国内外宏观经济形势的影响，龙头企业要实现借势发展也面临一些挑战。机遇和挑战并存，机遇大于挑战。

（一）从面临的机遇看

主要有四个方面：

1. 农业农村优先发展的强力推动 对农业农村在要素配置上优先满足、在资金投入上优先保障、在公共服务上优先安排，加快补齐农业农村短板。龙头企业长期深耕农业，以农业为"根据地"，以农村为"大后方"，在沟通工农城乡方面优势突出，必将"近水楼台先得月"，成为优先受益对象。

2. 消费结构升级的有力拉动 目前，我国人均 GDP 近 1 万美元，正处于消费结构加速升级的时期，高质量、差异化、特色化的消费迅速扩张。我国城乡居民已由过去的吃饱穿暖转向生态产品、文化产品、健康养生等多元化、个性化、品质化的消费需求，进入"小康＋健康"的"双康"时代。城乡居民对优质绿色农产品、优美生态环境、优秀传统文化需求大幅度上升，为龙头企业适应消费、引领消费、创造消费提供了不竭动力。

3. 体制机制创新的聚力促动 改革盘活农村资源要素，形成产权有效激励、要素自由流动、价格反应灵活、竞争公平有序的体制机制，就能激活主体、激活要素、激活市场。龙头企业配置资源要素的"藩篱"就会打破，真正放下心、放开胆、放大步，"撸起袖子加油干、甩开膀子使劲干"，走出一条企农合作共赢、政商契合多赢的新路子。

4. 产业融合发展的加力驱动 伴随着信息技术、人工智能、生物工程等为主的全新技术革命，手机成了"新农具"，农业往往"手指一划、全部搞定"。农民网上卖菜、市民上网买菜，空间上"万水

千山"变为屏幕上"近在咫尺"，重塑了龙头企业组织形态、重构了龙头企业经营模式，乡村产业融合发展成为新趋势。龙头企业开发新产品、拓展新市场、挖掘新价值有了新工具，培育新产业新业态新模式有了新路径，向"微笑曲线"的两端（研发设计和品牌营销）延伸有了新动能。

（二）从面临的挑战看

主要是五个方面：

1. 产业链还需健全　国际现代产业链整合链条所有环节，打通了链条所有隔阂，实现生产、加工、运输、分销和零售等环节的扁平化管理。我国龙头企业处在产业链要素链低端，产业链布局不完善，产业上下游联系不紧密，极易受到关联企业经营波动的影响。未来加工制造可能会演变成服务业的一个环节，一些龙头企业会成为平台类企业的一个"棋子"，一些企业可能会被另一个行业跨界"干掉"，而对这些演变多数龙头企业尚闻所未闻。

2. 技术装备创制能力还需提高　"三高"（高附加值、高适用性、高独占性）农业新技术、新工艺、新产品，是争夺终端市场、获取高额利润的重要手段。ABCD（ADM、邦基、嘉吉和路易达孚）、英国立顿、瑞士雀巢、荷兰联合利华、日本味之素、新加坡丰益等凭借"三高"完成全球布局。我国龙头企业产业集中度低，研发投入仅占销售收入的 0.9%，远低于工业企业的 2.13% 和国外企业的 7%，产品不适应近 4 亿中产阶级的消费需求。2018 年，我国农业贸易逆差近 500 亿美元。

3. 现代企业治理结构还需完善　现代企业治理结构，是人、制度、工具等综合构建形成的良好治理方式。目前，不少龙头企业仍以传统方式管理企业，产权不清晰、管理不科学、财务不规范。许多龙头企业 CEO 和职业经理人引育跟不上，管理层出现"青黄不接"断层现象。很多龙头企业缺乏金融、财务、法务管理人员，融资手段不多，防范风险能力弱。目前，仅有 2.4% 的省级以上龙头企业规范上市。

4. 主体融合共享机制还需优化　主体融合是产业融合基础上的

深度融合。而目前不少龙头企业还停留在"产加销服"环节简单对接，线下销售与线上销售融合不够，全产业链、全要素链、全价值链"洼地"空间挖掘不足。龙头企业与农户之间多是土地流转、劳动雇用和产品买卖关系，收益共享力度不强，农民参与能力不高，利润分配激励机制不完善。

5. 政策集成还需精准 不少政策分散在多个部门，缺乏指向性、精准性、协同性，出现"政策冲突""成效抵消"等现象。在政策落实方面，还存在"一刀切""变化快""标准多"等问题，影响企业对政策的预期，企业担心投资"打水漂"。银行业金融机构"去杠杆"，防范化解金融风险，不顾龙头企业一次性收购原料、常年加工而占压流动资金较多的特征，抽贷压贷断贷时有发生；或违背"还旧借新"承诺直接停贷，一年以上的中长期贷款基本断档。

三、促进龙头企业引领乡村产业振兴的思路和措施

实施乡村振兴战略，要发挥好龙头企业引领乡村产业振兴的"领头雁"作用，实现产业兴、百业兴。要坚定不移地促进龙头企业成长壮大、做大做强，促进乡村产业持续健康发展。

总体思路是：以习近平总书记关于"三农"工作的重要论述为指引，牢固树立新发展理念，坚持立足农业、坚守农村、带动农民，以满足城乡居民消费升级需求为导向，以农村产业融合发展为路径，以全产业链全价值链为动能，以健全联农带农机制为关键，培育壮大一批符合产业方向、引领市场需求、参与国家战略的龙头企业，推动农业高质量发展，构建特色鲜明、布局合理、创业活跃、联农紧密的乡村产业体系，助力乡村振兴战略实施。

在路径上，聚焦"一个目标"，把握"两个关键"，突出"五个引领"。

聚焦"一个目标"：促进乡村产业振兴。通过政策扶持、公共服务、市场培育等多种途径，培育一批技术装备水平高、产品业态模式新、国际竞争能力强、联农带农利农作用大的龙头企业，创新业态模式，优化结构布局，力争用 3～5 年的时间，构建起龙头带产业、产

业带创业、创业带农民的乡村产业"星罗棋布"的发展格局。

把握"两个关键"：一是打造完整产业链条。促进生产、加工、流通、储藏、运输、保鲜、包装、分等分级、净化、商品化处理、产后整理等一体化运作，将全产业链全价值链运营方式导入龙头企业，催生规模种养、加工流通、休闲旅游、健康养生、教育科普、冷链物流、终端配送和电子商务等产业。二是构建联农带农机制。鼓励龙头企业与小农户建立契约型、股权型利益联结机制，把利益分配的重点向产业链的上游和农户倾斜。推广"订单收购＋分红""土地流转＋优先雇用＋社会保障""农民入股＋保底收益＋按股分红"等多种利益联结方式。

突出"五个引领"：一是融合引领。发挥龙头企业在产业链中承上启下的关键作用，通过直接投资、参股经营、签订长期合同等方式，推进主体深度融合发展。发挥龙头企业与农户联结紧密优势，跨界配置农业农村资源要素，实现"农业＋"多业态发展。二是绿色引领。把绿色、生态等理念贯穿于企业经营全过程，加快绿色产品基地建设和加工过程清洁改造，开展副产物循环高值梯次综合利用，向农户传播绿色发展、循环发展理念和技术。三是创新引领。注重机制创新，加大科技研发投入力度，以协同创新推进科技成果转化应用和收益合理分配，吸引高素质创新人才投入乡村产业发展。四是品牌引领。加强品牌顶层设计，推行更高质量标准，构建质量安全追溯体系，打造一批知名度高、影响力大的企业自主品牌，促进乡村产业强基础、提质量、拓市场、增效益。五是数字引领。加强数字技术、信息互联网技术应用，利用专家系统、遥感技术、人工智能、物联网等"天空地"信息系统，改造提升农业产业化经营水平，加快乡村产业提档升级。

围绕上述思路，发挥龙头企业引领乡村产业振兴作用，重点抓好以下措施：

（一）培育壮大龙头企业，在融合发展中助力乡村产业振兴

引导龙头企业推动农业与相关产业深度融合，形成多要素集聚、多主体参与、多业态打造、多模式推进的融合格局。

1. 加力推进农业产业向后端延伸的一二三产业"纵向"融合
引导龙头企业以自营、联营的方式，融合生产、加工、流通、销售和社会化服务，打通"产加销消"环节"中梗阻"，不断延伸农业产业链条，增强互联互通性。

2. 加力推进农业产业向左右拓展的三二一产业"横向"融合
引导龙头企业通过"农业＋"，将农业与信息、旅游、文化、教育、康养等融合，不断发现新功能新价值、培育新产业新业态、打造新平台新载体、催生新农民新主体，不断发掘农业产业发展和农民就业增收新空间。

3. 加力推进农业产业向外部扩面的三一二产业"外向融合" 引导龙头企业以三产的订单优势，与农户一产联合建设基地，倒逼农户发展初加工，构建分工明确、优势互补、风险共担、利益共享的产业化联合体，带动小农户进入大市场。

（二）培育壮大龙头企业，在打造集群中助力乡村产业振兴

引导龙头企业向园区聚集，推进政策集成、要素集聚、功能集合、企业集中，带动园区"前延后展"，形成一批首尾相连、上下衔接、前后呼应的乡村产业集群。

1."单点集聚" 支持龙头企业整合现有生产、仓储、物流、科技、人才、资金、信息等要素，将各类先进要素导入农业，实现优化重组、集约利用，形成小产业化联合体。

2."联线集聚" 支持龙头企业推进农牧渔循环、产加销一体、农文旅结合，带动上下游产业链形成和关联企业发展，形成中产业化联合体。

3."带面集聚" 支持龙头企业带动关联产业向所在区域集中，建设集群公共服务体系，提高集群运转效率，将小农户融入大市场、小生产融入大产业、小企业融入大集群，形成大产业化联合体。

（三）培育壮大龙头企业，在创新驱动中助力乡村产业振兴

加速构建以需求为导向、企业为主体的产学研一体化协同创新机制，多层次多渠道引进高素质人才，建立以创新为导向的收入分配机制，让创新价值得到充分体现。

1. 深耕"大厨房"经济　支持龙头企业发展"农业＋"连锁餐饮、便餐主食、休闲小食，培育中央厨房、净菜加工、体验厨房等新业态，发展各类面米食品、预制菜肴和营养均衡健康食物。

2. 开发"大观园"经济　支持龙头企业利用乡村清风明月、大地山河、蓝天白云、新鲜空气、洁净水源和美丽传说等优势资源，发展观光农业、创意农业、体验农业等新业态，让农民"钱袋子"鼓起来、市民身体好起来、心情乐起来。

3. 借力"大网络"经济　支持龙头企业发展"农业＋"信息化、物联网、互联网，形成农产品电商、产业互联网、订单农业、共享农业等新业态，形成"人在干、云在转、数在算、面朝屏幕背朝云"农业经营场景，营造大农业融合、大资源整合、大生态绿色、大市场抱团、大网络联通发展格局。

（四）培育壮大龙头企业，在质量提升中助力乡村产业振兴

稳步推进龙头企业公司治理结构完善，注重质量效益提升，建立现代企业制度，培育一批具有国际竞争力的大型企业集团。

1. 提升生产标准水平　支持龙头企业应用现代科技和先进生产方式，有标采标、无标创标、全程贯标，不断提高企业标准，对标国家标准乃至世界标准。

2. 提升质量管理水平　支持龙头企业统一投入品使用、生产技术和工艺，开展质量管理体系认证和产品质量认证，建立健全农产品质量检验检测制度，实现农产品生产、收购、储存、运输、销售、消费等全程可追溯。

3. 提升品牌打造水平　支持龙头企业推行企业标识、产地标识和品牌标识，率先实现产地身份化、特征标识化、营销扁平化，质量可追溯、去向可追踪、责任可追究，统筹优质原料"产出来"、产品质量"管出来"、品牌形象"树出来"、企业文化"讲出来"，让品牌走入消费者心中，成为"地球人都知道"的品牌和消费者脑子里的"记忆点"。

（五）培育壮大龙头企业，在联农带农中助力乡村产业振兴

加大协调力度，争取创新金融扶持政策，建立不同层级的乡村产业发展基金网络体系；完善财税扶持政策，采取税收地方留成部分"先征后返"等方式支持龙头企业发展；完善用地扶持政策，对龙头企业的农产品加工、仓储物流等用地适当给予支持；完善技术创新政策。支持龙头企业加强与科研院所联合攻关，建立健全科研人员校企、院企共建双聘机制。支持龙头企业全面开发农业农村资源，与农民、集体实现互惠共赢。

1. 挖掘农业增收潜力 支持龙头企业将专业技术和专用品种引入种养业，引导农户按加工流通要求生产、按市场用户需求生产。

2. 释放农村资源红利 支持龙头企业联合乡村集体和农户开发农业农村资源，促进产品实现优质优价、餐饮实现服务增值、住宿实现资产增值、景观实现功能增值、民俗实现体验增值。

3. 激发农民发展活力 乡村产业一个显著特征是联农带农，让农民分享更多增值收益。做到这一点，关键是健全利益联结机制，真正实现利益融合。实践中有一些好的做法，主要是新型经营主体与小农户建立契约型、分红型、股权型合作模式。这些模式是有效的，与农民利益联结是紧密的，要总结完善加以推广。积极支持农民合作社、家庭农场和农户开展加工流通、休闲旅游和电子商务等，在完善"公司＋农户"机制的同时，积极推进"农户＋合作社""农户＋公司"等模式，打通融合结点。加快推广"订单收购＋分红""土地流转＋优先雇用＋社会保障""农民入股＋保底收益＋按股分红"等多种利益联结方式。此外，正在开展土地经营权入股发展农业产业化经营试点，要积极探索，不断总结经验，扩大试点范围。

4. 培育农业产业化联合体 壮大龙头企业队伍，这是乡村产业发展的骨干力量，也是小农户与现代农业发展有机衔接的重要载体。要引导龙头企业建立现代企业制度和现代产权制度，向产业链中高端延伸，打造大型农业企业集团，带动乡村产业高质量发展。支持龙头企业做给农民看、带着农民干、帮着农民赚，让农户获得参与创新的发展机会，不断激发农户参与乡村振兴的活力、动力和创造力。发展农民合作社和家庭农场，通过土地流转、土地入股等形式，发展适度规模经营的家庭农场。支持农民合作社开展多种经营，向综合合作社方向发展。发展产业化联合体，这是一种新的产业组织方式，是主体融合、业态融合和利益融合的实现形式。要扶持一批以龙头企业带动、合作社和家庭农场跟进、广大小农户参与的农业产业化联合体，形成"离农业最近、联农民最紧"的产业集合体，带领千千万万的小农户、家庭农场、合作社与千变万化的大市场有效对接。

四、龙头企业自身做强做大的路径选择

龙头企业发展和成长，是与农业农村改革和农业农村经济发展同步的。20世纪90年代初的农业产业化，孕育和培育了一大批龙头企业，引领了农业规模化、标准化、专业化和品牌化发展。今天，乡村振兴大幕已拉开，产业振兴正在广袤乡村蓬勃兴起，正引领农业农村经济迈入新时代。在这一过程中，龙头企业要发挥更加重要的作用。

（一）发挥集聚要素的平台作用

乡村产业振兴，需要集聚更多的资金、技术、人才和信息等资源要素。龙头企业要发挥资金实力雄厚、市场信息畅通、品牌效应突出的作用，下沉到农业的优势区和功能区，以标准带动基地的规模化生产，以加工带动产业链的延伸，以品牌带动价值链的提升，连接工农、打通城乡，带领农民共同开发农业农村"资源圈"，以核心构建集聚中心，以龙头构建产业体系，形成乡村产业的"价值圈"。因此，必须大力培育龙头企业，加快资源要素集聚，打造乡村产业发展新阵地。

（二）发挥产业融合的载体作用

乡村产业振兴，需要跨界配置农业与现代产业要素，高位嫁接、交叉重组、渗透融合。龙头企业要发挥产加销一体化、贸工农一条龙中的初步融合作用，将全产业链全价值链理念引入农业，将工业化标准理念和服务业人本理念导入农业，从农业农村中"挖"出新功能新价值，"长"出新产业新业态，"搭"出新平台新载体，打造"全国大厨房""百姓大观园""城乡大电商"，构建"从种子到筷子""从枝头到舌头""从田头到桌头""从地头到龙头"的现代农业产业体系。因此，必须大力培育龙头企业，扩大融合范围、提升融合层次，开拓乡

村产业发展新空间。

（三）发挥创新驱动的引领作用

现在的乡村产业，不能再像过去"小、散、低、乱"的乡镇企业，而要走创新驱动的高质量发展之路。龙头企业要牢固树立科技创新理念，紧紧抓住信息互联网技术、生物技术、智能制造等技术革命的有利时机，多层次引进人才，多角度合作创新，自主创新与合作创新相结合，大力开展技术研发、产品更新、市场开拓、模式创新等，提升技术装备水平和市场竞争力，成为乡村产业创新发展的生力军。因此，必须大力培育龙头企业，加快科技创新，促进乡村产业转型升级。

（四）发挥联农带农的中坚作用

乡村产业的一个显著特征是联农带农，也就是说，要让农民更多地享受产业链增值收益。龙头企业要发挥"离农业最近、联农民最紧"的先天优势，带领千千万万的小农户、家庭农场、合作社与千变万化的大市场有效对接，组建农业产业化联合体，构建契约式、分红式、股权式利益联结机制，带动农民就业增收、脱贫致富。因此，必须大力培育龙头企业，建立多种形式利益联结机制，激发乡村产业发展新活力。

（五）发挥服务大局的支撑作用

龙头企业要着眼国家发展大局，以创业的心态、进取的状态、积极的姿态、丰富的业态，积极主动入位，发挥好示范引领作用，共同促进乡村产业振兴。

1. 加快形成乡村产业"新雁阵" 大力实施新型经营主体培育工程，加大财税、金融、用地等政策扶持力度，壮大龙头企业队伍。龙头企业要以标准、品牌和资本为"集结号"，集聚产业要素，带领农民合作社、家庭农场和广大农户一块抱团发展，形成"培育一个企业、壮大一个产业、致富一方农民"的格局。

2. 开辟农民增收"新空间" 龙头企业要牵头与新型经营主体和广大小农户组建农业产业化联合体，与农户建立"订单收购＋分红""土地流转＋优先雇用＋社会保障""农民入股＋保底收益＋按股分红"等多种利益联结，做给农民看、谋划蛋糕，带着农民干、做大蛋糕，帮着农民赚、分好蛋糕，让农民卖农（产品）金、挣薪金、收租金、分红金、得财金，增加农民跨界增收、跨域获利渠道。

3. 发掘乡村产业"新绿金"　龙头企业要坚持质量兴农、绿色兴农、品牌强农，以乡村特色资源为依托，按照"有标采标、无标创标、全程贯标"要求，建立健全"从田间到餐桌""从种子到筷子""从枝头到舌头"的全产业链质量管控、检测和追溯体系，增加绿色优质农产品供给，打造绿色优质农产品品牌，助力乡村产业加速由产品经济、数量经济向绿色经济、品牌经济转变，成为"绿水青山"转化为"金山银山"的"金杠杆"。

4. 打造精准脱贫"新样板"　龙头企业要与贫困地区对接，利用专项资金、典型宣传、产销对接、示范引导等方式，到贫困地区发展优势特色产业，建立绿色食品、有机农产品标准化原料基地和加工车间，积极对接建档立卡贫困户，开展技能培训、提供就业岗位，完善利益联结机制和组织模式，带领小农户、贫困户融入现代农业、分享产业增值收益。

（六）发挥理念创新的引领作用

龙头企业在做大做强中一刻也离不开理论的指导。理论与实践要相结合，理论不结合实践证明叫"蛮干"，实践不结合理论指导叫"盲干"。

理论是按照事态发展的需求进行原因推理。但是，在力行实践中面临的因素又是十分复杂、变幻莫测。而人的思维推理相对于广袤的实践天地而言，理论只不过是很有限的一种假设思维而已。因此，推理的结论非常需要通过实践的过程来验证其可行性。

推理中往往还会出现很多没有预测到的实际变化使理论的可行性有质疑的地方。而实践操作中又必须要有理论的导思才能有完善的成功，尤其是大事业中的实践操作，没有专业的理论指导和逻辑思维，仅凭自我感觉有成功的可能性，凭着感觉就干，这是一种侥幸的"盲干"，失望往往会占到 80%，侥幸的成功也许会碰上一回。"盲干"与"蛮干"都是不文明的体现。"蛮干"相对于"盲干"的损失会小一点。因为这个"蛮"是有限范围，而这个"盲"是无限的延伸。"蛮干"会造成损失，而"盲干"会带来灾难。

所以，企业文化的核心是要建立思维基础。以理论指导实践，以实践证明理论，使理论与实践充分相融合，才可以说是企业创造力。企业倒闭的很多原因都源于用侥幸的心态去搞创造、转型、更新、技改和拓展。自然发展的规律是没有臆测和侥幸存在的，必须按照自然规律循序渐进地完成步骤，才能成功。只有通过理论与实践相结合的证明，才能使企业平稳安全地走过成长之路。"蛮、盲"都是使企业渐渐死亡的过程。

龙头企业要引领中小企业形成产业集群，在小大之间见分晓。首先，企业要入位，勇于担责，牵头组建产业化联合体，发挥资本优势、标准优势和品牌优势，引领上下游小微企业、合作社和农户向它聚集，形成集合优势，带动区域产业的集群化发展。其次，要带上乡亲，让分散的小农户找到参与现代农业建设的新平台新载体，让小农户的微力量聚合成发展产业的大动能，让小产品融入大市场、小产业形成大集群、小农户融入大产业、小地方成就大品牌。最后，要投资在当地、纳税在当地、就业在当地、服务在当地、造福在当地，从而带动当地发展。这是现在社会企业的一个重要趋势，即在地化。几乎所有标榜着"现代化"的企业，都在强调不以追求利益最大化为目标，而是追求社会可持续发展，成为"社会企业"。当有的人按照教科书思路在讲"企业一定是追求利益最大化"的时候，实际上这个东西已经过时了。现在讲得更多的是"社会利益"，即"共同性"和"在地化"。

◆ 专栏：企业问答

1. 为嘛说没有企业就没有产业？

产业是企业的集合体，产业兴旺是振兴的第一动力，科技是振兴的第一生产力，人才是振兴的第一资源。企业是乡村振兴基础性主要载体，是人才聚集的高地。推进乡村振兴战略，企业不仅仅是参与者，更是推动者和承载者。乡村振兴，企业责无旁贷。企业要感恩党和政府提供的发展机遇，主动回馈社会，积极参与和推动乡村振兴战略的组织实施，抢抓机遇，找准定位，乘势而上，把企业做大、做强、做优，坚持高质量创新发展，为各类农业人才提供施展才华、实现价值的平台。

2. 什么是企业的"五个一"战略？

一个企业要想打造百年老店，必须"一板一眼谋战略、一心一意攻主业、一马当先闯市场"，这就是"五个一"战略。

战略决定成败，细节保证不败。把当前事情做好，把未来事情做对。一家企业，如果战略正确，就可能快；相反，一旦战略上出了问题，就可能一招不慎、满盘皆输。因此，企业经营发展的过程中要有"战略头脑"，大处着眼、抓住根本。

商场如战场，只有在自己最有把握的某一点上集中优势兵力，才能在瞬息万变的市场中夺得主动权，才能在激烈的博弈竞争中立于不败之地。因此，要聚焦本源，把技术、人才、资金等资源要素集中到主业实业上，在创新上有"春江水暖鸭先知"的嗅觉、"不破楼兰终不还"的魄力和"十年磨一剑"的韧劲，到市场的源头活水里找无尽的商机。

3. 农业产业化龙头企业如何产业扶贫？

龙头企业通过与政府、合作社协商，吸纳贫困户入股，按比例进行保底分红，搞村企互动，这样农户与企业利益捆绑、责任分担。通过产业扶贫模式和龙头企业、合作社、贫困户三方联动，把贫困户和农业龙头企业、村级集体经济捆绑起来，形成了"你建园、我入股，你经营、我打工，你加工、我供料，你流转、我收金，你盈利、我分红"的合作利益联结机制，创新资源配置和经营方式，让农民变身股东，充分激发了内生动力，走出了一条产业扶贫的新路子。

工商资本进入乡村要在农业内外、城乡两头、生产两端站稳脚跟。第一，做给农民看。发挥龙头企业联农带农作用，激励龙头企业为普通农户提供生产资料、技术、农机作业、物流和销售服务，促进小农户生产与现代农业发展有效衔接。第二，帮着农民赚。做产品先做良心，挣票子带上乡亲。为广大农民提供更多就业机会，实现农民就近转移就业，增加工资性收入。第三，带着农民干。关注生命家园，奉献绿色食品，推进产业融合，致力精准扶贫。通过合同生产或者订单销售，解决销售后顾之忧，通过保护价、入社二次分配或者入股分红等，多途径实现农民持续增收。

4. 小老乡如何跟大老板打交道？

首先，要有点情怀；其次，要有点本事；第三，要懂些政策；第四，要懂些交往。同时抓好这样几件事：一是如何组织生产和销售，要知道种什么、养什么，如何提高种养质量；二是如何进行融资和保险；三是如何开展分红和分配；四是如何与龙头企业打交道。

小老乡与大老板怎么打交道？他们总认为自己是农民，有点土，怕别人不理，不好意思与大企业交往。其实，20世纪70年代发展起来的乡镇企业，很多企业家都是农民。但是，他们一下子就跟那些大企业、大机构合作上了。

为什么呢？这里面至少有两点奥秘：一个，他们最朴素、最真诚，再大的机构、再大的企业与他们交往时，既不怕被算计更不会感到有压力，很乐意与他们交往，交易成本包括心理交易成本很低；再一个，只要他们手上有好东西、好产品，企业可能不请自到。

第三节　建设产业园区集群

建设现代产业园区集群，基本实现"一县一园"、主要品种全覆盖；全面推行"园长制"，创新制定产业园投资项目清单管理制度；实行专家团队一对一服务，是大力促进乡村产业兴旺的重要方式。产业园区集群可以形成大基地、大加工、大科技、大融合、大服务格局，有利于引领支撑乡村全面振兴。

一、建设产业园区集群的重要意义

近年来，各地全面启动现代农业产业园、加工产业园、特色产业园建设工作。各类市场主体积极响应，纷纷到产业园投资兴业，一大批新型经营主体在园区内孵化成长。总的来看，产业园建设取得了长足进步，初步建立了梯次推进的工作格局，形成了多元化的投入渠道，探索了市场化的运行机制，基本实现当初提出的"一年有起色、几年见成效"的阶段性目标。很多产业园在引领带动本地区农业转型升级方面发挥了积极作用，展示出广阔前景。这表明，以产业园建设示范带动乡村产业振兴和现代农业发展的路子是正确的。产业园建设的重要意义和功能定位主要有以下三个方面：

（一）有利于促进乡村产业振兴

产业兴旺是乡村振兴的基础和前提。抓住了产业园，就牵住了乡村产业振兴的"牛鼻子"。应紧紧围绕乡村产业振兴这个全局，高起点、高站位地谋划和推进产业园建设，以规模种养为基础，集聚现代生产要素和经营主体，引领带动乡村产业做大做强，让农民在家门口就能有活干、有钱挣，为乡村产业振兴、人才振兴、文化振兴、生态振兴、组织振兴提供有力支撑。

（二）有利于促进农业高质量发展

当前，我国经济已进入高质量发展阶段，农业也是如此。经过多年努力，我国农业发展取得长足进展，行业门类齐全、品种丰富；但农业产业链条短、大而不强、质量效益竞争力不高等问题依然突出，很多还停留在卖"原字号""初字号"产品阶段。要按照农业供给侧结构性改革要求，大力唱响"质量兴农、绿色兴农、品牌强农"主旋律，加快推动农业由增产导向转向提质导向。从实践情况看，目前各产业园科技进步贡献率、资源利用率、农产品质量安全监测合格率等均显著高于全国平均水平，示范推广了一批先进适用技术和绿色生产模式，带动形成了区域农业高质量发展的良好态势。在不同区域、不同行业树立了一批农业高质量发展的标杆，以点带面带动农业发展转型升级、提质增效。

（三）有利于促进城乡融合发展

当前，我国经济社会发展最大的不平衡是城乡发展不平衡，最大的不充分是农业农村发展不充分。要解决这个问题，必须打破城乡二元分割的体制藩篱，推动城乡要素平等交换、公共资源均衡配置。产业园一头连着工业、一头连着农业，一边接着城市、一边接着农村，是城市人才、技术、资金等要素流向农村的重要载体，是返乡下乡人员干事兴业的重要平台。要着眼重塑工农城乡关系，发挥产业园联工促农、联城带乡的桥梁纽带作用，吸引人、地、钱等要素向农村集聚，为城乡融合发展探索路子。

二、建设产业园区集群的思路

目前产业园发展总体上仍处于探索阶段，还存在一些薄弱环节。一是主导产业不突出，以粮、棉、油、糖为主导产业的产业园较少，有的产业园在产业选择上刻意求新求特，有的产业园贪大求全、种类很多，却丢掉了自身的优势和特色。二是产业融合不深入。不少产业园精深加工环节薄弱，科技支撑能力不强，市场流通体系不健全，休闲、生态、文化等多功能开发不足，农产品卖不出去、卖不上价等问题依然突出。三是利益联结不完善。有的产业园与农户的利益联结还是简单的土地租赁和产品买卖关系，资产入股、二次分红、保底收益等联农带农机制创新不够，农民没有充分分享二三产业的增值收益。

新形势下推进现代农业产业园建设，要着眼做强乡村产业、服务乡村建设、带动农民增收，坚持高起点、高标准、高水平，突出产业特色、要素集聚、质量效益、辐射带动，集中打造一批乡村产业振兴样板区。在工作推进中，要把握好"一个根本"，做到"四个坚持"。

一个根本，就是姓农、务农、为农、兴农的建园宗旨。这是产业园的立园之本，要坚持方向不跑偏、性质不走样，始终做到园为农所建、利为农所谋，决不能搞非农异化，把产业园建成"穿着马甲"的工业园。"四个坚持"，就是坚持集聚建园，发挥产业园的集聚带动效应，吸引各类先进要素、龙头主体、政策资金向产业园集中，打造现代农业产业集群。坚持融合强园，推进"生产＋加工＋科技"一体化，促进一二三产业相互渗透、交叉重组、融合发展，不断延伸产业链、提升价值链、打造供应链。坚持绿色兴园，把绿色发展理念贯穿于产业园建设全过程，全面推行绿色生产生活方式，增加绿色优质产品供给，建设"天蓝、地净、水绿"的美丽园区。坚持创新活园，推进政策创新、管理创新、科技创新、产品创新，强化产学研协作，改进农业生产组织方式，完善农民利益联结机制，激发产业园发展建设活力。

重点要在以下五个方面加快探索和实践：

1. 科学规划布局，加快构建国家、省、市县三级产业园建设体系　我国地域广阔，产业类型多样，要综合考虑各地的区位特点和比较优势，科学布局，合理规划，加快构建国家级为龙头、省级为骨干、市县级为基础的产业园建设体系。优先在粮食生产功能区、重要农产品生产保护区、特色农产品优势区和现代农业示范区，布局建设一批国家级产业园，努力打造有全国影响的产业风向标、科技制高点、行业领头羊。各地可以聚焦特色鲜明、成长性好的主导产业，布局建设一批省级产业园，有条件的地方还可以探索建设市县级产业园，鼓励百花齐放、各展所长。

2. 推进全产业链建设，把产业园打造成三产融合发展的先导区　现在的乡村产业不再是单一搞生产、卖产品，而是集产加销游为一体的多功能产业。建设产业园，要着眼产业融合发展，在做强规模种养的基础上，依托各自优势，因地制宜向精深加工、贸易流通、休闲旅游等新产业新业态进军，形成全产业链推进、多模式发展的良好格局。要积极发展多种形式的适度规模经营，打造集中连片的大型原料生产基地，形成规模效应。引导加工企业向产业园集聚，布局建设一批烘干、保鲜、包装、储藏等初加工和商品化处理设施，在产业园核心区开展精深加工，提升农产品附加值。配套建设农产品批发市场、冷链物流体系，鼓励大型电商企业入驻产业园，积极发展"互联网＋"

农业，确保产得出、卖得好。同时，积极发展休闲农业、乡村旅游，大力培育农机作业、统防统治、品牌策划、市场营销等新型服务主体，由"卖产品"向"卖风景""卖服务"转变。

3. 强化科技支撑，把产业园打造成先进技术装备研发应用高地
现代农业产业园的一个重要标志，就是看科技装备水平是否先进。要强化全产业链的科技支撑，给产业园插上科技的翅膀。各级产业园应主动加强与科研院校对接合作，积极组建科技研发中心、重点实验室、院士工作站，力争每个产业园都有一个专家服务团队，在生产一线攻克产业技术瓶颈，集中打造一批种业创新核心基地。要引导产业技术体系、科技创新联盟、高新技术企业在产业园设立试验站、中试基地，推动新品种新技术新装备率先在产业园落地生根、示范应用。同时，创新推广科研成果参股、技术人才领办企业和兼职取酬等方式，吸引企业和科技人才入园投资兴业，把产业园建成创业创新的"摇篮"。

4. 突出优质安全，树立质量兴农、绿色兴农、品牌强农的新标杆 国家质量兴农战略规划，明确提出要推进农业绿色化、优质化、特色化、品牌化。各级产业园应带头贯彻落实，让产业园成为优质安全的代名词。要大力推进全程标准化生产，尽快实现质量安全追溯管理全覆盖，建立更为严格的质量安全监管和责任追究制度，对发生重大农产品质量安全事件的产业园取消认定资格，让产业园建成质量安全的"放心园"。大力推进有机肥替代化肥，发展绿色防控、节水灌溉，抓好秸秆、农膜、畜禽粪污资源化利用，力争主要农作物化肥农药利用率和农业废弃物资源化利用率明显高于全国平均水平。依托产业园创建一批区域公共品牌，支持入园主体开展绿色、有机、地理标志农产品认证，培育一批知名企业品牌和产品品牌。

5. 创新联农带农方式，让农民有更多幸福感获得感 建设产业园，基础在农村，主体是农民。产业园带动农业、农民，不能仅停留在土地流转、入园打工等简单合作方式上，要加快构建完善的联农带农机制，带动农业升级、农民增收、农村发展。要培育壮大联农带农经营主体，吸引和培育一批有实力的企业入园发展，把联农带农实际效果作为政策支持的重要条件，支持组建产业化联合体，带动小农户抱团发展。应积极推广土地承包经营权入股、财政补助资金股权化改革等新的利益联结机制，让农民长期享受持续稳定的收益。同时，要积极探索产村相融、园村共建模式，带动改善周边乡村水、电、路、气、信等设施条件，鼓励村集体以集体资产量化入股等形式参与产业园建设，促进村集体经济、乡村发展与产业园同步壮大。

三、创新产业园区集群的建设机制

产业园区集群建设没有现成的路径可循，要在创新完善工作机制上下功夫，进一步加大支持保障力度，不断提升建设管理水平。

（一）创新组织管理

产业园不仅在区域上跨乡镇甚至跨县，产业发展也涵盖产加销各个环节、横跨多种业态，必须创新管理体制。可以借鉴广东等地做法，由市、县政府负责同志担任园长，成立管理委员会等管理机构，统筹推进产业园建设和管理运营，牵头协调解决各类重大问题，组织开展政策协调、资源整合、规划建设、人才引进等工作。国家级和省级产业园所在县市都要成立产业园建设领导小组，积极探索建立"园长制"，积极争取相关部门和社会力量支持参与产业园建设，形成工作合力。

（二）强化政策保障

加强产业园建设，离不开真金白银的投入。中央财政资金对产业园支持力度之大，在涉农项目中可以说是首屈一指。应不断健全完善支持政策，引导撬动资金、土地等要素加速向产业园集聚。加大财政投入力度，高标准农田建设等项目、涉农整合资金都要优先向产业园倾斜。鼓励政策性金融机构为产业园提供中长期信贷支持，引导县域金融机构和工商资本积极参与产业园建设，加大农业信贷担保体系对产业园建设项目的融资担保力度。将产业园建设用地纳入总体规划，年度新增建设用地指标优先保障产业园需求，在政策范围内积极探索保障产业园建设用地的有效办法。

（三）加强评估考核

抓紧建立能进能出的产业园动态管理机制，对创建合格的认定奖补，不合格的限期整改，整改不到位的取消创建资格，收回奖补资金，做到宁缺毋滥。建立完善产业园建设评价指标体系，引入第三方评估机制，实时跟踪产业园建设成效，定期分析评估。加强建设运营全过程跟踪监测，防止出现离农背农倾向，坚决杜绝"跑马圈地"等问题。

（四）抓好典型示范

总结各地推进产业园建设的好经验、好做法，分区域、分产业提炼可复制、可推广的建设运营模式。通过现场观摩、座谈交流、媒体宣传等多种形式，宣传推广一批典型案例，引领产业园建设整体提档升级。围绕产业培育、三产融合、联农带农机制等难点问题，加强调查研究，探索推动解决。

◆ 专栏：典型案例

河南大力发展产业集群促进乡村产业振兴

河南是农业大省、粮食大省。近年来，全省认真贯彻落实习近平总书记对河南农业发展的重要指示，大力实施乡村振兴战略，以建设农业产业集群为抓手，深入推进农业供给侧结构性改革，走出了一条粮食安全和现代高效农业相统一的发展之路。重点是"六个坚持"：

一、坚持规划先行，聚焦重点产业

编制《河南省农业产业化集群发展规划》，明确了面、肉、油、乳、果蔬等11大类产业集群发展方向。以发展优质小麦、优质花生、优质草畜、优质林果为重点，加快建设包括蔬菜、花木、茶叶、食用菌、中药材、水产品等十大优势特色农产品基地。全省规划了80个优质小麦生产县、72个优质花生生产县、50个蔬菜大县、30个奶源大县。

二、坚持龙头带动，推进产业经营

以"粮头食尾""农头工尾"为抓手，发展壮大龙头企业，带动农业产业化经营。实施龙头企业升级行动，引导企业实现装备升级、产品升级、业态升级、管理升级，培育出双汇、三全、思念、牧原、好想你等一批知名企业。依托农产品优势，加大招商引资力度，引进嘉吉、雀巢、康师傅、鲁花、蒙牛、益海嘉里、五得利等企业落地河南。加快建设中国（驻马店）国际农产品加工产业园。目前，全省有农业产业化国家重点龙头企业60家、省级重点龙头企业794家、超10亿元龙头企业154家，有54家涉农企业上市。

三、坚持"三链同构"，推动集群发展

延伸产业链，推动前端向原料基地延伸，后端向精深加工拓展；提升价值链，推动优势产业向高端化发展，提高产品附加值；打造供应链，形成产业上下游之间精准对接的高效产品供应链。推动关联产业由松散型利益联结向紧密型利益联结转变，由单个龙头企业带动向龙头企业集群带动转变。目前全省培育农业产业化集群520个，发展643家与产业集群相配套的农产品批发市场、冷链物流和电子商务等企业，带动8 481个协作单位抱团发展，农产品加工业产值达到1.23万亿元。

四、坚持规模经营，培育新型主体

突出抓好农民合作社、家庭农场两类新型经营主体发展，加快培育各类社会化服务组织，加快建设现代农业产业园和农业产业强镇。全省农民合作社发展到18万家，位居全国第二。家庭农场发展到5万家，农业社会化服务组织8.8万个。建设国家现代农业产业园2个，省级现代农业产业园30个，农业产业强镇35个。全省土地流转面积3 868万亩，土地托管面积2 494万亩，种植业、畜牧业适度规模经营比重分别达62%和80%。

五、坚持绿色发展，提高质量效益

加快推进原料基地绿色化、加工环节绿色化、流通体系绿色

化。2018 年，农药、化肥使用量双双保持负增长，创建了一批农产品质量安全市、县，主要农产品检测合格率常年稳定在 97% 以上；牵头制定 20 多项农业国家标准、535 项省级农业地方标准，"三品一标"农产品达到 4 429 个；培育省级知名农产品区域公用品牌 40 个、农业企业品牌 90 个、农产品品牌 270 个，4 个区域公用品牌入选中国百强，78 个企业品牌入选中国驰名商标。

六、坚持行政推动，强化政策支持

把发展产业集群作为乡村产业振兴的突破口，成立由省长任组长、省人大和省政府分管负责同志任副组长的领导小组，市、县也成立相应机构。制定《关于加快农业产业化集群发展的指导意见》，在资金、用地、科技、人才、金融等方面予以支持，将农村整理出的建设用地指标优先用于发展产业集群。2018 年，省财政统筹扶持资金 31 亿元，省现代农业发展基金、农业综合开发股权投资基金和农保资金也向产业集群倾斜。

通过大力发展产业集群，河南农业质量效益和竞争力明显提升。2018 年，全省规模以上农产品加工企业 7 250 家，农产品加工业产值与农业总产值之比为 2.5：1，加工转化率达到 68%。农村居民人均可支配收入年均增长 8.7%、连续 8 年高于城镇居民收入增速，河南正在实现从农业大省向农业强省的转变。

第四节　打造乡土品牌

打造乡土品牌是一个持续动态的过程，也是一个积极探索的过程。20 世纪 80 年代，突破"以粮为纲"的制约，经济作物产业快速发展，各类特色产业多点开花。90 年代中后期，特色农业产业化快速发展，特色农产品加工业起步发展。特别是党的十八大以来，农村一二三产业融合发展步伐加快，乡村产业依托乡村特色资源，因地制宜发展小宗类、多样化的乡土特色产业，创响了一批"土字号""乡字号"特色产品品牌，打造了一批"一村一品"示范村镇，建成了一批像甘肃定西马铃薯、江西赣南脐橙、陕西洛川苹果、湖北潜江小龙虾、重庆涪陵榨菜等特色产业集群，为促进农民增收和脱贫攻坚发挥了重要作用。

一、打造乡土品牌的意义

"乡字号""土字号"品牌是根植于县乡村，以乡土特色资源为依托，以农民为主体，彰显地域特色、体现乡村气息、传承乡村价值，代表质量档次、科技水平和文化内涵的可识别、可传播的乡土符号。打造乡土品牌，是产业兴旺的一个重要标志。没有聚焦特色产业，往往形成"样样都有、样样不强"的窘境。近年来，各地创响一批"独一份""特别特""好中优"的"乡字号"和"土字号"品牌，被誉为"土里土气土特产、原汁原味原生态"，引领乡村特色产业发展。2019年，农业农村部新认定的442个"一村一品"示范村镇，主导产业产值过10亿元的示范镇和过亿元的示范村均超过20个；人均可支配收入22 149万元，比2018年全国农村人均可支配收入高出51.5%；从事主导产业农户的年均收入7.95万元，均实现了产业兴旺和区域名声提振的良性互动。具体来说，打造乡土品牌，功在当代、利在千秋。

（一）有利于形成培育乡土特色产业的"独门绝技"

这不仅是同一产业经过集聚发展，成为乡村主导产业和主要经济支撑的过程，也是通过产品传播、提升乡村知名度和影响力的过程。

1. 有利于发掘乡村特色资源　以"独一份""特别特""好中优"的品牌为集结号，集聚资金、信息、人才等要素，开发乡村特色资源，形成各具特色、多彩纷呈的发展格局，以特色打开市场、培育产业、创响品牌。

2. 有利于承载乡村价值　发挥我国地域辽阔、区域特征明显、优秀文化厚重等优势，依托现代种养业、绿水青山、田园风光和乡土文化等，发展特色鲜明的"一村一品"产业，可以更好地发掘乡村功能价值。

3. 有利于提升地方名声　发挥每个乡村资源禀赋、人文环境、工艺技巧，走出一条人无我有、人有我特的乡村特色产业发展之路，打造高品质、有口碑的乡村"金字招牌"，使之成为乡村特色产业通向市场的"身份证""通行证"。

（二）有利于找到产业精准扶贫的"灵丹妙药"

农村贫困人口如期脱贫，贫困县全部摘帽，区域性整体贫困要解决，全面建成小康社会。一个民族、一个家庭、一个人都不能少，这是中央作出的庄重承诺。

打造"一村一品"在脱贫攻坚中作用独到：

一个原因是，贫困地区多在"老少边穷"地区，有独特的资源禀赋。因地制宜发展"一村一品"产业，有利于集中资源要素，补齐产业发展短板，形成市场竞争力，把资源优势和生态优势转为产业优势和经济优势，实现以产业带动农民持续增收、脱贫致富。

另一个原因是，贫困地区绿水青山、清风明月、大地山河、美丽传说以及良好的土壤、空气和水源等资源，都是"一村一品"产业发展的重要支撑。通过打造乡土品牌，可以实现贫困人口就地就近就业和稳定增收，成为"绿水青山"转化为"金山银山"的"金杠杆"，为打赢脱贫攻坚战挖掘"新绿金"。

（三）有利于找到产业集聚发展的"先头部队"

目前，我国不少地区的城乡产业发展水平依然存在明显差距，一边是大城市的先进制造业和现代服务业，一边却是乡村的传统农业，城市搞加工、农村搞种养的现状依然没有改变。

打造乡土品牌：

一方面，可以完善全产业链条。既推动产加销服、科工农贸一体化发展，又要加快培育乡村旅游、休闲农业、民俗经济、农耕文化体验、健康演练等新业态，探索农产品个性化定制服务、会展农业、农业众筹、农村电商等新模式，促进乡村经济多元化发展，构建农村一二三产业融合发展体系。

另一方面，补齐城乡公共服务不均等、基础设施不完善的短板。推动人才、土地、资本等要素在城乡间双向流动，把更多产业和就业岗位留在农村，把更多增值收益留给农民，加快形成工农互促、城乡互补、全面融合、共同繁荣的新型工农城乡关系。

（四）有利于找到实现乡村全面振兴的"近水楼台"

开启城乡融合新征程，需要更高层次追求农村生活魅力、谋求更深层次的可持续发展，以县、乡为单位，打造乡土品牌，将会形成相对集中、优势明显的区域化生产格局，对乡村全面振兴作用巨大。

一个是，可以深度开发农产品等农业资源，加工成系列化的食品、衍生品，丰富了花色品种，增加产品附加值。

另一个是，把品牌运作植入当地文化生活里，把农业生产发展成为集旅游、度假、温泉、购物、消费等于一体的观光农业，生产、销售、研发、推广、文化创意、节庆休闲环环相扣，产业链不断延伸拓展，效益不断翻番。

二、打造乡土品牌的瓶颈

当前，打造乡土品牌还面临不少瓶颈，主要表现在：

（一）乡土品牌杂而不亮

我国乡土产品时不分四季、供应不断，地不分南北、应有尽有，但同质化严重、贯标不力、多而不优。小农户仍是品牌创立主体，企业95%以上都是中小微企业，产业集中度低。特别是一些经营主体质量意识不强，未采用 GMP、HACCP 和 ISO9000 等规范和管理标准，未实现生产全过程的 TQC（全面质量管理）。目前，我国拥有 10 万个乡土品牌，但全国层面的"特色农产品优势区"仅有 146 个，"一村一品"示范村镇仅有 2 400 多个，乡土品牌整体上呈现多、小、弱问题。据对美国市场问卷显示，94%的消费者不能叫出我国乡土品牌，少有新西兰羊、哥伦比亚咖啡、荷兰牛、法国波尔多葡萄等知名品牌。

（二）乡土品牌有而不响

一些地方"重生产轻品牌""重评比轻培育"，缺乏长效推进的耐心和决心，更没有长远性、系统性规划。一些经营主体受传统观念影响，缺乏对品牌内涵的认识、对品牌形象的塑造和对文化的挖掘，关心的核心并非品牌而是产品，被形象地比喻为"披头散发、赤身裸体、没名没姓、来路不明"，打造的乡土品牌同名化、类似化、空洞化，消费者认同度、市场美誉度不高。以茶产业为例，我国年茶产业产值3 000亿元人民币，经营主体上万家，但只有11％的消费者购买同一品牌茶叶，品牌影响力严重不足。英国不产茶，而立顿茶无人不知，年产值近300亿元人民币。

（三）宣传推介形式单一

在"乡字号"和"土字号"的品牌推介上，一些地方只是利用一年一度的展会平台，举办几场"推介农产品专场""我为品牌代言"等活动。2018年，全国农业农村系统也仅仅举办百余场宣传推介活动。一些乡土企业也通过打广告创品牌，但利用新媒体、自媒体、互联网、物联网、大数据等手段不充分，产品影响范围较窄。有的把商标当成品牌，未能把质量信誉和文化凝结在品牌中，品牌溢价有限。

（四）乡土品牌保护机制不健全

各地重视申报、推广区域公用乡土品牌，忽视品牌授权、监管和管理。相应的监管制度和授权退出机制没有普遍建立，出现了区域公用品牌"泛用"和未授权生产经营单位"滥用"等现象，存在着"搭便车""劣币驱逐良币"等问题，造成品牌开始轰轰烈烈，几年后销声匿迹。品牌咨询市场缺乏有效的行业管理，社会组织开展的品牌价值评价往往缺乏公信力。有的地方只关注区域公用品牌，而产品品牌和企业品牌涉及不多。

当前，打造乡土品牌面临不少机遇。抓住这些机遇，可以坚定打造乡土品牌的决心和信心。

1. 有良好的政策环境　实施乡村振兴战略，坚持农业农村优先发展，将调动更多资源要素进入农业、投入农村，基础设施和公共服务将全面改善、更加便捷，各种支持政策正在加紧出台。

2. 有巨大的消费市场　城乡居民恩格尔系数降低到28.2％，已从"吃饱穿暖"的农产品需求转向多元化、个性化、品质化的消费需求。

3. 强有力的创新驱动　现代科学技术日新月异，技术产业井喷式增长，技术与产业交互联动、深度融合。这些都为打造乡土品牌提供了千载难逢的历史机遇。

三、打造乡土品牌的思路措施

打造乡土品牌有规律可循，在路径上，要把握"三个关键"、聚焦"四个重点"。

（一）三个关键

1. 突出"特"字　"特"就是唯我独存，人无我有，这是"一村一品"发展的根脉所在、独胜之处和竞争诀窍。要盯住区域特色、产业特色、时代特色等，在产品属性、品牌形象、功能价值、营销方式等方面寻求特色优势。即便是相邻地区主攻同一产业，也要细分领域、差异定位、错位发展，要人有我优、人优我特、与众不同，要把特色优势资源充分发挥出来。

2. 突出"品"字　首先是品种改良。在同类型产品中，要在口感、外观、营养价值等方面有优势，消费者才会选择。其次是品质。改善加工工艺和生产条件，强化质量管理和认证等，提升产品内在品质。最后是品牌。把质量和信誉凝结在品牌中，让口口相传的文字和符号走进消费者的脑子里，让消费者情有独钟，打造"地球人都知道"的品牌，获取品牌溢价。

3. 突出"文"字　文化是太阳，产业是影子，太阳有多远，影子就有多长，不讲地域文化的"一村一品"是发展不好的。乡村产业有很强的地域性，"橘生淮南则为橘，生于淮北则为枳"。天南海北、东西迥异，从热带到寒带，从沿海到高原，地域类型多样、生态环境不同、文化传承差异。要深挖产品的"魂"，发掘其文化传统、价值内涵，打造有故事、有文化、有内涵的乡村产业和产品。

（二）四个重点

1. 不断开发系列化产品　首先是加工产品。农业生产免不了有等外果、残次果，农产品销售难免有卖难时节，加工是这些等外果、残次果、滞销产品变废为宝的唯一途径。精深加工更是提高其附加值、增加经济效益的重要手段。其次是体验产品。"一村一品"既要有过程体验，如采摘、手工制作、留念等；也要有品质体验，如品尝、试用等，这也是品牌打造的重要内容。最后是衍生产品。要多开发创意产品、文化产品、艺术产品，满足消费者衣食住行等多方面的消费需求。

2. 发掘一批能工巧匠　机械化、工业化、智能化生产环节，机器设备是核心。人工管理、手工制作、艺术品开发等非机械化环节，手艺能人是重点。要注重培养一批能工巧匠，发挥其工匠精神，多生产精品、珍品、艺术品，为"一村一品"产业提档升级。同时，充分挖掘相关产业的非物质文化遗产资源，保护传统工艺，开发乡土特色产品，传承乡村文化根脉。

3. 打造一批产业基地　围绕"一村一品"产业的生产、加工、销售、展示、体验等环节，加快建设一批标准化生产基地，一批规范化乡村工厂、生产车间和家庭作坊，一批产品展示馆、过程体验馆、直销直供点等配套服务设施，全面提升产业的绿色化、标准化、品牌化发展水平。

4. 培育一批乡村特色产品品牌　按照"有标采标、无标创标、全程贯标"的要求，制定不同产品的技术规程和产品标准，打造一批"乡字号""土字号"品牌，创响一批"珍稀牌""生态牌""工艺牌""文化牌"。同时，要加强品类和品质双重定位，把"产品是什么、能干什么"说清楚，让消费者听明白、记心里，把质量品牌产出来、管出来、讲出来、树起来同步推进，实现打造一个品牌、带动一个产业、致富一方百姓。

打造乡土品牌涉及多个方面、多个环节、多个部门，需要加强统筹协调，强化指导服务，这是奠定乡村产业振兴的基础。

第一，以规划引导乡土品牌高质量发展。一个村镇，特色资源类型多、产业基础也不尽相同，需要加强规划引导，明确发展重点，打造乡土品牌。农业农村部编制了《乡村产业发展规划（2019—2025年）》，进一步明确乡村特色产业发展的思路目标、重点产品、区域布局、保障措施，引导更多资源、技术向优势区集中，加快建设一批有特色、有规模、有品牌的乡村特色产业基地或产业集群。各地以当地资源禀赋和独特历史文化为基础，制订"一村一品"布局规划，引导各地有序开发特色资源，打造乡土品牌。

第二，以创新驱动乡土品牌高质量发展。打造乡土品牌，不能只是资源开发，还需要技术创新引领。比如，品种退化带来的品质下降，就会给"一村一品"这个产业发展带来严重影响。20 世纪 90 年代的江西南丰蜜橘，过去的品质很好，而现在品质退化，市场认可度低了，品牌也不响了。一方面，是育种创新问题。这是一项基础性工作。要组织科研单位与企业联合开展技术攻关，不断选育高产优质多抗的新品种，提纯复壮传统优势品种。另一方面，是多元化产品开发问题。要不断开发系列化的食品、保健品和化妆品，以利于产业的可持续发展和高质量发展。

第三，以标准引领乡土品牌高质量发展。打造乡土品牌，要真正实现"独一份""特别特"，必须有标准。从地域特点到技术规程和品质内涵，都要有标准。只有做到标准化，产业才有旺盛的生命力。重点抓好三件事：一是健全绿色标准体系。加快制修订"一村一品"原产地标准、加工标准和新业态标准，制定品牌标准，建立统一的市场准入准出标准。二是推进标准化生产。按照"有标采标、无标创标、全程贯标"的要求，在标准化生产基地、加工车间、手工作坊、展示馆、体验馆等环节，实施标准化生产管理，实现从田头到餐桌的全产业链监管，提升产业标准化发展水平。三是培育提升特色产品品牌。结合实施农业品牌提升行动，培育彰显地域特色的区域公用品牌，打造一批凝结质量信誉的企业品牌，创响一批体现乡土气息的产品品牌，提升"一村一品"的知名度、美誉度和影响力，形成以品促村、以村带户、以户带人、村品互促的格局。

第四，以融合推进"一村一品"高质量发展。跨界配置"一村一品"产业与文化、旅游、康养、休闲、体育、教育等现代产业要素，实现高位嫁接、交叉重组、渗透融合。一是打造产业化联合体推进产业融合。积极发展龙头企业带动、合作社和家庭农场跟进、广大小农户参与的特色农业产业化联合体，实现抱团发展。二是发展新业态推进产业融合。推进"农业＋""互联网＋"，以及农牧结合、农渔结合、循环经济、净菜配送、直销直供等新业态发展，在产业融合中拓展新功能、创造新价值、满足新需求、创造新需求，逐步从产品竞争转向链条竞争，单点赢利转向多点赢利，不断创造新的价值点和增长极。三是打造平台载体推进产业融合。从 2018 年起，农业农村部和财政部联合启动实施农业产业强镇示范项目，中央财政安排 60 亿元，支持 552 个乡镇发展特色产业。今后，还要建设一批绿色优质特色农产品生产基地，打造一批"小而精"的特色产业园，形成多主体参与、多要素聚集、多利益联结、多模式推进的融合格局。四是健全联结机制推进产业融合。推广契约式、分红式、股权式合作模式，有序推进土地经营权入股生产经营，从股权层面推进利益融合和主体融合，拓宽农民跨界增收、跨域获利新空间。

四、打造乡土品牌要有新思维

（一）何谓乡村产品

过去我们对产品的定义有一些狭隘，认为产品就是经过劳动加工后得到的东西。首先要有劳动对象，然后要经过劳动加工。没有劳动加工就不能叫产品，没有价值。

但是问题在于，我们需要呼吸空气，需要水，需要良好的环境，需要宜人的气候，需要蓝天白云、碧水青山、清风明月、大地山河，需要美丽传说、帅哥美女。从人的需求来讲，我们需要这些东西，需要这些稀缺资源的有效利用来满足人的需要。

现在看来，空气和水都不是无限供给的。党的十九大报告讲，我们要提供更多优质的生态产品来满足人民对美好生态环境的需要。美好生活当中的一部分就是对生态环境的需要。

1. 农产品其实就是一个手掌的故事

第一，小拇指，就是粮棉油、肉蛋奶、果蔬茶、水产品和特色农产品。

第二，无名指，就是副产物的综合利用，包括菜叶菜帮、果皮果渣、稻壳米糠、动物骨血、鱼头鱼尾、鱼刺鱼骨、植物秸秆、畜禽粪便。

第三，中指，就是通过鼓励农业生产者发展农产品加工业、流通业和服务业，形成集农产品生产、加工、销售、服务于一体的完整链条。将流到城市等农村外部的就业岗位和附加值内部化，为农业生产者更好地获得农产品加工、流通等环节和农村旅游业的附加值创造条件。借此增加农民收入，激活农业农村多重功能，增强农业发展活力，解决农村人口特别是青壮年劳动力向大城市和城市圈快速转移带来的农村人口老龄化、村庄过疏化，以及农村区域之间、城乡之间发展失衡的问题。

第四，二拇指，指农业的外部性，即生态涵养、文化教育、休闲旅游、健康养生等功能的开发。这有利于顺应城乡消费结构升级带来的农产品消费更加重视饮食健康、消费安全、消费体验、饮食文化、农产品新鲜度等趋势。在经济发展和交通改善的同时，要重视农产品"地产地消"的传统和国家政策。

第五，大拇指，就是品牌化农业的高质量发展。

第六，第一道手纹，就是"互联网＋"农业。

第七，第二道手纹，就是农业生产性服务业。

第八，第三道手纹，就是融合类产业。

2. 乡村产品的特征可概括为"特、闲、加、后、手"

第一是特！乡村产品要小而专、小而特、小而精，不要贪大求洋，要用特色求胜。

第二是闲！依靠乡村生产生活生态资源，开发休闲旅游产品和服务。

第三是加！农产品不是营养品，更不是药品。营养价值固然重要，但对于更多消费者来讲，他们不是专业人士，他们对事物的判断更多依靠的是直觉——外观和味道。"披头散发、赤身裸体、没名没姓、来路不明"时代过去了！颜值时代，只有外观认可了，他们才有兴趣去了解背后的"专业"价值。就像那句网络流行语：没有人有义务透过你邋遢的外表，去发现你优秀的内在！

第四是后！就是产品变礼品，要有后车厢带头，土里土气土特产，原汁原味原生态，好山好水好风光，老锅老灶老味道。

第五是手！就是伴手礼，手里拿着的民俗民族工艺产品等。

（二）将乡村产品资源转化成万能资源

乡村品牌资源可以食用、饲用、加工用、能源用、观光用、旅游用，生物经济将会取代信息经济。

农业产业最大的优势是生态优势，最大的潜力是市场潜力，最大的特点是丰富多彩。一个物种可以决定一个国家的经济命脉，一个优势特色产业可以改变一个乡村的命运。

特别是我国有很多特有的物种，如果经过我们的努力，能够把杜仲、山桐子（油葡萄）、元宝枫、刺梨、银杏、楠木等我国特有的产业发展起来，我国的绿水青山一定会成为金山银山，我国的广大乡村一定会走上振兴之路。

1. 乡村产业产品具有"三双"定位

第一个双，双产品生产。也就是企业在生产消费者满意的产品的同时，也要生产企业这个"产品"。切记，企业也是一个产品，对社会有贡献的产品。阿里巴巴的"小马哥"和苹果公司的乔布斯，都是双产品生产的行家里手。马云不单生产淘宝天猫，也生产企业帝国。乔布斯不单生产苹果手机，而且生产追求卓越的企业文化。

第二个双，双价值定位。一是我的产品是什么，即品类定位；二是我能干什么，即价值定位。比如，王老吉宣传语：怕上火，就喝王老吉！凉茶是品类定位，能降火就是价值定位。

第三个双，双独特价值主张。一是独特的产品价值主张，二是独特的企业价值主张。比如，毛泽东主席打土豪分田地是产品价值主张，而我们是人民的军队则是"企业"价值主张，把军队的性质与流寇军阀区别开来。好"使命"的特点，该是一种"宏大，感召，还能形成反馈闭环"的东西。比如，红军长征虽然苦，但每到一个乡村、一个镇子，可以"打土豪分田地"啊！这时，每一个基层小兵都能亲眼看到底层穷苦老百姓分到田地的喜悦，想起家乡父老时都会觉得："虽然今天是一个村，早晚有一天，解放全中国都变这样！"这就是

"反馈闭环"。

2. 乡村产品成为可带走的记忆　只有有温度的产品、有文化的包装、有目的的营销，才能真正实现"可带走的记忆"。将农产品变成礼品，变成工艺品，提升经济文化价值；将农产品变成商品，变成记忆，找回妈妈的味道、儿时的味道、姥姥的味道、奶奶的味道、家乡的味道，进行情感营销；将文化融入农业，把农业变成老祖宗产业、老天爷产业、老百姓产业，增加产品内涵；农副产品的文化包装和营销，不仅实现了产品价值的提升，还可通过游客，将本土文化进行传播，增强乡村的市场影响力。

3. 乡村产品具备可供消费者识别的区域特征　乡村产品一定要生产标准化、特征标识化、营销扁平化、质量可追溯！从当前消费者对区域特色农产品的需求来看，人们最注重的就是区域的形象，即生产出这种农产品的地方生态环境怎么样，人文历史怎么样。再就是农产品的形象怎么样，有没有质量保证、安不安全、口感好不好、营养价值如何、社会认知度高不高等都在考虑范畴之内。此外，还要看营销手段能不能吸引人。当然，给自己的产品起一个响亮的名字是打造农产品品牌的开始，甚至可以说，产品起一个好名字就成功了一半。

目前，农业区块链被外界看好。区块链平台可建立追溯体系，采集记录产品生产、流通、消费等环节信息，实现来源可查、去向可追、责任可究，产地身份化、特征标识化、营销电商化，质量可追溯，营销趋于扁平，还能强化全过程质量安全管理与风险控制，解决了农产品"不好吃、不新鲜、不放心、不安全"的"四不"痛点问题。

4. 乡村产品可以"四利用"　即农产品及其加工副产物的"循环利用、高值利用、梯次利用、综合利用"。在乡村，农产品的综合利用主要体现在产业链纵向延伸和横向扩展：一是食品储存与加工。丰富多样的食品制作形成了灿烂的中华饮食文化，使农产品从田间地头延伸到餐桌案头，从种子到筷子，从枝头到舌头。二是乡村手工业。利用农产品及其废弃物（如秸秆、废旧布料等）发展出编织、手工制鞋、造纸、酿造、木工、剪纸等乡村百工，实现农产品的"循环利用、高值利用、梯次利用和综合利用"，成为现代融合产业的原型。

农产品不能"披头散发、赤身裸体、没名没姓、来路不明"，必须加工变成食品。统筹推动农产品精深加工与初加工、综合利用加工协调发展，与专用原料生产、仓储物流（含冷链物流）、市场消费等上下游产业有机衔接，与营养健康、休闲旅游、教育文化、健康养生和电子商务等农村产业有机结合、深度融合。提升玉米加工特别是东北地区玉米加工产品附加值。引导水稻、小麦等口粮适度加工，减少因过度加工造成的资源浪费和营养流失。加大果品、蔬菜、茶叶、菌类、中药材、畜产品和水产品等营养功能成分的提取开发力度，以满足需求为导向，不断增加营养均衡、养生保健、食药同源的加工食品供应。

5. 乡村产品中的农产品具有"四次生命"

第一次生命，来自大地。在青山绿水间、阳光雨露下，一颗种子发芽、破土，长出枝杈、树干和树枝，长出新叶，长出果实。土壤、阳光、雨露、云雾成就了它，直到农产品（果实）从枝杈上离开。

第二次生命，来自加工。农产品离开了枝杈，带着自然的养分，采摘、摊晾、烘干、加工，人的双手和机器成就了它，使它成为真正意义的食品、精品和工艺品。

第三次生命，来自水，来自火。加工品被投入千家万户，以热水注入、火的烘烤、翻滚、舒展和散发，与水融为一体，重获生命，被无数的人分享、赞叹。

第四次生命，来自陪伴。经时间的打磨，数日、数月，静置、冷落、孤独的等待，终于在餐桌与其他农产品融合在一起，形成新的生命，奉献给人类。

农产品所有的功能价值体现，最终要食品化。食品能带来舌尖欢乐、果腹欢乐的愉悦感，能让人感觉到妈妈的、姥姥的、奶奶的、家乡的、儿时的味道。"食品"应该有这样的定义：食品是天然采摘、渔猎的或将人工生产的农产品通过特定方式加工生产而成的供人类食用的物质。它通常来源于植物或动物，包含碳水化合物、脂肪、蛋白质、维生素、纤维、活性物质、矿物质等必需营养成分。食物被机体食用并被机体细胞消化吸收，起到为机体提供能量、营养和愉悦，维持机体生命或刺激机体增长的作用。

根据这个定义，食品应该包括白酒、红酒、啤酒、口香糖、蛋糕、面包和其他以食用为目的加工生产的产品。以上表述的实际就是乡村产品杠杆化。乡村振兴的本质就是资源产品化，农产品是产品，副产物也是产品。清风明月、大地山河、碧水青山、蓝天白云、美丽传说，都是产品；卖过程、卖体验、卖风情、卖观感，教育、科普、健康养生也都是产品。当有了一项坚实可复制的"能力核心"后，可以试着把它变为"产品"，脱离"服务"这种交付形式对人类时间的依赖。产品杠杆相对于团队杠杆，在复制做大的空间上具有更大优势。

自然界中存在的物质形态，经过价值挖掘和重构（商业模式），就叫作资源。资源圈、点子圈、价值圈就是产品。如果再落地实施，与需求对接，就是市场化，有了附加值。农业的发展，土地是基础，基于土地的非土地因素产生的价值是出路，这就是振兴乡村的重要选择。

6. 要积极开发农产品的"六字号"

一是开发"原字号"，原汁原味原产地的，要好好开发。

二是加工"初字号"，不改变农产品内在品质的加工。

三是减少"粗字号"，就是没有分等分级，没有精细加工。

四是保护"老字号"，弘扬老字号的品牌和文化。

五是支持"新字号"，大力支持发展新产品、新产业、新技术、新业态和新模式。

六是促进"名字号"，促进名牌农产品和加工品的发展。

（三）乡土品牌的内涵特征

品牌是消费者脑子里的记忆点，品牌的背后是文化。文化是太阳，品牌是影子。农业是中国未来的黄金产业，农业产值的增加在于品牌的塑造。从市场规律来看，产品离不开品牌，但品牌可以脱离产品，可见品牌的重要性。

品牌是用户的信赖，是企业的幸运。品牌是文化，是企业的个性和主张。品牌是硬道理，品牌强则经济强，经济强则国强。塑造品牌，就像培育一棵百年老树一样用心。尽管当今市场大发展，经常劣币驱逐良币，但与其教导消费者如何辨别真伪不如做大做强品牌，从而降低消费者的信用探索时间和代价。

农产品"披头散发、赤身裸体、没名没姓、来路不明"，卖不出好价钱。农产品包装设计是品牌塑造的一环，也是当下的功能性消费。而情怀性消费场景需要打造"后备厢工程"，打造伴手礼工程。提升农产品影响力，让品牌成为核心，用创意和审美将农产品变成高端伴手礼。拉近产品与市场、消费者之间的距离，并产生互动，从而带动全系产品的销售，进而推动农业、旅游业等多产业并行的区域经济发展。

所以，从某种程度上来看，乡村振兴其实就是品牌振兴。通过举办农产品包装大赛，让设计师从诸多的内容中挖掘出文化性、视觉性和差异性。价值寻同等元素，驱动品牌的诞生，并在多维的农业平台上完成人与人、人与物、物与物之间的多重链接，达成设计师与农民、农业企业的链接，从而增加农业的产值，为改变乡村格局、实现乡村振兴战略贡献创意的力量。

（四）创响乡土品牌的新三步走

第一步，定标准。跟踪国内外先进技术、产品等标准规范，推进标准体系建设，建立健全农产品生产、加工、流通和质量安全标准，推进不同标准间衔接配套，形成完整体系。按照标准化的要求，做好订单原料基地的标准化服务，注重加工、包装、流通等方面的标准制定与实施。应用现代科技和先进生产方式，有标采标、无标创标、全程贯标，不断提高企业标准，对标国家标准乃至国际标准。

第二步，提质量。开展质量管理体系认证和产品质量认证，提高企业质量控制水平，建立健全农产品质量检验检测和可追溯制度，强化全程监控，确保产品质量安全。统一投入品使用、生产技术和工艺，开展质量管理体系认证和产品质量认证，建立健全农产品质量检验检测制度，实现农产品生产、收购、储存、运输、销售、消费等全程可追溯。

第三步，创品牌。将企业文化、经营理念和企业家精神融入品牌建设中，创新品牌营销方式，实施精准营销服务，率先打造出一批全国影响力大、辐射带动范围广、国际竞争力强、文化底蕴深厚的"地球人都知道"的品牌。

推行企业标识、产地标识和品牌标识，率先实现产地身份化、特征标识化、营销扁平化，质量可追溯、去向可追踪、责任可追究，统筹优质原料"产出来"、产品质量"管出来"、品牌形象"树出来"、企业文化"讲出来"，让品牌走入消费者心中，成为"地球人都知道"的品牌和消费者脑子里的"记忆点"。

做品牌必须做文化。文化是太阳，品牌是影子，太阳有多高，影子就有多长，不做文化的品牌走不远！品牌的背后是文化，农耕文化是中华五千年文明发展的重要基石。农业文化遗产作为农耕文明的重要组成部分，是我国古代农耕思想、理念、技术的活态传承。中国传统农业之所以能够历久弥新、长盛不衰，得益于我们祖先创造了一整套"应时、取宜、守则、和谐"的思想法则和独特的精耕细作、用地养地、循环利用等方面的理论及技术体系。做品牌只有把这些文化开发出来，才能立得住、叫得响、走得远。

（五）创响乡土品牌诀窍

塑造新品牌，是促进地方经济发展、提升区域内涵价值的有效途径。具体包括：一是产品品牌，如各类驰名商标、著名商标等；二是产业品牌，如各类产业之"都"、产业聚集地等，发展新经济尤其要注重塑造先导产业和主导产业的产业品牌；三是企业品牌，就是打造具有广泛知名度和较强市场竞争力的本地企业；四是人物品牌，如企业家品牌、创业者品牌、科学家品牌和公益人物品牌等；五是区域品牌，如申请国家地理标识等。

1. 打造乡土品牌"双定位"　为农产品做一个与众不同的定位，而这个定位一定是以市场为导向的。第一是品类定位，你是谁？集合了一个区域的自然禀赋、文化传承和产业优势的品牌综合体。第二是价值定位，你能干什么？你有什么作用价值？我为什么要买你？也就是只有这样你才能有效地进行市场竞争，把资源优势转化为产业优势，进而转化为市场优势。比如武夷岩茶，第一品类定位，我是武夷山产的岩茶；第二是价值定位，我能降火，我能让你尝到茶叶的自然香味。挖掘农耕文化。农产品依赖于特定的农耕文化、特定的区域文脉、特定的自然与社会环境。做品牌就是发掘、发展、利用品牌价值观、品牌文化意涵、品牌个性及其差异化的过程。

2. 打造特殊故事　通过有历史感的、鲜活的个性化生命，获得与消费者沟通的特殊语言、特殊故事和特殊情结，共享品牌特殊的故事传说；然后，以生动、形象、有趣的品牌形象出现在大众的面前。标识品牌特征，建立品牌区域特征标识、LOGO 符号标识、个性标识、意义标识和价值标识。形成品牌认知，树立品牌内涵，包括品牌形象认知、利益认知、情感认知、自我关系认知、价值认知和品牌意涵理解。产生品牌态度，形成品牌偏好、价值发现、自我表达、品牌态度一致性，培育粉丝和忠诚客户。激发品牌行为，形成品牌消费行为，促成口碑、品牌忠诚与品牌行为的正向互动。最后，形成品牌溢价、生态溢价、体系溢价，形成小商品大市场、小地方大名声、小企业大集群、小农户大产业、小老板大眼光，从而创响一个品牌、做成一个产业、带活一方经济、致富一方百姓。

3. 乡土品牌"五心"　第一要有核心，即核心技术和核心产品，农业、工业和县域经济就会蓬勃发展。第二要有诚心，在县域经济的结构调整中，要建设有竞争力的产品，必须实实在在带着一颗诚心来做。第三要有匠心，几十年如一日，追求卓越，精益求精。第四要有耐心，要有历史的耐心，不能着急，一曝十寒。第五要有信心，不信春风唤不回。要坚定信心决心，才能所向披靡。包装过程创意提升。包装不只是加个"壳"，而是植入文化符号。包装是实现农产品商品化、提升附加值和竞争力的重要媒介。学者提出："新时代的农业从业者，其核心任务是把农产品变成商品。"旅游农产品包装的核心是植入特定的文化符号。通过地域特色的材质包装、创意设计、创意LOGO 等，提升农产品包装形式，形成农产品自身的知识产权。

4. 乡土品牌独门秘诀　排在第一位的是简洁。那些赋予内涵的品牌、顾客能够认知的品牌都非常简洁，比如体育运动品牌中最容易记的是 NIKE，它打个钩就完了，花了很大工夫去做的那些反而不被人记住。全世界公认的品牌可口可乐，不是记那一堆字母，而是记红白相应的两个颜色。所以，可口可乐甚至骄傲地告诉你，它完全可以把可口可乐那几个字拿掉，就是一个红瓶子、一个白飘带，别人就知道这是可口可乐。

排在第二位的是关联。很多品牌最重要的是关联。很多企业比较让人担心的地方在于，它们总怕别人不知道它，于是就用很强的自我关联。这时其实与顾客的关联会被减弱。品牌需要有覆盖程度，区域聚焦是做品牌一个比较重要的选择。因为不覆盖、不聚焦，别人没办法知道你。南方航空想起唐诗——白云深处有人家，最后就这句话"爱在天上人间，心飞白云深处，南方航空，你空中之家"成为他们的广告语。为什么这件事这么容易被大家接受？很大的原因就是联想是家、是白云，美好的东西就这样联起来了，这就是关联。

（六）构建乡土品牌矩阵

打造"三名共生"。名企、名品、名家往往"三名共生"，使之有能力开展标准制定、质量管控和宣传推动，在培育壮大农业品牌方面具有得天独厚的条件，面临如鱼得水、如虎归山、如鸟入林的重大机遇。2018年，河北省56％的省级以上龙头企业的产品获得了相关认证，60％的省级以上龙头企业中建有专门质检机构，70％的龙头企业通过ISO9000、HACCP、GAP、GMP等质量体系认证，50％以上的龙头企业获得省级以上名牌产品或著名（驰名）商标。近年来，河北实施区域品牌、企业品牌、产品品牌"三位一体"创建，如雨后春笋般涌现出君乐宝、五得利、今麦郎等一批品牌"矩阵"，进一步提高了农产品品牌溢价。这就是"三名共生"。

1. 促进"五变革"和"五来"

第一，质量变革，好产品产出来。大力唱响质量兴农、绿色兴农、品牌强农主旋律，通过高质量发展，扩特色、增品种、提质量、创品牌，卖出好价钱。

第二，效率变革，好产业融起来。重点在基地建设、加工业提升和产业融合方面做文章，发展保鲜、储藏、分级、包装等设施设备，挖掘加工增收的带贫潜力。

第三，方式变革，好要素聚起来。创建一二三产业融合的产业园

167

和特色农产品优势区，通过产业园、优势区联村带户，建立产业体系、政策集成、要素集聚、功能集合、企业集中、产业集群，增强辐射带动作用。

第四，机制变革，好链条接起来。发展农产品产销对接，产出来、管出来、加出来、树出来、讲出来，卖得出、卖得好、卖上价，破解"产得出来、卖得不好"的问题。重点是加快建设田头市场和农产品批发市场，加强冷链物流配送体系建设，提高产销对接的硬件水平。扎实推进"互联网＋"农产品出村工程，努力打造一批在全国有影响力的区域公用品牌、企业品牌和产品品牌。龙头企业与农户建立稳定、紧密、互利的利益联结关系，组建农业产业化联合体。

第五，动力变革，让主体创起来。大力推进创业创新，发展绿色生态农业，积极开发休闲农业、乡村旅游、森林旅游、康养健身等新兴产业，为农业农村增强新的动能。

2. 找到品牌强农的"文特高" 第一，铸"文"塑牌。文化是太阳，品牌是影子。要立足当地资源特色，把握优质特色农业资源的产地环境、历史文化和资源禀赋，突出品牌建设的深厚内涵，将文化凝结在品牌中。第二是倚"特"而立。注重挖掘优质特色农业资源的特质、特点，突出差异性，走"人无我有"的品牌发展之路。第三是向"高"而行，追求高品质、进军高端市场、实现高效益，突出优质性，走"人有我优"的品牌崛起之路。

作为农产品品牌的一个重要类型，农产品区域公用品牌指的是特定区域内相关机构、企业、农户等所共有的，在生产地域范围、品种品质管理、品牌使用许可、品牌行销与传播等方面具有共同诉求与行动，以联合提供区域内外消费者的评价，使区域产品与区域形象共同发展的农产品品牌。首先，一般须建立在区域内独特自然资源或产业资源的基础上，并借助区域内的农产品资源优势；其次，品牌权益不属于某个企业、集团或个人拥有，而为区域内相关机构、企业和个人共同所有；最后，具有区域的表征意义和价值。特定农产品区域公用品牌是特定区域代表，因此，经常被称之为一个区域的"金名片"，对其区域的形象、美誉度、旅游等都起到积极的作用。

　　采用区域品牌类型创建农产品品牌、发展区域产品销售、提高区域形象的成功例子较多，如东北大米、内蒙古牛羊肉、赣南脐橙、江苏小龙虾、甘肃马铃薯、台湾好米等。首先是"独一份"，就是"人无我有"的绝对优势。第二是"特别特"，就是优势特别明显，虽然别人也有，但我们有特别之处。第三是"好中优"，就是人有我优，全国各地都有，但无论在规模或者品质上，我们都有相对优势。第四是"错峰头"，就是普遍都有，各地都不相上下，我们却在时令季节上选择错峰上市，这在很大程度上能解决"菜贱伤农""增产不增收"的问题。第五是"必须必"，抓产品认证，除了国内的认证以外，还针对农产品出口，瞄准国外权威机构的认证。鼓励企业创建知名品牌，支持各地打造区域品牌、企业品牌、产业品牌、产品品牌，狠抓品种、品质、品牌和标准化生产。

◆ 专栏：典型案例

黑龙江坚持质量兴农绿色兴农　全力促进乡村产业振兴

　　近年来，黑龙江省认真贯彻落实习近平总书记重要讲话精神和中共中央、国务院"三农"工作部署，把产业兴旺作为乡村振兴的首要任务，围绕农村一二三产业融合发展，大力推进质量兴农绿色兴农，着力构建乡村产业体系，推动农业大省向农业强省转变。

一、坚持质量引领，夯实乡村产业基础

　　牢记习近平总书记关于"黑龙江是中华大粮仓，是维护国家粮食安全的压舱石"嘱托，实施"藏粮于地、藏粮于技"战略，大力发展现代农业，打牢乡村产业的发展基础。一是推进优质化。2018年，全省优质水稻和大豆种植面积1.1亿亩，绿色、有机食品认证面积超过8000万亩。肉、蛋、奶产量分别达到254万吨、108万吨和440万吨。二是加快标准化。全省建设"互联网＋"高标准示范基地1458个，建成446个"两牛一猪"标准化规模养

殖场，全省农产品区域公用品牌达到 247 个。三是注重科技化。全省建设现代农业产业技术协同创新体系 16 个，现代农业科技园 370 个，农业科技进步贡献率达 67.1%。

二、坚持绿色导向，放大乡村产业优势

坚持把生态保护作为产业振兴的重要保障，着力推行绿色生产方式，推动乡村产业可持续发展。一是实施黑土保护工程。开展黑土地保护利用试点，耕地轮作休耕试点面积 2 000 万亩。有机肥提质增效试验示范点 221 个，带动有机肥施用 1 600 万吨，覆盖面积 500 万亩。二是实施农业"三减"行动。全面推进农业"三减"，测土配方施肥累计推广面积 1.8 亿亩，占耕地面积的 75.3%。三是实施资源综合利用。全省秸秆总产量 1.3 亿吨，秸秆还田面积达 9 000 万亩，综合利用率达 70% 以上。全省畜禽粪污资源化利用率和畜禽规模养殖场粪污设施装备配套率均达到 70% 以上。

三、坚持融合发展，提升乡村产业水平

按照习近平总书记"粮头食尾""农头工尾"要求，着力延长产业链、提升价值链、完善利益链，推进产业融合发展。一是延长产业链。立足"一产抓融合"，把食品和农产品加工业打造成全省第一支柱产业。2018 年，全省农产品加工业固定资产投资同比增长 20.3%，主要农产品综合加工转化率提高 14 个百分点。仅玉米就新增 340 万吨加工产能，规模以上企业增加值同比增长 11.5%。二是打造多业态。挖掘农业多种功能，新产业新业态新模式快速发展。2018 年，全省休闲农业和乡村旅游经营主体 5 700 个，营业收入 65 亿元。全省农产品电商集群初步形成，农村益农信息社实现全覆盖。三是健全利益链。积极发展农业产业化联合体，推行合作制、股份合作制、股份制等组织形式和"农民＋合作社＋企业＋品牌"等经营模式，推广"保底收益＋按股分红"等分配方式，让农民更多分享二三产业增值收益。

四、坚持特色支撑，加快乡村产业培育

依托黑龙江的优势资源，培育特色产业，打造"一村一品、一乡一业"。一是提升大豆产业。实施大豆振兴计划，主推亩产350斤以上高产品种和栽种模式，大力发展大豆食品加工。2019年增加大豆种植面积近1000万亩。二是扩大鲜食玉米种植。建设甜糯玉米加工产业带，全省鲜食玉米种植面积达175万亩，约占全国的1/10。三是发展蔬菜产业。重点打造五大设施蔬菜产业集群、七大露地大宗蔬菜优势区、四大特色蔬菜基地。2018年，全省蔬菜播种面积1157万亩，总产量2575万吨，纯收入221亿元。四是振兴中草药产业。建设22个示范县、8个规模种植基地、8个科技示范园区，力争建成黑龙江中药材千亿产业。全省中草药种植面积107.6万亩。五是做强奶业。出台奶业振兴实施意见，全省现有100头以上规模养殖场620家，奶牛存栏105万头，生鲜乳产量456万吨，分别占全国总量的10%和14.5%。

五、坚持主体带动，激发乡村产业活力

不断加大改革力度，推动要素资源向乡村聚集。一是培育经营主体。实施"百村千社万户"示范典型创建活动，全省农民合作社9.7万个，国家级示范社102个，省级示范社570个，家庭农场1.93万个，省级示范场395个。二是打造平台载体。对接推进"百千万"工程、"百大项目"，加快工业园区、农业示范园区、高科技园区、旅游景区等各类园区建设，每个市县都培育1～2个立县主导产业。三是发展县域经济。根据不同县域类型制定分类政策，精准施策，放大政策效应。全省县域实现地区生产总值6967.2亿元，占全省生产总值的42.6%。

第五节　支持农村创新创业

习近平总书记指出，充分激发乡村现有人才活力，把更多城市人才引进乡村创新创业。激励各类人才在农村广阔天地大施所能、大展

才华、大显身手，打造一支强大的乡村振兴人才队伍，在乡村形成人才、土地、资金、产业汇聚的良性循环。乡村产业振兴，需要一大批敢为人先、百折不挠的创新创业者，形成蔚为壮观的创业奔富热潮。

一、农村创新创业的现状分析

农民工返乡创业是农村外出务工人员在外积累资金、技术和管理经验后，返回家乡创业的一种经济行为。多年来，农民工大量外出务工经商又返回家乡就业创业成为一种常态。党的十八大以来，城乡融合发展步伐加快，农村创新创业环境持续改善，一批农民工返乡创业，一批大中专毕业生、退役军人和科技人员入乡创业，广袤乡村正成为返乡入乡创新创业的热土。

（一）规模不断扩大，形成新一轮农村创业热潮

改革开放以来，农村经历了三轮创业热潮。20世纪80年代，一批敢为人先、百折不挠的农村能人纷纷登场，带动乡镇企业"异军突起"。90年代，农村青壮年劳动力进城务工经商创业，为推进工业化、城镇化发挥了重要作用。党的十八大以来，越来越多的农民工、大中专毕业生、退役军人和科技人员返乡下乡入乡创新创业。据监测，2018年返乡入乡创新创业人员780万人，比2017年增加40万人。本乡创新创业人员3 100多万人。贵州遵义汇川区引"凤"回巢，蹚出"输出变引回、创业带就业"的新路子。2018年，该区返乡农民工累计达4万余人，比2013年增加3.4万人。有"打工第一县"之称的四川金堂，建设了一条条创业大街，乡村面貌焕然一新。

（二）创业层次提升，丰富乡村产业业态类型

与20世纪80年代初农民"洗脚上田"创业不同，这一轮农村创新创业人员层次较高，既有资金又有经验，既懂管理又熟悉市场。目前，农村创新创业人员平均年龄45岁左右，高中和大中专以上学历的占到40%。同时，为适应农村一二三产业融合发展的新趋势，各类创新创业主体在农业内外、生产两端、城乡两头培育新产业新业态，实现了农业与现代产业要素的跨界配置。据监测，新增创业项目中60%以上具有创新因素，80%以上属于产业融合类型，90%是抱

团创业，55％左右广泛运用互联网、智慧农业、共享经济等模式。比如，安徽石台一返乡创业农民工创办茶叶合作社，并通过手机 App 全程监控百公里之外、海拔上千米的 208 个茶园，带动 2 000 多农户推行标准化生产。再如，重庆永川一农民工返乡创办叠翠蔬菜合作社，种植以色列番茄、荷兰彩椒、天津黄瓜、台湾迷你小青瓜等，每年产值都在 1 000 万元以上。

（三）乡土特色鲜明，发掘农业农村功能价值

返乡农民工选择的创业项目多是依托当地种养业，发掘田园风光、绿水青山和乡土文化资源，开发"小专精新特"产品，发展休闲观光旅游旅居，创响一批"土字号""乡字号"品牌。比如，安徽霍山农民工程永峰返乡投资 4 000 万元开发石斛产业，创响"霍山米斛"品牌。河南荥阳 10 多名农民工从上海返乡创办合作社，利用黄河滩沙土地种植无籽石榴，带动建成长达 15 公里的石榴产业带，被誉为"超级石榴"。内蒙古多伦的大学生返乡将莜麦秸秆做成麦秸画和旅游产品，用古老工艺反映现代生活，跟随当下短视频的热潮，运用新媒体更好地传播，产品行销 20 多个省份。湖南岳阳一农民工创办水稻合作社，拓展餐饮住宿、田园观光、农事体验等服务功能，产生三产融合的乘数效应。

（四）创新经营模式，构建联农带农紧密联结机制

返乡农民工大多怀着一种回报桑梓的情结，创办的项目小农户参与度高、受益面广，做给农民看、带着农民干、帮着农民赚。一般采取"订单收购＋分红""农民入股＋保底收益＋按股分红"等多种合作模式。据监测，返乡创业主体的经营场所 87％设置在县城以下，90％是联合与合作创业，70％的返乡创业项目带动农民就业增收，40％的项目带动脱贫，30％的项目带动农村基础设施和人居环境改善。四川苍溪返乡农民工创办了 169 家红心猕猴桃家庭农场，吸引农民将承包地经营权、设施装备、政府补贴等折股量化参与创业。河南夏邑农民工返乡发展瓜果蔬菜种植，年纯收入 180 万元，并创办田间学校，给农民讲授"一年四季有活干，一年四季有钱赚"的经营模式。

从实际情况看，各地高度重视农村创新创业，采取了一系列行之有效的措施。

1. 优化政策环境　在落实落细中央创新创业扶持政策的同时，各省（自治区、直辖市）在市场准入、财政补助、融资服务、税收优惠、用地用电等方面出台配套政策。比如，贵州省构建返乡创业税费减免、资金补贴、场地安排、创业担保"政策链"。安徽、江苏向返乡创业人员提供创业资助券、给予政策性贷款授信。四川省级财政列出 3 亿元专向支持农民工返乡创业。

2. 搭建平台载体　截至 2018 年，全国已建成 1 096 个农村创业创新园区和孵化实训基地。其中，贵州创建返乡创业孵化基地 123 家，培育返乡创业主体 9 500 多个。四川蓬溪开展"创业基金＋基地""园区＋小业主＋农户""电商＋农户"返乡创业形式，安排了 2.17 万农民就业。福建晋江举办大学生夏令营、校园双微创意营等，吸引大学生到乡村改造景观庭院开展创业。各地还举办创新创业项目创意大赛，让各类优秀项目登台展示。

3. 强化指导服务　一些地方组织开展"春风行动""候鸟回归""农创客行动""头雁工程""雁归兴乡"等行动，因地制宜打造创业"孵化器"和"加速器"。湖北实施市民下乡、能人回乡、企业兴乡"三乡工程"，吸引各类人才返乡创业。河南让"老乡"当"老外"、引"老外"、融"老外"。

4. 加强典型宣传　各地通过推介优秀创意项目和带头人，表彰"返乡创业之星"，营造良好环境。一些地方推广了"特色产业拉动型、能人引领型、园区集群型、平台载体孵化型、企业带动型"等创业模式，取得了点创新、线模仿、面推广的效应。浙江推行"创变个（私）、个（私）变企、企变股"。

二、农村创新创业面临的困难和问题

当前，农村创新创业面临不少困难。主要有：

（一）创业项目不好选，成为返乡农民工创业的"难点"

过去，农民工在家多从事种养业。现在，农民工回到家乡创业，尽管积累了一些经验，但还是不知道选什么项目好。据问卷显示，60%返乡创业者认为，不知道上什么项目合适，缺信息、缺技术，找不到指导服务机构。即使有创业项目，考虑自身经历多、兼顾地方特色少。不少创业者表示，愿意当徒弟、拜"师父"，希望有项目库、有导师。有的创业者反映，缺少储藏、保鲜和加工设施，产后损耗大、品质难保障。此外，一些地方水电路气网设施不完善，物流不畅。

（二）创业资金不好筹，成为返乡农民工创业的"痛点"

农民工在外务工经商有了一点积蓄，但与创业所需的资金相比还是"杯水车薪"，需要更多的信贷支持。据问卷显示，80%的返乡创业者缺资金，靠打工积累的血汗钱和亲朋借款，捉襟见肘。仅有8%的创业者在创业初期贷到过款，而且是"买了做饭的锅，没有下米的钱"，资金用在了场地和设备上。一旦开工，水电气暖和"人吃马喂"就得跟上。甘肃白银返乡创业农民工李贞萱讲，她创业需要贷款10万元，银行提出要有公职人员担保，家里没有公职人员，这就难办了。有的创业者反映，从非银行渠道筹措资金成本高，年利率超过20%。

（三）创业用地不好拿，成为返乡农民工创业的"堵点"

农民工返乡创业者，有搞种养业的，也有搞加工流通和新业态的，都需要一定的建设用地。据问卷显示，30%的农民工创业项目用地保障较为困难，存量建设用地成本高，各类园区进不去，流转土地群众不愿意。浙江返乡创业农民工陈照米，流转3 000亩土地种植火龙果，在园区内用木板和钢架搭建加工、展示和休闲农业设施，创业成本大幅度提高。一些返乡农民工感叹：一回到农村，看到到处都是地，谁知道创业却没有立锥之地。

（四）创业人才不好聘，成为返乡农民工创业的"烦点"

农民工返乡创业创办的大多是新产业新业态，需要专业技术人才。但农村这方面人才不太多，城里人才不愿意下去。据问卷显示，30%的创业者创业能力提升难、专业人才和技能劳动者引进难。湖北、重庆、广西的农业农村部门反映，市场分析、电子商务、经营管理等方面人才欠缺。湖南桃江农民工熊志强讲，他返乡养殖桃花虾，"高管"留不住，有钱也请不到，月薪提高到 1.2 万元，还不能保证有人来。

（五）创业风险不好控，成为返乡农民工创业的"刺点"

创业有风险，农民工抵御创业风险难度更大。据问卷显示，10％的返乡创业者认为，创业风险兜底援助少。返乡创业者只参加了养老保险和新农合，一旦创业失败，前期的打工积累付诸东流，而失业保险等救助措施也不多。雇用的从业者也未参加工伤等社会保险，职工合法权益无法维护。四川、重庆等地监测，农民工返乡创业成功率仅有 50％，大学生返乡创业成功率仅有 10％多一点。一些创业者感叹，创业风险没人担，创业路上没人扶，亲人朋友不理解。

三、促进农村创新创业的具体措施

乡村产业振兴，需要更多的资金、技术、人才和信息等汇聚乡村，需要更多人才返乡入乡创业，形成蔚为壮观的创新创业热潮。农业农村部认真贯彻中央关于"三农"工作部署和创新创业要求，以实施乡村振兴战略为总抓手，强化扶持政策，加强指导服务，打造农村创新创业升级版，培育乡村产业振兴新动能。重点措施如下：

（一）壮大创业队伍带动创新创业

实施乡村就业创业促进行动，落实创新创业扶持政策，以政策推动、乡情感动、项目带动，搭建能人返乡、企业兴乡和市民下乡平台，把智创、文创、农创引入乡村，加速资金、技术和服务向乡村延伸，带动和支持返乡下乡人员依托相关产业链创业发展。整合政府、企业、社会等多方资源，推动政策、技术、资本等各类要素向农村创新创业集聚，带动产业链创业。支持返乡农民工到县城和中心镇就业创业，引导农民工在青壮年时返乡创业。实施农村创新创业"百县千乡万名带头人"培育行动，培养一批农村创新创业导师和领军人物。

重点是"三个一批"：一是引入一批创业主体。通过优化营商环境，引导大中专毕业生、退役军人、科技人员，以及工商资本入乡创新创业。多办一些农民参与度高、受益面广的乡村产业，成为乡村产业振兴的"领头雁"。二是培育一批创业主体。通过强化政策扶持和技能培训，支持和鼓励返乡农民工创新创业。让他们立得住、留得下，成为乡村产业振兴的"千里马"。三是发掘一批创业主体。传承乡土文化，发掘一批"田秀才""土专家""乡创客"和能工巧匠，开发"乡字号""土字号"品牌产品，成为乡村产业振兴的"老黄牛"。

（二）搭建平台载体推动创新创业

按照"政府搭建平台、平台聚集资源、资源服务创业"的要求，整合政府、企业、社会等多方资源向乡村聚集，建成一批创业创新平台。

1. 以现代农业产业园带动创新创业　通过要素集中、产业集聚、经营集约，引导返乡入乡人员到现代农业产业园创新创业，构建"生产＋加工＋科技＋营销＋品牌＋体验"多位一体、上下游产业衔接的创业格局。

2. 以创新创业园和孵化实训基地带动创新创业　依托大中型企业、知名村镇、大中专院校等社会力量，为创新创业提供培训、实训、见习、实习和孵化基地，推行众创、众筹、众包、众扶模式，实现"抱团"创业。力争5～10年孵化实训基地覆盖全国所有县（市、区）。积极搭建"互联网＋创业创新""生鲜电商＋冷链宅配""中央厨房＋食材冷链配送"等平台，培育发展网络化、智能化、精细化现代乡村产业发展载体，推行智能生产、经营平台、物流终端、产业联盟和资源共享等新模式。让新农民唱主角，举办新农民新技术创业创新博览会以及农村创新创业大赛，让创新创业创造活力竞相迸发、一切资源要素充分涌流。

（三）强化指导服务引导创新创业

改善服务设施，为农民工等返乡入乡创新创业提供优质服务。

1. 提升县级返乡创业综合服务功能　结合"放管服"改革，提升县级公共就业创业服务能力，集中行政许可和服务事项，为创业者提供贴身式、一站式服务。

2. 优化社会返乡创业服务功能　通过政府购买服务方式，支持培育专业化创业服务机构，增加创业服务供给。

3. 创新返乡创业服务模式　培育发展网络化、智能化、精细化现代创新创业新模式，实现产品相通、信息相通、服务相通、利益共享，为创业创新提供高效便捷的信息服务。

（四）宣传创业典型激励创新创业

弘扬创新创业文化，宣传创新创业典型，营造敢为人先、宽容失败的良好氛围。

1. 推介农村创新创业优秀带头人　对敢为人先、奋勇拼搏，创办的项目创新性强、适用面广、示范性好的创新创业优秀带头人和优秀乡村企业家加以宣传推介。

2. 举办农村创新创业展示和大赛　让农民唱主角，举办新农民新技术创业创新博览会，开展农村创新创业项目创意大赛等。此外，探索把支持返乡创业纳入对县（乡）级政府的政绩考核内容，创建一批返乡入乡创新创业示范县。

四、完善扶持政策支持农村创新创业

落实好国家已经出台的创新创业政策和国务院印发《关于促进乡村产业振兴的指导意见》部署，引导各类人才到乡村投资兴业。同时，进一步完善"地、钱、人"等政策。

（一）强化人才支撑

启动育才强创计划，支持有条件的培训机构和企业承担培训任务，建设技能大师工作室，支持创新创业人员通过弹性学制在中高等农业职业学校接受教育。实施"引才回乡"工程。首次创业、正常经营一年以上的返乡创业农民工可享受一次性创业补贴。优化专业技术人员晋升渠道和空间，服务期满的高校毕业生，可通过直接考察等公开招聘方式进入服务地乡镇事业单位。对为农村创新创业长期提供服务的专家在各类福利待遇上予以倾斜。

（二）完善用地政策

各地年度新增建设用地计划指标，要确定一定比例用于支持农村创新创业。村庄建设用地整治复垦腾退的建设用地指标优先用于农村创新创业，允许各地适当扩大"四荒地"、低丘缓坡的开发利用。创新土地流转模式，鼓励承包农户依法采取转包、出租、互换、转让及入股等方式流转承包地。"盘活"闲置集体建设用地、宅基地和"四荒地"，建设集体标准化厂房，对返乡创业厂房租赁、水电气暖给予优惠。允许农村创新创业人员在符合乡容村貌、安全环保、卫生防疫等要求下，在宅基地内搭建简易生产用房创办小型加工项目。规范设施用地，明确生产设施、附属设施、配套设施用地标准。

（三）增加财政信贷供给

将返乡入乡人员纳入已有财政支农政策扶持主体范围。县域金融机构将吸收的存款重点用于当地创新创业，小微企业融资优惠政策适用于农村创新创业。开发信用乡村、信用园区建设，建立诚信台账和信息库。开启"互联网＋返乡创业＋信贷"新路径。将"政府＋银行＋保险"融资模式推广到返乡创业。开展债务融资工具产品创新，允许地方对回迁或者购置生产设备的返乡创业给予一定补贴。

（四）提升风险防范能力

完善农村创新创业风险补偿机制，发挥保险风险补偿功能，针对农村创新创业中的风险需求，开发相关保险产品。对创业失败的劳动者，要按规定纳入就业服务、就业援助、社会保险和社会救助体系。加强气象预警、疫病防治和灾害防控等服务，引导农村创新创业企业规范经营管理行为，落实安全生产、卫生环保、质量标准、劳动保护等责任，保障农民工工资支付。对返乡创业失败的农民工按规定纳入就业服务、就业援助、社会保险和社会救助体系。

（五）强化科技创新支撑

大力培育乡村产业创新主体，建立健全创新主体协调互动和创新要素高效配置的创新体系。建设国家农业高新技术产业示范区和国家农业科技园区。建立"产学研用"协同创新机制，联合攻克一批有知识产权的关键技术。支持种业育繁推一体化，培育一批规模大、竞争力强的大型种业企业集团。建设一批农产品加工技术集成基地。创新公益性农技推广服务方式。

五、农村创新创业要激发主体新活力

创新创业创造"三创"有其特定内涵，创新侧重理念，创业重在实践，创造强调精神。创新创业创造又融为一体，创造是创新创业的灵魂和动力，创新创业是创造的归属和实践，创新创业创造都是新时代所需要的新面貌和新作为，要为创新松绑、为创业加油、为创造助力。

（一）创新创业，围绕核心产业

创业创新的核心在"众"、在"创"。通过把乡村创业创新与大众万众结合起来，极大地激发市场活力和社会创造力。乡村新产业新业态新模式大量涌现，是乡村产业稳中向好、蓬勃向上的生动写照。创新创业给乡村经济结构转型升级带来了正能量。它不是小微企业的专利，也是大企业的优势。如今许多大企业，通过创新创业让"小CEO"活力迸发，助力员工实现"创业梦"。打破旧有层次，让创客成为企业合伙人等，从而带动了模式创新、组织优化、机制转变，使许多传统产业浴火重生、华丽转身。同样，"双创"不但在商业流通领域如火如荼，而且正在向生产制造领域有力拓展。不仅在大中小城市十分活跃，而且正在迅速走向广大农村。这推动了一二三产业和大中小企业融通发展，催生了新的经济增长点，融为一体，合三为一，这就是融合。

乡村青壮年劳动力资源外流主要是由于没有核心产业，一产收入低不挣钱，被城市的花花绿绿吸引导致的。往城里跑，是因为城里能找到钱。乡村有了产业能够提升青壮年劳动力的收入，使其有所得也有所成。鼓励青壮年劳动力在乡村创新创业，提供好的工作岗位和创业土壤。乡村有业，何必远方？

（二）创新创业，树立新的理念

要树立大农业融合"双创"理念、大资源整合"双创"理念、大市场抱团"双创"理念、大网络联通"双创"理念、大生态绿色"双创"理念，构建起强大的农村"双创"发展"联合体"。现代市场竞争，单个主体要想在买全国卖全国、买全球卖全球的大市场里，靠"唱独角戏""跑单帮"闯出名堂、树立品牌，很难成功。面对现代市场竞争中的自然风险、市场风险、质量安全风险等，要引导各类"双创"主体树立树强联合意识和协作意识，组建多种形式的创新创业联盟，整合优化资金、技术、人才、信息、设施、装备和生态等多种现代要素，努力实现政策集成、要素集中、产业集群、经营集约，培育更多避险抗压、运行平稳的"双创""联合体"，实现从返乡情怀向市场"钱景"转变，从人才聚变向效果裂变转变，从抽空参与向常态创业转变，从单兵作战向抱团创业转变，从草根自发向主流渠道转变，从创业场地向孵化园区转变。

由于乡村创新创业的吸引，近年来乡村引来一批入乡创新创业者。李克强总理在政府工作报告中提出支持返乡入乡创业！何为入乡？乡村各种仪式中都饱含着协调人与自然、人与社会、人与人关系的内容。引导和强化人们形成敬畏天地、尊重祖宗、尊老爱幼、诚实守信、邻里互助等品质，其本质就是倡导人与自然、人与人的和谐。村落生活习俗具有无形的凝聚力、感召力和行为影响力。人们常说的"入乡随俗"，就是指这种影响力的作用，不是强制的，但是对个体来说却是不可抗拒的。

生活习俗一旦形成就不会轻易改变，习俗的代际传承是以老带小和村落环境反复强化的结果。人们自小耳闻目睹大人所做的一切，不断被要求去遵守某些习俗规范，通过群体行为矫正不合乎规范的行为。这些社会行为规范经过反复强化逐渐成为个人习惯，久而久之就自然内化为自身的信仰，进而影响后代和其他人，维系了村落社会的有序性。

（三）创新创业，敢于跳出农业

新产业新业态或是农业产业内部上下游相互交叉，或是农业产业与其他产业有机融合。过去干农业，人们习惯于把它当成村里的事、田里的事，眼光过窄限制了思路；现在，要把农业当成城里的事、市场的事。新产业新业态的本质是跳出农业干农业，需要从城乡统筹、产业融合的角度搞创业创新。

返乡下乡创业创新需要具备四种特质：一是敢为人先的创新特质；二是无中生有、小中见大、横空出世、空穴来风的市场意识；三是抓住机遇、整合资源、发现空隙、耐得住寂寞的创业精神，创造市场、创造客户、创造需求，有社会担当的企业家精神，一丝不苟、精益求精的工匠精神；四是深厚的"三农"情怀，爱农业，懂经营，会管理，有技术，有资本，有人脉。

（四）创新创业，围绕痛点堵点

消费者对农产品最大的痛点就是不好吃、不安全、不放心、不新鲜。农村创新创业不应该是为快乐创业，也不应该为利润创业，而是为解决问题并带来利润而创业。二十一世纪的创业，只有解决社会问题才能活下来，不解决问题活不下来。那么，围绕四大痛点堵点，就应该发展加工流通、休闲旅游、健康养生、电子商务等，解决农产品"披头散发、赤身裸体、没名没姓、来路不明"的问题。

乡村创新创业主体一般经历四个阶段：

1. 盲目自信　认为农业很简单，没有技术含量，管理很省事，再加上国家一直在中央1号文件里支持农业，认为只要有大规模的土地，国家补贴就滚滚而来。而且，大部分投资农业的老板又是农民出身，认为自己种过地，没什么神秘的，在没有充分调研和准备的情况下一个猛子就扎进农业领域。

2. 水深火热　其实农业企业最大的问题是管理。它跟工业管理不同，不是流水线作业，成本控制很难。再加上技术、品种、市场等原因，百分之九十以上的农业企业都不赚钱，到最后成了无底洞，不仅不赚钱反而每天需要投钱。睡着觉也要出租金、出薪金，而最初梦想的馅饼（国家补贴）却一点儿也没拿到。每天在煎熬中度过，干下去吧每天赔钱，不干吧以前的投资都打了水漂。不像工业投资，失败了还有一点厂房；农业投资失败了，一无所有。

3. 心灰意冷　看着每天滚滚流出的资金没有回报，看着生产出来的产品堆积如山，从心底对投资农业感到失败、感到厌烦、感到堵心。很多老板就此彻底死心，农业资产腰斩出售，甚至给个钱就出手。

4. 柳暗花明　有机缘和有韧劲的老板通过参观别的农业企业，通过考察市场，首先确定了自己的主导产业。然后建立了自己的技术团队、管理团队、销售团队和办公团队，自己全身心投入农业企业中，发现其实农业还是有前景的，是有看头、有赚头、有奔头的产业。最终实现了凤凰涅槃，开发出了农业金矿。

（五）创新创业，搭上信息化的快车

人在干，云在转，数在算。网络成了农民新技艺，手机也是农民新农具。

信息化是农业现代化的制高点，农村创新创业要善于运用互联网技术和信息化手段。现代信息技术的发展日新月异，人工智能正在走进日常生活，"机器换人""电商换市"正在深刻地改变着人们的生产生活方式。

"工欲善其事，必先利其器。"推进农村创新创业，一定要树立树强互联网思维，用足用好信息化手段，打造"面朝屏幕背朝云"的"互联网+"发展新模式。让农民点点鼠标、划划手机，就能把藏在深闺无人识的优质的土特农产品送进城里的千家万户，实现就地卖农金、挣薪金、收租金、分红金、得财金。要让农产品通过互联网、跨国物流走向世界，实现从当年乡镇企业"异军突起"到现在农产品"逐鹿全球"的升级。

一个产业、一个区域的兴衰，最重要的就是创新和以创新为核心驱动的创业。新一届领导人提出"大众创新、万众创业"，在全民尤其是青年群体中引起巨大反响。农业是整个国民经济中最基础的产业，其兴衰不仅关系到农民脱贫、致富奔小康的梦想，也关系到市民对健康农产品消费的诉求。

人工智能、大数据、云计算、冷链物流、物联网、智能供应链、生鲜电商等，一大批前沿技术和新消费理念融合在一起，通过创新商业模式来改造传统农业，使得农村"双创"正在引领改革开放以来的新一轮创业浪潮，迭代升级成中国乡镇企业的 2.0 升级版。

（六）创新创业，参与乡村产业振兴

近年来，各地涌现出了新型主体领办型、创业平台助推型、美丽乡村引领型、龙头企业带动型、产业融合催生型、乡贤返乡兴业型等六种助推乡村振兴的典型农村创业模式。各种模式具有不同的内涵特征和结构要素。政策要素、平台要素、产业培育要素、资金要素和人

才要素等相互作用，决定了农村创业的形成过程及其成效，进而推动了当地乡村振兴的实现。

乡村产业发展具有"三圈"：第一是资源圈。农民拥有的资源圈不错，但在农民的手上通常使用效率不高，潜在价值发挥不够。第二是点子圈。企业需要的，是按照企业的经营方案，也就是点子，去利用这些土地，发挥出最大利用价值。第三是价值圈，也就是形成一个好的价值体系。比如，搞粮食加工的企业通过新的经济组织，就可以指导和要求农民采用相同的优质品种进行标准化生产，获得优质原料。又如，进行果茶药材等高附加值产品的生产；或者，在自然条件优美的地方，增加新的设施条件，开展乡村休闲旅游项目。如何带动农民？一是企业带着农民干，做给农民看，做大蛋糕。二是企业与农户结成农村一二三产业融合共同体和农业产业化联合体，分好蛋糕。三是与农民一起谋划蛋糕，带领农民跳出农业看农业、跳出生产看生产，发展新产业新业态新模式。

可以开展"五微五营双创"。尝试开展"双微创"（乡村微景观、都市微菜园的创意竞赛），在此基础上进一步延伸，逐步扩展以微景观、微菜园、微庭院、微森林、微墙绘为主要内容，以大学生夏令营、国庆建造营、校园双微创意营、大树微景观工作营、大学生寒假实践营为主要平台，以大学生农业农村创业创新为抓手的"五微五营双创"活动体系，成为吸纳乡村振兴人才的主阵地。

（七）创业创新，打造园区和集群

要想打造创业孵化、见习、实习、培训等双创园区基地，内容要素必然是农村产业融合和品牌农业，主体必须是农民和返乡下乡本乡新农民创业创新，创办企业、新型经营主体和经营型服务型合作社，最终服务的是广大的小农户（未流转土地的）。参与经营主体的将是新时代的"新四军"（返乡创业的农民工、大学生、退役军人、科技工作者）。让农民有农金、薪金、租金、红金、财金等"五金"收入，最终以产业兴旺实现生活富裕。需要注意的是，基地运营主体的政治觉悟和情怀是重要基础，而帮助经营主体成长的专业服务能力则是农村创业创新园区的保障，不能走泛泛的以物理空间为服务的传统创业孵化园区之路。

开展农村创新创业，需要懂农业、爱农村、爱农民、懂经营、懂技术、善管理，还需要情怀来支撑。情怀是什么？是责任，是改变农业农村现状的责任；是兴趣，是越做越上瘾欲罢不能的感觉；是坚持，是屡战屡败、屡败屡战即使伤痕密布仍然干劲十足的坚持；是敬畏，是对土地的神秘、大自然的力量的敬畏。一句话，情怀就是爱并痛着、爱也乐着，苦中作乐、乐在其中！

◆ 专栏：典型案例

四川推动农村创新创业　促进乡村产业振兴

近年来，四川牢记习近平总书记关于擦亮农业大省金字招牌的嘱托，认真贯彻落实中共中央、国务院的重大决策部署，把推动农村"双创"作为产业振兴的重要抓手，大力培育壮大主体队伍，实现了二三产业收益留在农村、留给农民，促进农民增收致富。2018年，全省以农民工、科技人员、大学生等为代表的农村创新创业人员达52万人，创办领办各类新型经营主体7.6万个，实现营业收入800亿元，带动210万农民就地就近就业增收。

一、强化政策支持，优化"双创"环境

省委、省政府先后出台《支持返乡下乡人员创业创新促进农村一二三产业融合发展的实施意见》《支持农民工和农民企业家返乡创业意见》《促进返乡下乡创业二十二条措施》《激励科技人员创新创业十六条政策》等。在财政投入方面，设立2000万元返乡创业专项扶持资金，安排5亿元就业创业补助资金和1.76亿元返乡创业风险基金。在金融支持方面，省财政为农村"双创"人员提供信贷担保，降低农村"双创"主体融资成本30%以上。在用地政策方面，要求各地按不低于省下达年度新增建设用地计划总量的8%，支持农村"双创"主体发展新产业新业态。

二、强化融合发展，拓展"双创"空间

省委、省政府提出建设现代农业"10＋3"产业体系，即川粮油、川猪、川茶、川菜（椒）、川酒、川竹、川果（桑）、川药、川牛羊（饲草畜禽）、川鱼十大优势特色产业和现代农业种业、现代农业装备、现代农业冷链物流三大先导性支撑产业。按照这一部署，分产业制订了5年实施方案，建立了省领导负责的推进机制。2018年统筹安排中央和省级专项资金178.1亿元，重点支持龙头企业、合作社、家庭农场，引导各类农村"双创"主体投入"10＋3"产业体系建设。推动乡村新产业新业态发展，全省休闲农业和乡村旅游综合经营性收入达到1 516亿元，农产品加工业实现主营业务收入9 750亿元，增速保持在10％以上。省上按照1：4的比例配套6亿元，建成益农信息社3.7万个，覆盖80％的行政村，带动全年农产品网络零售额突破200亿元，同比增长80％以上。

三、强化主体培育，激发"双创"活力

鼓励农村"双创"人员领办创办农民合作社、家庭农场、农业产业化龙头企业等新型农业经营主体，全省已有农民合作社9.4万个、家庭农场4.9万个，农业产业化龙头企业超过1万家。将符合条件的返乡农民工、大学生纳入高素质农民培育和现代青年农场主培训计划，目前已培训高素质农民18.2万人。组织5 000多名农业科技人员参与创新创业专项改革试点，作价入股等有偿转让成果156项。省委、省政府高规格表彰100名优秀农民工代表、50家明星企业和50个先进单位。金堂等8个县（市、区）入选全国农村"双创"典型县范例，新希望集团入选第二批国家级"双创"示范基地，8名代表入选全国农村"双创"优秀带头人典型案例，返乡创业女大学生赵海伶等3名农村"双创"代表荣膺"全国十佳农民"。

四、强化利益联结，增添"双创"动能

构建覆盖全省的农村产权流转交易体系，安排4亿元专项资

全推进农业社会化服务，新型农业经营主体开展社会化服务比重达60%以上。近3年，全省耕地流转率提高12%。实施农业产业化龙头企业排头兵工程，以农业农村资源为依托，发展"一村一品"、建设农业产业强镇，通过推广"大园区小业主、生产要素入股保底分红、土地股份合作"等模式，引导农村创新创业主体与小农户结成紧密的生产经营共同体。累计建成国家农业产业化示范基地13个，农业产业化强镇36个，全国"一村一品"示范村镇123个。建设现代农业产业园、科技园和创业园等农村"双创"平台，支持农业科技人员、返乡农民工、大学生等进入园区抱团发展，已遴选63个国家和省级产业园培育对象，将农村"双创"和联农带农效果作为省级园区考评重要指标。2008年底评定出的35个省级星级产业园，按照星级分别给予2000万元、1500万元和1000万元的一次性补助。

五、强化指导服务，做实"双创"保障

建立支持农民工返乡创业工作联席会议制度，由2名省领导任总召集人，省直相关部门负责同志为成员，明确工作职责和工作机制。市县机构改革中率先在全国设置专门的农民工工作机构，全省100万人口左右农业大县共设置88个农民工服务中心，重点为返乡入乡农民工提供创业服务。开通覆盖省、市、县三级面向全省的农民工服务平台，运用信息化手段提升对农民工就业创业等方面的服务水平。连续三年举办川商返乡发展大会，积极推介特色种养、农产品加工、休闲农业和乡村旅游、电子商务等农村一二三产业融合项目。2018年签约项目111个，投资总额近600亿元，占签约项目的40%。

第六节　产业扶贫与产业振兴

完成脱贫攻坚目标任务，必须坚持不懈做好工作，不获全胜、决不收兵。要坚定信心不动摇，咬定目标不松懈，整治问题不手软，落

实责任不放松，转变作风不懈怠。这是习近平总书记讲的，现在到了脱贫攻坚的关键时刻，时间更紧、任务更重，必须以更大的力度、更有效的举措，抓好产业扶贫。

一、统筹推进产业扶贫与乡村产业振兴具有特殊重要意义

我国深度贫困地区既是贫困地区，又往往是革命老区、陆地边境地区，又是少数民族聚居区。这一地区，是维护民族团结和谐稳定的主战场，是我国打击境外渗透势力的最前沿，在政治上、国防上、经济上和对外关系上都具有非常重要的战略地位。同时，这一地区大多属于传统欠发达地区，贫困程度深，是打赢脱贫攻坚战的难中之难、坚中之坚。比如新疆，全区 22 个深度贫困县全部集中在南疆四地州。这些贫困地区山高地偏，沙漠、戈壁、高原占 90%，生态环境恶劣；社会发育程度低，经济发展滞后，工业化城镇化进程慢，产业支撑能力弱；贫困人口文化素质不高，小学以下文化占 62%，发展产业难、外出务工难、稳定就业难，扶志扶智任务重；受极端宗教思想影响，反恐维稳形势依然严峻，社会治理成本高。

在这些地区抓好产业扶贫，推动乡村产业振兴，对稳边固边、兴边富民，确保长治久安具有重要意义。

从经济上看，贫困群众无论是发展生产获得经营性收入，还是通过务工就业获得工资性收入，都离不开产业发展支撑。发展产业更是增强贫困地区造血功能、提高贫困群众自我发展能力的长远之计。新疆叶城县农民收入的 70% 以上来自于特色种养，发展特色产业是当地贫困群众脱贫增收最直接最有效的办法。全县大力发展核桃产业，种植面积 58 万亩，户均 6.5 亩，人均 25 株，年产量 12 万吨。全县农民人均核桃收入 2 649 元，占总收入的 30% 以上，已经走出了一条依托产业实现脱贫的成功路子。

从政治上看，加快发展产业，打赢打好脱贫攻坚战，是对维护稳定和长治久安的最大支持。新疆布尔津县大力发展乡村旅游业，全县发展民宿 476 家、床位 5 000 张，2018 年接待游客达 15 万人次，带动 2.2 万人就业，占到全县总人口的 23% 以上，为解决当地社会主

要矛盾、促进社会和谐稳定提供了重要支撑，也为全面建成小康社会、加快农业农村现代化进程奠定了坚实基础。

二、坚持问题导向，准确把握产业扶贫与乡村产业振兴的关系

产业扶贫是脱贫攻坚的根本之策，乡村产业振兴是乡村振兴的第一要务。两者都是以发展产业为依托，以促进农民增收致富为主要目的。但两者也各有不同：产业扶贫具有时效性，是 2020 年前打赢脱贫攻坚战的重大举措；乡村产业振兴则具有长期性，是瞄准农业农村现代化长远目标、伴随乡村振兴全过程的重大任务。产业扶贫具有集中性，集中人、财、物等资源，重点支持贫困县、贫困村、贫困户脱贫攻坚；乡村产业振兴则具有广泛性，面向全县范围，大力推进农村一二三产业融合发展，让全体农民分享产业发展收益。产业扶贫更具有政治性，要发挥政府主导作用，促进产业发展与贫困人口精准对接；乡村产业振兴则更具有市场性，要走市场化的路子，靠市场竞争发展壮大，实现经济效益和可持续发展。

对照上述关系要求，边疆少数民族一些地区在统筹推进产业扶贫和乡村产业振兴中，还存在一些亟待解决的问题。

1."松"的问题　就是思想上放松、工作上松劲。一些地方认识上存在盲点，没有把边疆少数民族地区作为特殊区域，没有意识到边疆少数民族地区发展产业的特殊困难，工作中缺乏超常规的举措。甚至有个别地方因工作有了一定进展，产生了松劲、歇气的苗头。

2."急"的问题　就是急于求成、一哄而上。一些地方为了追求脱贫攻坚进度，急于抓机遇、上项目，担心"过了这村就没这店"，搞了很多"短平快"项目，甚至还有"半拉子"工程，产业层次低、长效发展难。南疆一些贫困县投入不少资金发展电商，但很多村的电商服务点名存实亡，没有发挥作用。

3."短"的问题　就是产业链条短、市场开发短。一些地方产业发展还是停留在种养环节，缺少加工增值，还是卖"原字号"初级产品。一些地方不注重产品市场开发，品牌打造保护不够，好产品没有

卖出好价钱。比如，莎车县这几年大力发展巴旦木产业，种植面积已达 90 万亩，年产量超过 5 万吨，但全县没有一家巴旦木加工企业。本地收购价每千克 30 元左右，卖到上海市场售价高达 100 元，市场增值收益没有留在当地。

4. "弱"的问题　就是科技支撑弱、人员能力弱。调研中普遍反映，现有的基层农技推广人员的能力素质跟不上特色产业发展需要。莎车县为了解决这一问题，通过农业农村部支持的特聘计划，聘请了河南、山东等地的技术人员 13 名，培育本地土专家 23 名，为当地发展辣椒、番茄等特色产业提供了重要支撑。同时，边疆少数民族地区贫困群众发展生产能力弱的问题还普遍存在。

5. "散"的问题　就是帮扶措施还是分散为主，缺乏统筹。大部分支持政策还是分散在贫困村、贫困户，对边缘户、一般户缺乏有力支持，对县域整体产业发展统筹不够。叶城县农业农村局同志讲，"集中式的资金投入有利于脱贫攻坚，但非贫困村、非贫困户的基础建设、产业发展反而慢下来了，现在已到需要统筹的时候了。"

三、统筹推进产业扶贫与乡村产业振兴

认真贯彻落实习近平总书记关于脱贫攻坚、发展经济等一系列重要指示精神，根据实际情况，在进一步增强贫困地区社会稳定、民族团结、基础改善、文教医疗等事业发展的基础上，统筹推进产业扶贫与乡村产业振兴。

1. 构建产业扶贫长效机制　到 2020 年，打赢脱贫攻坚战，实现脱贫目标任务后，脱贫攻坚仍然是一项长期的任务。有两个重要因素：一个是，部分地区的贫困户可能重新返贫；另一个是，贫困的标准还会提高。在这样的背景下，扶贫的劲头丝毫不能松。习近平总书记指出，推进乡村振兴必须与脱贫攻坚有效衔接，做到扶持政策不减少、人员力量不减弱、工作力度不减小，目标不变、靶心不移、频道不换，做到脱贫不脱钩、脱贫不脱政策、脱贫不脱帮扶，持续加大资金、技术、人才等要素投入，并纳入乡村振兴战略架构下统筹安排，巩固和扩大产业脱贫攻坚成果。这为我们继续做好产业扶贫指明了方

向。如何做到乡村振兴与脱贫攻坚的有效衔接，需要深入研究，拿出新思路、硬措施，根本是要建立长效机制。这方面重点是做好产业扶贫，只有产业发展了，脱贫的基础就牢了。

2. 壮大扶贫支柱产业　产业扶贫是最根本、最有效、最持续的治本之策。要发展特色产业，夯实产业扶贫的基础。支持贫困地区特别是"三区三州"等深度贫困地区开发特色资源，发掘贫困地区的资源优势、景观优势和文化底蕴，开发有独特优势的特色产品，发展特色产业。在有条件的地方打造"一村一品"示范村镇和休闲旅游精品点。

3. 引导龙头企业建基地　依托贫困地区的资源优势，引导龙头企业与贫困地区合作创建绿色食品、有机农产品原料标准化基地，带动贫困户进入大市场。组织农业产业化国家重点龙头企业与扶贫县合作，带动贫困户进入大市场，拓展产品市场，以产业带动扶贫。

4. 开展农产品产销对接　组织贫困地区农业企业参加博览、会展等活动，举办扶贫专场，促进产销对接，带动品牌提升。组织国内大型加工、采购销售、投融资企业、科研单位赴贫困地区开展县企、村企对接活动，促进直销直供、原料基地建设、招商引资等项目对接。

除此之外，应在以下几个方面下功夫：

一是针对"松"的问题，在强化组织领导上下功夫。把产业扶贫和乡村产业发展摆到更加突出的位置，集中人、财、物帮扶资源，采取超常规举措，加快构建适应产业发展需要的支撑保障体系。中央有关部门加快建立产业扶贫与乡村产业振兴有效衔接的工作推进机制，专门跟踪调度乡村产业发展情况，协调解决实际问题，不断完善政策措施。

二是针对"急"的问题，在培育长效产业上下功夫。做好规划衔接，组织贫困地区按县编制特色产业发展规划，从产业发展方向、主要目标任务、规划实施范围上，实现从产业扶贫向乡村产业振兴的衔接过渡。完善考核机制，强化对产业发展基础工作的考核，突出一二三产业融合发展增加值的考核，引导贫困地区遵循产业发展规律，坚持久久为功，"一张蓝图绘到底"，持续推进特色产业提档升级、提质增效。

三是针对"短"的问题，在延长产业链条上下功夫。帮助贫困地区加快引进农产品加工企业，鼓励大型加工企业到贫困地区建设加工基地，推动特色种养与加工、流通、信息等产业深度融合，把就业岗位和产业增值收益更多地留在当地。引导贫困地区充分发挥当地特有优势，挖掘自然景观、乡风民俗等特色资源，加快发展乡村旅游产业，打造农业农村经济发展新的增长点。支持贫困地区加快建设现代农业产业园，引导要素集聚、企业集群，促进一二三产业融合发展。

四是针对"弱"的问题，在强化科技服务上下功夫。在贫困地区深入实施基层农技推广特聘计划，围绕特色产业发展需求，建设一支能够真正进村入户服务的专家队伍。国家产业技术体系要把边疆少数民族地区作为服务主战场，提供精准指导和技术服务，解决产业发展难题。强化当地脱贫致富带头人和贫困农户的技术培训，提高他们发展产业的素质和能力。做好帮扶力量衔接，完善驻村指导、结对帮扶等机制，保持科技帮扶工作体系和队伍相对稳定。

五是针对"散"的问题，在统筹政策支持上下功夫。在资金投入上，贫困地区贫困县脱贫摘帽后，各类帮扶资金不能撤离，应持续保持一段时间，并明确加大对产业发展的支持力度。在工作布局上，要由点上集中支持向全域统筹支持转变，兼顾贫困村和非贫困村、贫困户和非贫困户的产业发展需求。在政策措施上，要统筹规划协同各类项目、政策，更好地聚焦县域乡村产业发展。在支持环节上，由主要支持种养环节向统筹支持产后加工、品牌营销、主体培育等转变，提高一二三产业融合发展水平，实现农业强、农民富、农村美的目标。

◆ 专栏：典型案例

陕西实施现代农业"3＋X"工程　强力推进乡村产业扶贫

近年来，陕西以实施乡村振兴战略为总抓手，以推进精准脱贫、促进农民增收为目标，立足资源禀赋、市场需求，大力实施

"3＋X"工程，扎实推进特色现代农业建设，在产业转型升级发展上取得了初步成效。主要做法是：

一、突出优势特色，规划布局重点产业

把发展特色农业作为农民稳定脱贫、增收致富和乡村产业振兴的重要抓手，以最具竞争力的苹果产业、占全国市场份额85%的羊乳产业、市场缺口较大的设施农业为重点，实施农业特色产业"3＋X"工程。规划到2020年，全省苹果、设施农业全产业链产值达到1 000亿元，打造百年果业产业、建设设施农业西部强省；到2025年，羊乳全产业链产值突破千亿元，打造世界级羊乳产业。同时，依托生态类型多样、自然资源丰富的优势，突出特色、差异竞争，在每个县区重点发展2～3个市场相对稳定、获益相对较快的小宗类、多样性特色产业。

二、实施项目带动，打造特色产业板块

从2018年起，每年省财政安排10亿元资金，省级主抓3个千亿级产业、共建大板块，县区突出区域特色、提高覆盖度，统筹谋划重大项目，整县推进产业板块建设。在果业转型提质上，推进渭北苹果乔化果园改造，加快山地苹果、矮砧苹果发展；稳定秦岭北麓猕猴桃优生区面积，扩大秦岭南麓原产地规模。突出产后整理，年新增保鲜储藏能力10万吨，新建苹果4.0智能选果生产线100条。在奶山羊扩群增效上，扩种群、促加工，建设千阳良种繁育基地县，打造陇县、富平、乾县3个全产业链示范县，扶持10个奶山羊基地县。在设施农业扩能提升上，打造沿黄公路南端百万亩连片、富阎一体化高效设施、榆林百万亩大漠设施、延安山地设施瓜果四大板块，推广"柞水西川"模式，以秦巴山区为重点建设一批设施食用菌重点县。在发展区域特色产业上，对贫困地区，除了在省级农业专项中安排近4亿元，还将60%的涉农整合资金用于发展区域特色产业。通过项目带动，优势特色产业板块加快建设，一批生产基地建成投产，全省新发展苹果33万亩，奶山羊扩群50万只，设施基地新增11万亩。

三、推进加工流通，提升产业发展效益

一方面，全省以园区为载体，依托龙头企业大力发展农产品精深加工，延长产业链、提高附加值，形成了一批优势产业加工集群。石羊集团入选中国农业产业化龙头企业100强，5家企业入选500强，恒通果汁集团浓缩果汁产能居全球第一，24个县区获全国食品工业强县称号，创建省级农产品加工产业示范园区7个。主要农产品加工转化率达到63%，农产品加工业产值与农业总产值比达到1.9∶1。另一方面，加大品牌培育、市场营销支持力度，实施"三年百市"行动。从2018年起，启动"个十百千万"工程，即建设1个"陕西原产地商品官方旗舰店"网络展示展览馆，打造10个优势产业区域公用品牌，组织举办100场农产品展示宣传推介活动，创建和完善1 000个品牌店，推进陕西特色农产品进入中石化10 000家销售终端。目前，全省已组织开展了180多场宣传推介，签署订单600多亿元。陕牌农产品走进50多个大中城市，"洛川苹果"等15个果品区域品牌进入全国百强，品牌总价值390亿元，陕字号农产品市场影响力和竞争力显著提升。

四、拓展发展路径，促进一二三产业融合

立足做大做强特色产业，依托地方特色自然文化资源，大力发展农村社会化服务业、休闲农业和乡村旅游等新产业新业态。一是开拓新功能。培育1.4万个休闲农业经营主体，创建25个中国美丽休闲乡村、13个休闲农业示范县。二是探索新模式。推行企业带农户"果园托管"社会化服务模式，解决果农缺资金、缺技术、销售难问题。三是打造新载体。推进特色产业园区化发展，创建国家级现代农业产业园3个、省级农业产业园20个、省级现代农业园区365个，打造了5个农村一二三产业融合先导区、16个全国产业强镇、12个农村特色产业小镇。

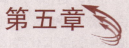

第五章

乡村产业与相关要素

促进乡村产业振兴，既是确保农业农村同步现代化的根本路径，推进城乡融合发展的桥梁纽带，又为壮大县域经济、促进农民就近就业增收提供了重要渠道。当前，我国乡村产业发展迎来难得的历史机遇，乡村发展潜能进一步释放，有条件实现乡村产业振兴。应紧紧围绕建设现代农业和农村一二三产业融合发展，聚焦重点产业，突出集群成链，促进乡村产业与县域经济同步发展、与城镇化联动推进、与脱贫攻坚有效衔接，加快构建地域特色鲜明、创新创业活跃、业态类型丰富、利益联结紧密、带动农业高质量发展的产业体系。

第一节　乡村产业与乡村

乡村是耕读礼乐教化之所，古代乡村是农本商末的。《史记》中说，种地的不如种桑的，种桑的不如养蚕的，养蚕的不如织布的，织布的不如卖布的。但是，中国古人所讲的农本商末，不是简单指哪个创造财富更快，而是告知我们，农业与商业之间的内在关系。农业是商业财富的根，没有农业之根的商业是无本之木，不可持久。正因为商业来财快，所以人们容易陷入逐末失本的陷阱。因此，促进乡村产业振兴必须立足于乡村。

一、乡村是乡村产业的根据地

（一）何谓乡村

距今 6 000 年左右，中原一带的老祖宗们为了集中农耕、渔猎、采摘、驯化动物便集中在一起，形成一个个部落或村落，这就是乡村的雏形。今天，乡村亦作村庄之意，相对于城市而言，是指以从事特色农业、特色加工、特色旅游、特色电商、特色业态、特色工艺制造为主要生活来源且人口散落分布的地方。乡村振兴作为新时代我国乡村发展新理念，把乡村作为一个系统而又综合性的有机范畴来审视，既涵盖乡村历史、空间地域的动态性演化层面，还包括乡村经济、社会、生态等诸多子运行系统，还包括生产、生活、生态多种元素。乡村是每一个人的故乡，是每一个城镇的母体，是每一个文明文化的发祥地。

在栅栏上爬满牵牛花的农家小院里，懒坐在布满苔痕、小狗小猫环伺的石桌旁，享受着用干柴和发黑的铁锅炒制、用带着老茧的双手捧上的香椿炒鸡蛋，就会有一种温情的生活感受。这就是乡村。

作为乡村来的人都知道，乡村是具有自然、社会、经济特征的地域综合体，兼具生产、生活、生态、文化等多重功能。它与城镇互促互进、共生共存，共同构成人类活动的主要空间。乡村是未来城乡人共同的家园，那些多走多看的旅游形态将被乡村旅居所替代。

（二）何谓农业农村

农业不是第一产业。农业是包括一二三产业在内，兼容生产生活生态生意生命的综合产业。农业不是一个落后的产业，而是一个生产生命的产业，是集技术、经济、政治和国家安全于一体，伴随和支撑社会发展进步的多功能型永恒美丽产业。农村也不是贫穷和落后的代名词，而是一个有山有水有希望的美丽田园和安居乐园。

因此，要发掘农业的文化传承、生态涵养、观光旅游、教育科普、健康养生等多种功能，以及乡村"清新空气、清风明月、大地山河、碧水青山、蓝天白云、洁净水源、美丽传说"等多重价值，推动农业农村与文化、教育、旅游、康养等产业融合，催生创意农业、教育农园、消费体验、民宿服务、康养农业等。

（三）农村与乡村有何区别

农村是农业活动的主要地方和农民居住之所，是与传统工业城市对应的概念。乡村包括乡镇和农村，是承载包括农业在内的各种产业在内的地方，也是包括农民在内各类人士居住的空间。特别是互联网和人工智能的发展，乡村可以从事大量过去无法从事的活动，居住品质也会大幅度提高。

乡村要比农村的发展空间更大，业态更加丰富，产业范围更广，人脉更加活跃。

乡村是农村的母体。在中国几千年文明史中，我国对农村的称谓一直就是乡村。乡村是一个携带着中华民族五千年文明基因，且集生活与生产、经济与生态、社会与文化、历史与政治多元要素为一体的人类文明体。

近代以来，我们学习的"三次产业"分类理论，把本属于农业内部的一二三产业人为切割成城乡两个单元来处理，把最不赚钱的生产环节交给乡村，把赚钱的加工流通等二三产业拿走了，把乡村人为定义为农村。农村是专门从事农业产业（自然经济和第一产业）为主的经济单元，在现代经济系统中的主要功能是为城市生产粮食。

乡村产业振兴就是还原乡村作为一二三产业、经济、社会、生态天然体来振兴。这样来看，"乡村产业振兴"作为顶层设计最新确定的政策话语，表明未来的乡村产业振兴实践不会再延续以往政策的单一目标指向，而是要向政治、经济、文化、生态等多元目标发展。

（四）为何要有乡村

乡村是农耕文化传承、底蕴深厚的宝地；乡村是青山碧水交融、美丽宜居的宝地；乡村是产业兴旺兴盛、人文荟萃的宝地；乡村是返乡创业创新、投资兴业的宝地。乡村是一个可以大有作为的广阔天地！

有人说把乡村都弄成城镇，中国的问题不就解决了？没有乡村的中国会疯掉！《周易·系辞》上说："一阴一阳之谓道。"对于城乡关系而言，城市是阳，乡村是阴。"孤阴不生，独阳不长，万物负阴而抱阳，冲气以为和。"城市和农村是命运共同体，一乡为土，一城为金木水火，金木水火土五行不能缺一，将来一个个乡村完全可以与一个个城镇社区组建成一个个集产加销消于一体的自由人联合体，五行打通，阴阳共生。

乡村是人类的脐带。一个村庄就是一个超级生命体，一个个的村庄及其连带的城市，最终组合成为完整的世界。因此，只有认清了村庄，才算在理论上清楚认识了地球系统。然而，现在的问题恰恰是我们没有认识清楚村庄！人类世界从未在整体生活意义上将村庄当作真正的生命体，当作汲取地球母亲营养的胎衣与脐带。将一个生命体以非生命的方式去对待，思维与行为严重错误，是当代农业问题百出的根本原因。

（五）乡村的定位就一个"生"字

乡村应是中国的后花园，城市应是中国的会客厅。乡村新定位就是"生"，"农家乐"、乡村休闲旅游旅居规划以"五生"为主线，即生态、生活、生产、生养、生物。乡村应该打破人为隔离，让城市人过来养生、养老！体检、医院和生命产业如果全面铺开，这里就会成为城里人的大阳台。打破乡村新区就是秋夏季吃时鲜、吃土特产、其他季节闲着的印象！以"五生"为主线带动生命产业大发展，乡村成为中国后发优势的新区。

长期以来，"农村"等同于农业，它的唯一功能是为城市提供粮食。农村居民不仅被禁锢在土地上，而且也被剥夺了生产决策权，种植经济作物和多种经营被当作"资本主义尾巴"割掉。"农民就该种地"，成为人们根深蒂固的成见。

从 20 世纪 80 年代末开始，沿海地区对劳动力的需求大增，农村又成为劳动力的输出地。起初，来自农村的务工者被称为"盲流"，时刻有被清理的危险。进入 90 年代之后，农村务工者已经成为工业化不可替代的一部分，"农民工"一词便应运而生。

城市周边的农用地也像一片片美丽的桑叶，被城市这个蚕宝宝一片一片吃掉了，换取了巨大的差价。到了该解决这个问题的时候了，要抓未来乡村振兴的"新三乡"：第一是新乡产。一二三产业高度融合，生产生活生态功能充分发挥，成为保卫舌尖安全、呵护绿色家园、鼓起农民腰包的"高大上"产业。第二是新乡村。乡土气息更加浓厚，田园风光更加迷人，生活环境更加舒适。乡村成为人人向往的稀缺资源、生态宜居的"世外桃源"，成为果蔬园、后花园、游乐园、生态园和富春山居图。第三是新乡人。新农民劳动强度大幅降低，精神面貌焕然一新，收入水平显著提高，成为抢着当、令人羡慕、需要准入的职业。

（六）农业农村发展方式的创新性转变

改革开放 40 多年以来，农业农村经济领域在发展方式上发生了深刻变化。

1. 规模向科技转变　由过去依靠扩大农业种养规模向依靠科技创新和推广应用转变。科技作为第一生产力，越来越在农业中发挥着重要作用。如高标准农田改造、土壤污染防治、农产品品种更新换代、农业生产全程机械化都依赖于科技的支撑。

2. 数量向质量转变　由依靠产量提高向品质提升转变。城乡居民在解决温饱问题后日益注重农产品质量，而农产品供需矛盾突出促进农业生产调结构、提质量的转变。即更加注重推行农业标准化、品牌化、可溯源化，加强农产品质量安全执法监管。农产品市场绿色食品、有机食品增多，消费者对高质量农产品认可程度与购买程度提高。

3. 单一产业向融合转变　由依靠单一产业向产业融合转变。产业融合即"接二连三"，将种苗繁育、加工销售、仓储流通、旅游观光等众多环节实现一体化经营，大力发展特色农业、休闲农业等新的农业产业形态，有效带动了农民致富。

4. 粗放向绿色发展转变　由依靠化肥农药投入向绿色发展方向转变。在生态环境容量和资源承载力的约束条件下，农业生产经营更加注重保护环境资源，降低化肥农药的投入量，切实实行低碳循环生产方式，提高资源利用率。2017 年，我国三大粮食作物化肥利用率为 37.8%，农药利用率为 38.8%，分别比 2015 年提高 2.6 个百分点和 2.2 个百分点。从 2015 年起，农药使用量已连续三年负增长，化肥使用量零增长，实现农业生产的科学化、可持续化和生态化。

通过发展乡村绿色农业、加工流通、特色工艺、休闲旅游、电子商务、文化康养等特色产业，让乡村成为城乡融合的联合体，进而成为人民群众幸福生活的美丽家园、农民兄弟就业增收的幸福田园、城乡居民观光休闲的快乐公园、全国人民望山见水寄托乡愁的精神故园、社会资本投资兴业的美好乐园。

乡村是农耕文化传承、底蕴深厚的宝地；乡村是青山碧水交融、美丽宜居的宝地；乡村是产业兴旺兴盛、人文荟萃的宝地；乡村是返乡创业创新、投资兴业的宝地。乡村是一个可以大有作为的广阔天地！

二、乡村产业振兴应立足乡村

（一）乡村产业振兴要瞄准乡村

在看到乡村产业这棵大树的时候，看到美丽的果子，但是它的营养是来自它的根，乡村就是这个根！中国几千年来一直就有告老还乡的现象，中华民族是最长寿的民族所在就是来自乡村给予的营养。"乡村产业振兴为了谁"这个问题搞不清楚，我们的制度供给很可能南辕北辙。只有需求方与供给方思维统一，我们的政策目标才能实现。

比如，一位美女花大价钱买了一套香奈儿服装，穿了几次洗一下却掉色了。于是找客服询问，客服回答："我们设计时没有考虑过这个问题，一般买这种衣服穿几次就扔了。"

还有，一位美女花几千元买了一双高档皮鞋，穿几天鞋子就坏了。于是，怒找客服，客服悠悠地解释："我们设计的这鞋不是走路的，地摊上 50 元一双就可以走几百上千里。"

这与乡村产业发展中出现的一些现象异曲同工。农户需要一个可放置简单农具、房前屋后种瓜种菜的小院，却被迫搬上高层建筑。农户需要旱涝保收的农田水利设施，却把钱集中起来去建高科技农业园。结果大田仍旧怕旱涝，园区一直都亏损。

在乡村产业振兴从理论到实践难以估量的方法论中，正应了赫拉利《今日简史》中的名言："你可能感受对了困境，但你可能关心错了问题。"我们由此延伸思维：你可能找对了方法，但你可能瞄错了对象。

(二) 乡村产业要成为"两山"转化的金扁担

乡村产业振兴，将使农业的生产过程、农民生活方式和农村的生态环境发生深刻改变，将催生出一大批特色小镇、美丽乡村、休闲农庄、乡村旅游、田园综合体等新载体，将涌现出大批山水林田湖草、城乡一体融合、一二三产业融合发展的平台。也就是说，乡村产业振兴就像一条"金扁担"，一头挑着绿水青山，一头挑着金山银山，到处是掘金淘宝的"富矿"。乡村振兴将把绿水青山、清风明月、大地山河、蓝天白云、满天繁星、美丽传说转换成金山银山，因为乡村产业振兴的本质就是提升乡村的价值。

(三) 乡村产业振兴要有发动机和火箭

乡村产业振兴要有制度变革、结构优化、要素升级"三大发动机"。其中，制度变革是指改革；结构优化包括新型乡村工业化、新型乡村城镇化、城乡和区域经济一体化、乡村产业国际化等；要素升级包括技术进步、提升人力资本、推进信息化、知识增长等。火箭可以概括为新制度、新主体、新要素、新产业、新需求"五级火箭"。这"五级火箭"之间是有逻辑关系的：新制度驱动新主体，新主体运用新要素，新要素支撑新产业，新产业满足新需求。

乡村产业振兴也要打个样，然后点创新、线模仿、面推广。啥是格？格就是乡村的结构和样子。啥是局？局就是布局分布。格局就是山水林田湖草呈现的样子，格局决定结局。

期待乡村产业由此进入新时代，踏上新征程。按照乡村振兴战略要求，完成科学化、系统化、差异化、个性化、人性化的规划和实施方案，描绘出乡村美好蓝图，展示出乡村新面貌。期盼"三农"问题成为历史，广袤农村呈现"人稀地广、土壤肥沃、山清水秀、环境优美、富庶稳定"的新气象，呈现"农业强、农村美、农民富""敬农业、爱农村、愿务农"的新局面。

(四) 乡村产业振兴必须要激活要素

关键要增强乡村资源的流动性。在农村承包大量土地、山林、其他资源，以及种植大量农产品的，要彻底翻身了！

大量针对农村的金融举措，仅围绕农业农村抵押物这一项，就包括承包土地、山林、大棚农作物、种植大量农作物等；只要大搞乡村经济，就可直接享受国家补贴和贷款额度；就可享受最低的利息，甚至免息；大型农机具、厂房、活体畜禽、田地、应收账款等都可直接用于银行贷款抵押。

当前，县域经济发展正在从以乡村为依托、农业和农村经济为主体的传统县域经济，向以县城和中心镇为依托、非农经济为主导、一二三产业协调发展的新型县域经济转变。

乡村产业振兴需要凝聚在一个焦点上，这就是以农民为主体的人的活力的激发。需要政府与企业携手推动乡村振兴，联手合作整合资源，努力探索以平台方式集聚社会各界力量支持乡村振兴的多元化途径。这个途径就是县域经济、城乡融合和城镇化。

（五）乡村产业要建构五个维度

乡村产业在其发展过程中，始终沿着五个维度成长。第一个维度是适应乡村生产。第二个维度是方便村落生活，在这个过程中，不断完善和发展生产与生活功能。第三个维度是乡村生养，衍生出一系列乡村所特有的功能，如民间信仰、邻里互助、民俗、时令与节日、人群关系等，客观上形成了重要的乡村教化价值。教化是乡村治理的重要基础，有效的治理不仅是对人行为的约束，更是对人格的塑造。乡村的教化价值与乡村的空间结构、社会结构和文化结构密切相关。第四个维度是乡村生态，即青山碧水、蓝天白云。第五个维度是乡村生存，祖祖辈辈在此休养生息，传宗接代，生生不息。

我国有七类村，即城边村、产粮村、特色村、生态村、古村落、工贸村和衰落村。因村施政，因村施策，因地制宜。第一是宜农则农；第二是宜工则工；第三是宜游则游；第四是宜撤则撤；第五是宜商则商；第六是宜古则古；第七是宜贸则贸。用老子的话说就是，各美其美，美人之美，美美与共，相得益彰。乡风美，产业美，景观美，生态美，田园美。

当今是一个耕读传世、礼乐教化的时代，是一个追求生态、保护环境的时代，是一个从城市化迈向乡村的时代，也是一个乡村文明复兴的时代。因为乡村的发展事关天下事，所以要站在乡村展望中国，

21 世纪是东方文明复兴的时代。我们现在在建设农村，要淡化新农村这个提法。这个新意味着要革除旧的东西。其实旧的也是好的，因为其中可解千年兴衰之谜，藏万事文明之码。

我们的乡村是中华民族文化的胜地，乡村是所有城镇的母体，乡村是所有文化的基因。我们振兴乡村，不能断了文脉。那样的话，我们的出发点和立足点就错了。因此，不能把乡村生活看成"时间就是金钱"的经济属性。工业时代的过度索取，严重危及人类的健康。

寻求与大自然更合拍的生活节奏，缔造有利于生态、生活和生命健康的生活状态。乡村将成为都市生活的精神后花园，健康食材、健康养生、健康水源、健康空气的发源地。

（六）乡村产业的"三个优"功能

一是提供优质绿色农产品，必须保证国家粮食安全和重要农产品供给的功能。二是创造优美生态环境，发挥好生态屏障和提供生态产品的功能。三是传承优秀传统文化。乡村振兴不是要摧垮这些功能，而是要让乡村更好地发挥这些功能。

城市犹如乡村生的一个"儿子"。城市的功能就是集聚资金、人才、技术和创新，使城市成为一个地域乃至一个国家经济发展的增长极。但"儿子"又不能向"母体"乡村过多地索取，形成虹吸效应。

我国是大城市、大乡村、大海洋、大国土、大人口，有战略纵深，无处不大。但城市面临"成长的烦恼"，乡村也有"衰退的困扰"。过去多年来快速发展的工业化和城市化，资源和要素向城市单向流动，广大乡村出现了土地撂荒、人口外流、产业凋敝和基础设施薄弱等"乡村病"。"马太效应"之下，流动的城市与停滞的乡村，犹如经济社会版图的两条岔流，渐行渐远。

天之道，损有余而补不足。城市和乡村共处一个生态系统，互为依存又相互制衡，乡村包围着城市。乡村是城市的"菜篮子、米袋子"，城市的建设和发展也离不开农民。城市与乡村是阴阳共同体，难舍难分，须臾不可分离。

站在新的历史背景下，实施乡村振兴战略不仅是我国农业农村发展到新阶段的要求，也是实现城市更可持续、更有后劲发展的要求。

乡村振兴的本质就是遏制城市的"虹吸效应"，形成城镇化和逆城镇化的格局。

很多人认为，振兴乡村就是振兴农民的乡村。其实，从全局、规律和情感三个维度看，没有乡村振兴，国民经济社会全局就难以汇聚磅礴之力、打牢四梁八柱、拓展战略空间、增强活力定力。不振兴乡村，就不符合农业支持工业、工业反过来带动农业，农村支持城市、城市反过来带动农村的一般规律。

许多年以来，城市所有的危机都是通过向乡村释放产能、转移人口，帮助乡村发展来化解的。可以说，中国乡村在很大程度上承担了现代化的压力，同时也是推进现代化的动力。

乡村一次次向城市输送土地、资金、产业、粮食和劳动力，没有乡村的支持，就没有中国现代化的成就。当前，向农村投入物力、财力，不但是工业支持农业、城市反哺乡村，更是推动乡村多重价值成为新的经济增长引擎，通过创造性转化、创新性发展激活乡村文化元素，与城市形成互动格局。

这一切都是全方位的。发展乡村产业，就是要坚持以资源禀赋为基础、以市场需求为导向，满足人们对环境、文化和农产品多样化的需求；实行区域化布局、专业化生产，推动优势、特色农产品向优势产区集中，形成优势农产品产业带；促进粮经饲统筹和农林牧渔结合，更加合理地利用各种农业资源；推进农业产业链和价值链建设，重视发展休闲旅游、农产品的深精加工和综合利用，发展新产业新业态新模式，提高农产品的附加值和农业的综合效益。发展农村产业过程中，要因地制宜地采用多种方式促进一二三产业深度融合发展。当前，尤其应当重视建设数字乡村，发展农村电子商务，发展乡村新型服务业特别是生产性服务业，升级产业集群。

三、乡村产业振兴的分类推进

（一）按产业分类

农业产业链-乡村振兴、工业产业链-乡村振兴、旅游产业链-乡村振兴、房地产产业链-乡村振兴、交通产业链-乡村振兴、复合产业链-乡村振兴（如"农业＋农产品加工业"-乡村振兴、"农业＋旅游业"-乡村振兴等）。

（二）按禀赋分类

土地资源-乡村振兴（城市近郊农村因拥有快速增值的土地资源而振兴，如北京、深圳近郊农村等）、自然资源-乡村振兴（部分农村因为拥有丰富而独特的自然资源并产生加工附加值而振兴，如浙江安吉的竹产业、湖南安化的黑茶产业等）、生态资源-乡村振兴（部分农村因拥有优美的生态环境成为吸引人的旅游景区而振兴，如江西婺源的生态文旅产业等）、文化资源-乡村振兴（部分农村因拥有独特的历史文化资源成为吸引人的旅游景区而振兴，如江苏周庄等）、人物资源-乡村振兴（部分农村因为拥有历史人物成为著名的旅游景点而振兴，如湖南韶山等）、交通资源-乡村振兴（部分农村因交通要道发展商贸流通产业而振兴，如许多临空、临港、临铁的农村）、政策资源-乡村振兴（部分农村因享有独特的政策优惠而振兴，如深圳城郊的乡村等）、临城资源-乡村振兴（部分农村因地处城郊、有巨大的市场资源而振兴，如许多大城市郊区的农村）、复合资源-乡村振兴（有的农村因同时拥有上述多种资源而振兴）。

（三）按主体分类

能人主导-乡村振兴、企业主导-乡村振兴、政府主导-乡村振兴、集体组织主导-乡村振兴、园区主导-乡村振兴、合作社主导-乡村振兴、复合主导-乡村振兴（如"公司＋合作社＋农户"主导-乡村振兴）。

（四）按功能分类

特色小城镇主导-乡村振兴、田园综合体主导-乡村振兴、乡村旅游主导-乡村振兴等。

第二节　乡村产业与农民

农民是乡村产业发展的主体。只有让农民唱主角，才能让乡村产业根基扎实、走得更远。

一、小农户振兴是农民问题的关键

乡村振兴，不能富了老板、穷了老乡。振不振兴、农民就业充分不充分是一个重要的衡量标准。那种没有农民参与的产业振兴，不是我们所要的振兴。一户七八亩承包地只有兼业才能增收的现实，需要我们为小农户广开就地就近从事二三产业的第三就业空间。靠地，靠力，还要靠企。在城市就业趋于饱和的背景下，只有乡村一二三产业融合发展，农民足不出乡即可充分就业的产业振兴，才是真正的产业兴旺。

乡村人才振兴需要培养两支队伍：一个是"一懂两爱"的干部队伍，另一个就是"一懂一爱"的农民队伍。而要懂农业、爱农村的人才只能是农村生、农村长，从小在乡土环境中摸爬滚打，真正有乡土情结的农村走出去又走回来的青年。要把一个在城里生、城里长的人培养成懂农业、爱农村的新型农民，那可能近似神话。

乡村振兴就是"一大、一小"两件事。"大国小农"是我们的基本国情农情。在乡村振兴中必须解决好"一大、一小"两个问题。

"一大"，就是要解决大国 14 亿人的吃饭问题。要确保我们的粮食安全，保障国家粮食安全和重要农产品有效供给，把中国人的饭碗牢牢端在自己手中，而且饭碗里主要装中国粮。确保国家粮食安全，是乡村振兴战略的头等大事。

"一小"，就是要解决小农户的问题。不解决小农户问题，那样的乡村振兴就名不副实。

为此，必须把小农户融入大农业中去，把小商品融入大市场中去，把小企业融入大集群中去，把小老板融入大格局中去，把小地方融入大名声中去，小中见大，才能实现乡村振兴。

在操作过程中，要注意分类指导。虽然目前我国还有 2.3 亿个农户，但归根到底就"五户"。第一类是离农户，主要是指少数在城市务工获得一技之长或是从事经营活动的农民。这部分农民完全脱离农业生产和农村生活。第二类是职业户，在乡村从事各类经营活动的"中坚农民"，包括流转土地的种田能手、养殖大户、农机服务专业户、基层市场中的"代办"等。这类农户具有突出的市场经营能力，属于留在村庄中的精英。第三类是兼业户，半工半耕。这类农户依靠代际分工与夫妻分工来谋求家庭收入最大化。"半工半耕"户的基本形态是年老的父母在家务农、年轻夫妇外出务工，或是妻子在家务农、丈夫外出务工，形成家庭"两条腿走路"形态。第四类是贫困户，这类农户通常只有自家承包地上的农业收入。第五类是老板户，已经成为企业家、老板、理事长了。

二、乡村治理机制建立是解决农民问题的基础

乡村发展进入由农业大国成为农业强国的历史发展阶段，必须注重社会治理各个方面的精细、精深、精巧、精美、精良、精彩、精品，即建设"精致乡村"。这是高质量发展和建设美好生活的应有之义。要把"精致理念、精致精神、精致思维"推广到乡村经济、政治、社会、文化、生态各个领域。而要实现精致乡村，就必须建立乡村治理机制。

何谓机制？机制就是制度和体制赖以运转的方式方法。在原来的乡村治理中，干部向农民要钱要粮要命的时代已经过去。代表"上头"和农民两头的村"两委"是，老办法不管用，新办法不会用；硬办法不能用，软办法不顶用。乡村治理面临一些问题。解决这些问题，既要靠"自治、德治、法治"三大机制，还要靠"共建、共享、共治"。农民自己的事，就要成立新型农村社会组织，依靠村民理事会，靠新乡贤和农民自治来解决。一些村规民约、邻里乡亲的事，都要靠好的民风，靠好的乡风，靠公序良俗的德治来解决。而农民权益的维护、生态环境的治理、市场运行的规范则必须遵守国家法律，使用法治的手段解决。

共享农庄是乡村振兴的主平台。一院一地一房，是美好生活的新样本，是精准扶贫的新模式。美好的共享农庄是古人向往的理想空间。乡村是我国传统文明的发源地，乡土文化的根不能断。乡村不能成为荒芜的农村、留守的乡村、记忆中的故园。实施乡村振兴战略，让农业经营有效益，让农业成为有奔头的产业，让农民成为体面的职

业，让农村成为安居乐业的美丽家园，必须着眼于"新田园时代"背景。在城乡融合发展中创造"现代田园"，关键的平台就是共享农庄、分享农庄。这里面价值体量应该在万亿元左右，不求所有，但求所用。共享主义可能是重要的前奏，啥叫主义？主义就是最应该走的路。

说一千道一万，乡村振兴归根到底就是：产业振兴提升收入水平，村容振兴提升居住条件，生态振兴提升生存环境，文化振兴提升尊严素养，管理振兴提升民主地位，人才振兴提升动力结构，服务振兴提升民生保障。总之，要让农村有人（逆空心化，留人、引人）、有情（乡情、孝义、情怀）、有钱（产业、就业、社保）、有面（尊严、村容、生态）、有娱（乡村曲艺、文化传承）和有序（民主、法治、族规）。

三、农民参与产业振兴的缺失不容忽视

1. 缺要素　土地、人口等生产要素高度非农化。

2. 缺人脉　农村社会主体过快老弱化，乡村人气不旺、人力不足，制约了现代农业与乡村转型发展。农村青壮年主力军选择离开家乡到大城市闯荡，他们离土、出村、不愿意回村，加剧了农村的衰落；村庄用地严重空废化。据测算，全国空心村综合整治潜力达1.14亿亩。

3. 缺整治　空心村不整治，新农村难振兴。乡村地区深度贫困化，城乡居民收入差距难以缩小，乡村社会治理存在隐患。

4. 缺链条　农业只要仍是一业独大，农业衍生出的很多新产业新业态新模式，未能实现一二三产业融合发展。

5. 缺文化　产业强身不错，外貌塑形也可以，关键是铸魂，也就是乡风、民风和家风向乡村的注入。

四、率先促进一些乡村和农户崛起

离城不近不远的地方，住着不高不矮的房子，吃着不咸不淡的饭菜，干着不轻不重的农活，过着不紧不慢的日子，这些地方最先振兴！目前，人口定居出现了一个趋势：多数人口愿意居住在离大城市

2～3小时车程的地方。这样他们既可以享受乡村的新鲜空气，又能够享受城市的医疗和娱乐。

随着乡村振兴战略的实施，会有很多的人从大城市迁移到乡下或者小城市。新的科技、工作方式以及高效的客运系统将会使在乡村办公成为可能，并且为乡村输血，振兴乡村。

这样，乡村产业振兴过程中就会出现"新三农"。第一是新农业。一二三产业高度融合，生产生活生态功能充分发挥，新农业成为保卫舌尖安全、呵护绿色家园、鼓起农民腰包的"高大上"产业。第二是新农村。乡土气息更加浓厚，田园风光更加迷人，生活环境更加舒适。新农村成为人人追求的稀缺资源，成为生态宜居的"世外桃源"，成为果蔬园、后花园、游乐园、生态园和富春山居图。第三是新农民。新农民的劳动强度大幅降低，精神面貌焕然一新，收入水平显著提高。新农民成为抢着当、令人羡慕、需要准入的职业。

五、乡村产业振兴要留住农村能人

乡村产业振兴要做到"四留住"，即留住资源要素、留住产业链条、留住利润税收、留住人气人脉。

要做到"三留人"，即产业留人、环境留人、待遇留人，尤其是留住年轻人。一方面，要打破城乡二元经济结构，构建农村一二三产业融合发展体系。比如，发展农村农产品加工业，建设休闲观光园区、森林人家、康养基地等乡村旅游工程，发展乡村共享经济、创意农业、特色文化产业等。另一方面，凡是能留住年轻人的乡村，工作环境大都优美、体面。比如，旅游景区和田园综合体。

实现乡村振兴是新时代的使命，必须要以新时代的站位、以改革创新的思维，全力蹚出一条乡村振兴的新路径。其内涵实质体现在五个"新"。

1. 新的价值取向　从工业文明时代"以人为中心，追求利润最大化"转变为生态文明时代"人与自然和谐发展，追求绿色发展、可持续发展"的价值取向。未来乡村不再是单一从事农业的地方，而将成为人们养生养老、创新创业、生活居住的新空间。乡村的经济价值、生态价值、社会价值、文化价值将日益凸显。

2. 新的城乡关系　从城乡二元割裂转变为城镇村三元共生、城乡互动互补互促的城乡融合发展。未来乡村将成为一个既深刻保持传统乡村文明原真性，又开放兼收现代文明创造性的新型社区。这里既有祖祖辈辈守望村落和田野的传统村民，也有离开村落外出发展后返回家乡的回归村民，还有城市回归乡村田园生活的新型村民。

3. 新的经济形态　从单一的农业经济形态转变为以高品质农业为基础、农工贸文旅深度融合发展的多元经济形态。公共基础设施的改善与互联网等现代技术的应用，将会使原本单一的农业经济演变为农业与农产品加工业、休闲旅游业、文化创意产业融合发展的综合业态，并将建立与政治、文化、社会、生态共生且高度一致的区域性内生经济循环系统。

4. 新的运行机制　从碎片化的独立分散经营转变为有利于实现共同富裕、符合市场经济要求的集体经济运行新机制。未来乡村将形成以集体经济制度为基础，以混合所有制、农合联等多样化联合合作发展为特征，既能充分发挥村民个体积极性，又能实现集体经济保值增值，体现集体优越性的经济运行机制。

5. 新的文化形态　从单一的传统农耕文化形态转变为优秀传统乡土文化与现代文化元素、城市文明形态兼收并蓄的新型文化形态。未来乡村中既有"敬天爱人""耕读传家"的传统农耕文化，又有从城市带来的现代生活理念、科学技术应用，还将会产生传统文化和现代文明碰撞交融而带来的新文化。

六、促进乡村根脉"五复活"

生态文明建设背景下，乡村的价值将会得到重新发现，乡村的经济社会结构将会发生重要变革，乡村将迎来新的发展机遇。实践中，要坚持"活态保护、有机发展"的理念，即把乡村放到历史动态中去考量，遵循发展规律，尊重当地居民，通过"中医调理、针灸激活"方式，给予村落适度的刺激，慢慢恢复其生命力。

1. 复活乡村的整村风貌　为保护和恢复"天人合一"的村落形

态，把田园、山水、村落作为一个有机整体来规划、保护和建设。在村落传统格局和历史风貌的整体保护上，核心区严控建新房，外围区域建房注重建筑布局、高度、风格、色调与村庄传统风格相协调。同时，加强村落自然生态环境的保护提升，优化"山水-田园-村落"和谐美的格局。

2. 复活传统民居的生命力 保护发展好乡村，必须解决好保护与老百姓改善居住条件之间的矛盾。为此，帮助村民通过对原有住房进行修缮、改造，用较低的成本达到改善居住条件的目的。此外，还编制改造技术指南，用图文并茂的方式告诉老百姓怎么改。

3. 复活乡村的经济活力 促进乡村文明与城市文明、商业文明的有机衔接，这样乡村文明才具有稳定性和可持续性。以优良的生态环境为底本、以乡土民俗风情文化为依托、以摄影写生等艺术创作为媒介，植入生态农业、休闲度假、文化旅游等业态，推动一二三产业深度融合发展。

4. 复活乡村的优良文化基因 乡村建设最要紧的是文化和价值观的修复。我们本着"保护为主、精修为旨、艺术为重、和谐为本"的原则，对濒危历史文化建筑开展抢救性修复、保护性修缮，传统村落和传统建筑实现挂牌保护，宗祠、古廊桥、古道、老屋修缮保护。"拯救老屋行动"试点工作要列入《乡村振兴战略规划（2018—2022年)》中的乡村文化繁荣兴盛重大工程。

5. 复活低碳、生态、环保的生产生活方式 努力保护原真自然的生活环境，提倡绿色健康的饮食方式和休闲方式；着力建立生态循环链，开展垃圾分类，建设绿色建筑，运用绿色节能技术，从生产环节、生活方式上探索低碳循环，积极营造一种简约、质朴、生态、低碳的乡村生活。

七、乡村产业振兴的要素落地

乡村产业振兴的四要素是指产业发展过程中所必需的"人才、技术、市场、资本"四项基本发展要素。人才：打造科普教育、双创孵化、实践中心、人才中心等内容板块；技术：技术研发、应用试验、种业试验、农机试验、物联网、人工智能等内容板块；市场：分拣包装、加工流通、食品安全检测、新零售等内容板块；资本：创业投融资、农业金融。

为此，要开展"五乡"活动：一是市民下乡。发挥乡村的多功能性，不能仅仅把乡村看成是农产品生产的地方，也不仅仅是农民居住的地方，还应该成为城市的后花园，成为城市居民旅游观光休闲、健康养生养老的地方。二是农民留乡。现在许多乡村建筑盲目模仿城市建筑，不适合乡村特点，庸俗而又没有美感。要根据农村的自然条件，设计出适合乡村特点的建设与景点，一定会大大吸引外来观光者。这些有美感的设计需要众多的能工巧匠留乡。三是能人返乡。农村不缺资源，关键缺乏懂经营、能干又会干的人才。而对于那些在城里打工见过世面，又有能力改变家乡的人才，应该创造条件吸引他们返乡。不少村庄的带头人，年轻时大多要么打过工要么当过兵，在外见过世面，回到家乡带领村民致富，很容易找到致富门路。四是外人入乡。要合并村庄建设乡村小镇，漂亮宜居，生活品质与县城差不多，可以大大提升生活品质，让外来人融进来。五是企业兴乡。靠企业大力向村庄投资，一个村庄大概投入一千万，主要用于村庄的道路、下水道、污水垃圾处理等基础设施，硬件服务水平就可以与城市看齐，村庄生活服务品质也因此而大大提升。

把农村建设得更像农村。不靠路（建房）、不填塘、不劈山、不占田、不砍树，让垃圾不出村，让污水不入河。树上有鸟，河里有鱼，地里有虫。让年轻人回来，让鸟儿回来，让民俗回来。不当旁人，不当闲人，不当懒人，争作主人。

未来乡村建设中，要坚持"把农村建设得更像农村"的理念，坚持"最小的人为干预、最大的原乡体验"，依托村庄传统，尽可能保留村庄原有"肌理"，不进行大拆大建。尽量采用当地的建造材料，充分挖掘村内的旧材料，通过新旧结合，废物换新颜。尽量"倒行逆施"，去城市化、去口号化、去概念化、去同质化。

有条件的乡村要资源整合、功能聚合、要素融合、三生综合、产业集合，向田园综合体和特色小镇方向发展。要构建产业、生活、景观、休闲、服务五大区域，每一区域承担各自的主要职能，各区域之间融合互动，形成紧密相连、相互配合的有机综合体。一是农业产业区。主要是从事种植养殖等农业生产活动和农产品加工制造、储藏保鲜、市场流通的区域。这是确立综合体根本定位，为综合体发展和运行提供产业支撑及发展动力的核心区域。二是生活居住区。在农村原有居住区基础之上，在产业、生态、休闲和旅游等要素带动引领下，构建起以农业为基础、以休闲为支撑的综合聚集平台，形成当地农民社区化居住生活、产业工人聚集居住生活、外来休闲旅游居住生活三类人口相对集中的居住生活区域。三是文化景观区。以农村文明为背景，以农村田园景观、现代农业设施、农业生产活动和优质特色农产品为基础，开发特色主题观光区域。以田园风光和生态宜居增强综合体的吸引力。四是休闲聚集区。为满足城乡居民各种休闲需求而设置的综合休闲产品体系，包括游览、赏景、登山、玩水等休闲活动和体验项目，使城乡居民能够深入农村特色的生活空间，体验乡村田园活动，享受休闲体验乐趣。五是综合服务区。为综合体各项功能和组织运行提供服务与保障的功能区域，包括服务农业生产领域的金融、技术、物流、电商等，也包括服务居民生活领域的医疗、教育、商业、康养、培训等内容。

八、推进乡村生发运动

乡村振兴实质就是对乡村生命力、乡村价值、乡村功能的发现与彰显。一些乡村可以考虑通过向城市市民收取一定的费用而让市民转变为特别乡民。

乡村发展的滞后一方面源自经济原因，另一方面则源于乡村文化与价值层面的自信缺失。因此，要注重弘扬乡村传统文化和公共艺术的做法，为乡村发展注入强大的内生力量。

乡村的发展与振兴不能完全依赖政府，只有让村民充分认识到乡村是自己的，让村民真正以主人翁的姿态参与乡村发展，乡村建设与发展才能获得持续的动力。这就是一种"自下而上"的乡村生发运动。

白天热闹，晚上睡觉，留不住人。因此，可以尝试搞鲜酿啤酒屋、烘焙咖啡厅、作家书屋、棋牌室；还可以常态化举办篝火晚会，建设轰趴馆、小型影院、桌球室，添置天文望远镜开展夜观星象活动，开办晚间音乐课堂等项目。让来乡村的客人有丰富多彩的"夜生活"可供选择，这样才能留住人气。

在搞乡村规划建设时，不要忘掉来乡村田园中消费的城市群体。他们所向往的田园丛林、山间溪水、野趣露营、以健康为核心的消费主题，以及纯正生态自然的乡趣休闲生活，才是休闲农业真正的正确发展方向。

在搞特色小镇、田园综合体、农业公园、都市农业科技园、彩色农业、立体农业、农业嘉年华时，要接地气，把值得借鉴的地方跟中国乡村现状相结合，打造属于自己的"三农"。不接地气、生搬硬套会造成极大浪费，使"三农"味道全无，严重脱离中国乡村的现状。不能把城市功能直接植入田园，以高大上代替中国乡土文化；更不可用所谓的艺术种植和雕塑种植做烧钱农业！使真正的农业生产、生态、生活完全与市场背道而驰。

优秀的中国文化诗酒田园、自然美好的乡村健康生活、现代科技农业的良田，融合纯朴休闲养生的健康旅游生活等，才是市场广阔的正宗休闲旅游，才是城乡融合发展、共同富裕的中国模式。把一村一方案提升为一县一方案、一省一模式的品牌城乡休闲生活！

九、推进乡村全面发展

乡村五个安全问题实际上是一个包心菜的关系，即最重要的问题。第一层的问题是食品安全问题，包在最里面；第二层是粮食安全问题；第三层是乡村社会安全问题；第四层是生态环境问题；第五层是国家农业安全问题。这样五个问题一个套一个，最应该先解决的农业问题反而在最核心部分。这就是为什么全世界在解决农业问题上束手无策，始终没有从根本上解决问题的原因。

1. 建设产业兴旺的富裕乡村　产业兴旺是乡村振兴的物质基础和根本要求，是乡村振兴的重点；产业是推进农业农村现代化的主抓手。

2. 建设生态宜居的美丽乡村　良好的生态环境和村容村貌是农村文明程度的直观体现，也是美丽乡村的基本特征。要把美丽乡村打造成美丽经济，把绿水青山就是金山银山的通道打通。

3. 建设安居乐业的幸福乡村　让产业兴旺有市值，生态宜居有颜值，乡风文明有气质，治理有效有机制，生活富裕有品质。提高广大农民的生活质量和水平是乡村振兴的根本目的。

4. 建设激情迸发的活力乡村　坚持以深化农村土地制度改革为主线，着力破除体制机制弊端，让乡村"活"起来，让年轻人都回来，让鸟儿们都回来。

5. 建设令人向往的魅力乡村　乡村振兴不仅是物质空间形态的塑造、村容村貌的整治，更应该激发村民和涉村人员对家乡的热爱与创造，自主发展可持续的乡村家业、产业、事业。百姓创家业，老板创产业，干部创事业，从物质和精神两个方面都达到脱贫致富的目标。第一是我村我素。老天爷产业，天人合一，道法自然。素素淡淡，素面朝天。我行我素，人与自然和社会和谐共生。第二是我村我品。品品味味，口口相传，品味乡村，安居乐业，品牌品格。第三是我村我家。村即是家，家国天下。我心安处，就是我家。第四是我村我业。老百姓产业，安居乐业，产业市值，产品特色，产村融合。第五是我村我根。老祖宗产业，祖宗所传，以物化文，以文化人，以人化天下。灵魂居所，文化所系。

十、乡村产业振兴可以实现"十全十美"

1. 美村　美丽乡村要成为城里人休闲旅游、养生养老、健康娱乐、运动健身的生态乐园。

2. 美产　积极发展"农家乐"、民宿经济、乡村旅游业、康养产业、文创产业、体验农业、智慧农业和电商农业等多功能的农业新业态，发展绿色美丽经济。

3. 美品　发展具有乡愁和民俗特色的传统乡土产业及手工艺品制作，努力成为带旺乡村旅游业的旅游产品。

4. 美居 提高农村人居环境和基础设施建设水平，努力实现从局部美到全域美、一时美到持久美、外在美到内在美、环境美到人文美、形象美到制度美的转型升级。工作重心要从建设美丽乡村向经营美丽乡村和共享美丽乡村转变。

要致力于建设一批高标准、高颜值、高普惠、可推广的美丽乡村建设示范县，全面提升县域村庄垃圾分类无害化处理、污水治理"三改一拆"等人居环境治理水平。

5. 美庄 打造一批美丽村庄，小型化，微景观，组团式，生态化，处处是公园。

6. 美院 美丽庭院，前院是瓜果蔬菜，后院是一望无际的小树林。满天的星星挤得都快掉下来了，听取蛙声一片，七八个星天外。

7. 美园 美丽田园，齐刷刷，密匝匝，黄灿灿，黑油油。到处是鲜花绿草，清风明月。

8. 美体 美丽庄园，循环农业，体验农业，创意农业，三农叠加，打造田园综合体。

9. 美路 美丽乡道，一路走一路花，一路走一路树，流连忘返。

10. 美水 美丽水道，河海湖，处处是湿地。天的眼睛，云的镜子，月亮洗澡的地方，星星戏耍的天堂。

十全十美，美人之美。美美与共，天下大同。乡村的美丽，乡村风景线。要把村落景区化作为经营美丽乡村、发展美丽经济的新抓手，努力使景区化村庄成为乡村旅游的目的地。

十一、乡村产业振兴将最终具备"六合一"

衡量乡村产业振兴是否成功的重要标准有六条：

1. "人田合一" 农民和田地要合在一起。不能将农民迁离土地，而应该让他们集中起来居住。大国小农、城乡一体，一直是中国的传统特色。

2. "人畜合一" 农牧循环，对"家"字的解读就是"屋里有一只猪（豕）"。有猪就有肥，有肥就能养地。有收成，能养地。土地的生命周期有限，土地中的有机质消耗完之后就会沙漠化，人就搬迁到其他地方。

3. "家祠合一"　如果说法制文明是强制性的，那么宗祠文明则是自律的。祠堂是管理农民精神的地方。家和祠在一起，就是以法律为基础，以道德为准则的。家祠合一是以完善自我道德为基础的自律文明。祠堂教化农民遵循传统文化和礼制，让他们做有道德、有文化的人。

4. "孝道合一"　中国传统文化中，"孝"一直是一条中轴线。古人极其注重孝道，不孝之人不可以当官。就这样，人们以"孝道"为轴，制定了一套社会文化体系。城市养老院中都是老人，老人每天面对的都是生命消逝的场景，这是很残忍的晚年。而中国农村讲究四世同堂，老年人每天面对着充满生机的孩童，在盼望着孩子快乐成长的日子里幸福地老去。

5. "家国合一"　中国人讲究"修身齐家治国平天下"。在历史上，很多重大历史变革都是农民走在前面。农民有很可贵的牺牲小我、忠于国家的精神。自古以来，中国农耕文明的核心是家与祠。家是小家，祠是大家，而村则类同于"国家"的概念。

6. "城乡合一"　农耕文明其实就是在一种以农业为大背景，"工农商学兵"联合运营的"国家模式"下形成的。今天乡村振兴的主要工作就是城乡一体化、"三产"融合。换句话说，就是把切断的农耕文明用城乡统筹、"三产"融合的方式再次衔接起来，由传统的农耕文明华丽转型为现代农业。

乡村产业振兴这"六个合一"，也是界定乡村产业发展方向是否正确的重要原则。

第一，实施乡村振兴战略，提升乡村的价值。让乡村成为人们更向往的地方，与城市等值化，实现城乡融合发展。

第二，实施区域整合战略。假如东部地区是城市，中部、西部、东北地区是农村，通过中部崛起、西部开发、东北振兴，与东部等值化，实现区域融合发展。

第三，实施世界融合战略。对处于发展中地位的中国来说，经济上达到发达国家水平是早晚的事情，但是你再强大也融入不了发达国家体系。因此，中国从战略上应该始终将自身视作"发展中国家的先锋队"，与发展中国家一道提高自身价值，为发展中国家提供战略实惠。比如，"一带一路"倡议、进口博览会等就是将崛起的积极外溢朝发展中国家倾斜，这是最直接的战略实惠。然后，一起与西方发达国家等值化，实现世界融合发展。

第三节　乡村产业与农业

农业具有六个特性，即生命性、周期性、区域性、弱质性、生命与经济复合性、外部性。对于农业，我们很多人都低估了它的复杂性和专业性。农业的复杂性包含作物、气候、行情、技术等各方面，是一个有较高技术含量的行业。这样的属性就决定了能在农业领域盈利的，一定是有专业技术、懂市场、有一定风险抵御能力、思维领先的那部分群体。

反观现在的农业从业群体，尤其从种植端群体来看，无论是思维意识、专业技术知识，还是对农业发展趋势的大局把控或是对市场的了解等，有很多是不具备或者非常欠缺的。

一、乡村产业一定程度上就是恢复大农业的本来面目

长期以来，乡村成了农产品、农用地、农民工的输出地。这与长期形成的习惯思维有关。在计划经济时代，"农村"等同于农业，它的唯一功能是为城市提供粮食。农村居民不仅被禁锢在土地上，而且也被剥夺了生产决策权，种植经济作物和多种经营被当作"资本主义尾巴"割掉。"农民就该种地"，成为人们根深蒂固的成见。

从 20 世纪 80 年代末开始，沿海地区对劳动力的需求大增，农村又成为劳动力的输出地。起初，来自农村的务工者被称为"盲流"，时刻有被清理的危险。进入 90 年代之后，农村务工者已经成为工业化无可替代的一部分，"农民工"一词应运而生。城市周边的农用地也像一片片美丽的桑叶，被城市这个蚕宝宝一片一片吃掉了。现在就

是要乡村政治、经济、文化、生态、社会全面进步，产业、人才、文化、生态、组织全面振兴，全面实现农业农村现代化，与工业化、信息化、城镇化和农业农村现代化同步推进。

加快培育乡村产业、乡土产业，促进一二三产业融合发展。推进农村人才队伍建设。戏好还要靠唱戏人，没有人，乡村振兴就是一句空话。将加大乡村振兴人才选拔培养力度，全面建立高素质农民制度，加快培育新型农业经营主体，更好地示范带动小农户发展。同时，进一步落实好国务院关于支持下乡返乡创业创新的政策，引导支持各类人才在农村广阔天地施展才华、大显身手。

促进乡村产业振兴，一定程度上讲，就是恢复大农业的本来面目。

二、农业是人类告别愚昧走向文明的标志

农业不再是第一产业，农业是人类告别愚昧走向文明的标志。人类社会在漫长的发展和改变自然的过程中，创造了非常重要的文明，稻田变成湿地，麦田变成绿地，油菜花变成花海，森林变成碳汇，草原变成屏障。这是在尊重自然的基础上人类所做的恰当的改变和修饰，使自然能够更好地服务于人类。

农业文明本身就体现着人类与自然的和谐共生。农业是老天爷产业，天人合一，道法自然。农业是老祖宗产业，以物化文，以文化人。农业是老百姓产业，来源于老百姓，用于老百姓。农业本身就是风景。春天来了，走进大自然，无处不是农业风景，无处不是农业文明的结晶。

农业具有区域特色优势。一是特色。关键是因地制宜，要充分考虑气候、地理资源、地理条件的影响和约束，从当地的实际情况出发，围绕水、土、光、热等资源要素来抓好农业生产。二是高质量发展。把自然条件的特点和优势与市场结合起来，实现品牌化打造、品质化生产，实现农业高质量发展。三是特点。要有鲜明特点，注重优质与安全、营养与口感。产品的附加值要高，效益要好。在提高投入产出比的同时，做到资源节约、环境友好。

三、农业供给侧结构性改革和农业农村现代化

大道至简！农业农村现代化其实并不神秘。"现代化"渗透到劳动者、劳动对象和劳动工具中，蕴藏在每项农业技术、每台设施装备、每件工具、每粒种子、每片土壤、每个农产品、每个加工产品、每个休闲农庄中。一个一个的产业体系建起来了，一个一个的生产体系建起来了，一个一个的经营体系建起来了，而这里边具体而微的短板，就是农业供给侧结构性改革的着力点。

将每件工具、每粒种子、每个设施装备造牢造靓，农民都喜欢用了；每个农产品、每块馒头、每碗米饭、每块肉、每枚鸡蛋、每瓶牛奶、每条鱼、每个生态产品做精做好，国民都抢着买了。大量的有效供给满足人们的有效需求了，甚至创造需求、创造客户了，农业供给侧结构性改革就成功了，农业农村也就开始现代化了。

四、我国农业正发生一场深刻的革命

农业正在发生一场从"赤身裸奔"到"盛装出场"，从产品竞争到体系竞争，从默默无闻到扬名立万，从没名没姓到品牌经济，从价格挣扎到价值发展，从"披头散发"到精深加工，从"占山为王"到一统天下，从"来路不明"到质量可溯，从传统农业到现代农业的脱胎换骨、接二连三、旁敲侧击、三生有幸、顶天立地、枯木逢春的产业革命、消费革命和品牌革命。

特别是信息化时代，诸多新型经营主体发掘乡村新功能新价值，催生新产业新业态，实现"农业＋"多业态发展。

"种植＋"林牧渔，形成鸭稻共生、蟹稻共生、稻渔共生、林下养殖等循环型农业。

"农业＋"加工流通，形成延伸型农业，让人们品尝"土里土气土特产、原汁原味原生态、老锅老灶老味道"。2018 年，主食加工产值突破 2 万多亿元。

"农业＋"文化、教育、旅游、康养等产业，形成体验型农业。很多适宜乡村在"山清水秀人也秀、鸟语花香饭也香"的周边，把田

园变"公园"、农区变"景区"、劳动变"运动"、空气变"人气",提供"风餐路宿、人情事故"(风景旅游、农家饭菜、景观道路、宿营房屋、人情味道、农事体验和故事传说)等服务。让人们享受"好山好水好风光"视觉愉悦,被誉为"离城不近不远、房子不高不低、饭菜不咸不淡、文化不土不洋、生活不紧不慢"的高品质生活。

"农业+"信息产业,形成智慧型农业。原来"面朝黄土背朝天"的景象正在向"人在干、云在转、数在算、面朝屏幕背朝云"的场景转变。

其本质特征是还原"大农业"本来面目,利用大资源、大生态、大网络发掘农业本身存在的融合基因。我国古代农耕社会的农户基本上是兼业,男耕是一产,女织是二产,多余的到集市上去卖是三产,就有"一二三产业融合"的基因。1943年延安时期,毛泽东同志指示南泥湾"要农工商全面发展"。但由于20世纪50年代中后期,我国学习苏联和东欧的计划经济体制,结果将本属于农业内部的一二三产业人为切割成城乡两个单元来处理,把农业生产环节放到农村,把加工流通环节等放到城市,形成了除刘易斯所说的经济发展过程中本身就会出现发达和不发达二元格局之外的人为的城乡经济二元格局。

而从国际视角看,欧、美、日、韩等发达国家农业本身就包括一二三产业。欧洲的很多国家农业往往与食品等一体管理;美国农业产值包括生产加工流通;1994年,日本、韩国借鉴钱学森先生1984年提出的"农业六次产业革命",将初级农产品生产、食品加工、肥料生产、流通、销售、信息服务都算作农业。

农业业态是指多元要素融合而成的不同农产品(服务)、农业经营方式和农业经营组织形式。由于农业资源要素的多元性,近年来,通过不同方式的资源融合,已催生出四类业态:第一是服务型业态,比如休闲农业、阳台农业、会展农业和电商农业。第二是创新型业态,比如智慧农业、视频农业和在线农业等。第三是社会化业态,比如定制农业、会员农业和社区支农等。第四是工厂化农业,比如植物工厂、设施农业等。各种业态发展呈现出不同的阶段性特征,距离城市近的以市民休闲为主,距离城市远的以生态休闲为主。

221

五、农业功能拓展业态创新向集群方向发展

推动农业产业链条延伸，注重全产业链建设，通过兼并重组、联合合作、平台建设等形式，整合生产、仓储、物流、科技等资源，吸引特色鲜明、效益明显、市场竞争力强的优势产业主体，形成多模式推进、多业态打造、多主体培育、多要素发力、多产业叠加、多领域联动、多环节增效、多举措并举、多机制联结的产业集群。

推动产业形态创新，主动加强科研创新和先进技术推广应用，开发数字化、智慧型先进装备，采用大数据、云计算等新兴技术，建立健全智能化、网络化农业生产经营体系，发展"互联网＋现代农业""生鲜电商＋冷链宅配""中央厨房＋食材冷链配送"等新型产业形态。

推动产业功能拓展，主动适应消费结构升级的变化，挖掘当地资源潜力，集成利用各类资源要素，推动新产业与传统产业融合发展。大力发展物流商贸、观光旅游、健康养生、教育文化等新兴服务业，实现农业由"卖产品"向"卖风景""卖温情""卖文化""卖过程""卖生态"的转变。出现新的农业类型：

1. 餐饮农业 要大力振兴农村传统特色小吃，深入挖掘、宣传、做大农村传统小吃及特色农家菜等乡土美食，使之成为一门产业。

2. 智慧农业 加快实施农业"机器换人"，积极推广应用农业生产信息化调控技术、农业地理信息技术。

3. 健康农业 研究支持发展铁皮石斛、金线莲、中药材、蜂产品、功能性农产品等产业，顺应人民群众对优质农产品的需求。

4. 绿色农业 以生产并加工销售绿色食品为轴心的农业生产经营方式。以"绿色环境""绿色技术""绿色产品"为主体，促使过分依赖化肥、农药的化学农业向主要依靠生物内在机制的生态农业转变。全面推进全产业链循环，集成推广生态循环农业技术、新型种养模式，拓展农业生态休闲功能，发展绿色农业新业态。农业绿色发展将摆在我国生态文明建设全局的突出位置，我国将全面建立以绿色生态为导向的制度体系，基本形成与资源环境承载力相匹配、与生产生

活生态相协调的农业发展格局。

5. 种子农业 要加快农业科技创新，大力推广应用新品种、新技术、新机具。加快种业体制改革和机制创新，做大做强育繁推一体化种业企业。

6. 品牌农业 要品牌统领，提升农业整体形象和层次；要注重顶层设计，制订特色化、差异化的品牌发展战略实施方案；要注重整合和塑造，做大做强农产品品牌。

7. 分享农业 利用共享网络等平台，将土地、农房等各种资源整合，让很多消费者共享。消费者给农庄或农场一定费用，类似滴滴养猪、滴滴农场等这样一种为众多消费者带来便利和实惠，为财产所有人带来实在收益的一种农业。

8. 定制农业 也称市民菜园。消费者提前支付预订款，农场按需求向其供应农产品。这是一种生产者和消费者风险共担、利益共享的城乡合作新模式。

9. 创意农业 多以创意元素的形式融入农业开发中，即通过将产品功能与造型推陈出新或赋予文化新意，使普通农产品变成纪念品，甚至艺术品，从而身价倍增。或通过定期或不定期举办创意活动，提高消费者的体验价值。

10. 康养农业 主要是健康养生养老企业到农庄和农场建基地，将基地作为康养人员购买农产品和休闲体验的场所，为健康养生人员提供农事体验和恢复身体的福利。

11. 体验农业 就是利用现代技术集成应用，衍生出工厂化现场，让消费者制作、体验、品尝的农业新业态。加工体验是体验农业的高级阶段。

12. 智慧农业 按照高质量发展要求，坚持走在前列目标定位，以推进农业供给侧结构性改革为主线，以推动大数据、云计算、物联网、人工智能技术在农业各领域融合应用为着力点，坚持试验示范、集成创新和推广应用有机结合，着力培育智慧农业新技术、新产业、新业态和新模式，加快实现生产智能化、管理数据化、经营网络化和服务在线化，培育形成智慧农业产业体系，全面提升农业智慧化水平。

13. 湿地农业　指以保护生态环境为目标，运用生态经济学、生态学原理，将水产及畜产品养殖与水稻及其他水生经济作物种植结合在一起，使农业湿地生态系统中的物质和能量能够得到多环节、多层次的综合利用，形成一个新的产业链。湿地农业是一种资源再生能力强，整体结构合理，环境改善作用大，经济、社会、生态三种效益有机统一的综合利用模式。

此外，还出现了高端农业。高端农业是以提高农业效益和农业可持续发展为主要目标，凭借具有区域特色的农业资源优势和独特的农产品加工技术手段，开发出具有高科技含量，可以获得高效益回报，位于农业产业链顶层的优质、生态、绿色、安全农业。高端农业更符合市场需求，也更容易获得用户认可。因其具有产业规模化、生产高端化和产业融合化的特点，将成为未来农业的发展方向。

第四节　乡村产业与人才

人才聚焦，乡村产业振兴才底气十足。要构建"不拘一格降人才"的人才策略，鼓励各类人才返乡下乡到乡村创业发展，有效推动人才、资金、技术等不断涌向乡村，使乡村成为众多乡土人才干事创业的理想乐园。

人才聚焦，乡村振兴才"前途光明"。只有"筑巢引凤"，准确自身定位，积极构建产业平台，以项目吸引人才，以人才优化项目，以人才"新政"全面实施为契机，补齐乡村短板，聚焦人才重点，精准发力，乡村的振兴前景才能"前途光明"。乡村的发展不仅要看产品、看实力，更需要一批能干事、愿干事、留得住、住得下的乡土人才队伍，为乡村振兴"添柴加薪"。

人才聚焦，乡村振兴才"名至实归"。得人才者兴，失人才者衰。人才是第一资源，是乡村振兴的"四梁八柱"。人才的集聚是乡村振兴的一股"精气神"，助推着乡村产业的转型升级、换道超车和跨越发展。

一、人才在乡村产业振兴中作用突出

现在，很多乡村先把基本公共服务和公共设施做好，把生态做好，把环境治理改善好，目的是让资源要素活起来、农村能人留下来、外部资金流进来。做产业，人才最关键。只要有了人才，财、物、技术都会跟着人才走。乡村振兴五个目标中最难的是产业兴旺，产业兴旺要找机遇，水到渠成加紧做。互联网等新技术会带来机遇，城市网络扩张、城市产业与市民需求升级也会带来机遇。

目前，很多乡村既无人才也无资金，乡村产业振兴何来容易？这种观点持有者多。几年的探索发现，这只是表面困境，并不是什么大的问题。其实，中国涉村人员足有 10 亿之众。进城务工经商但户口还在乡村的约 7 亿人，还有进城了但渴望还乡有乡村情怀的 3 亿人左右，加起来总共 10 亿人。这是前所未有的规模，只是他们被城市化分隔到了天南海北，甚至世界各地按 100 位涉村人员中成长出一位德才兼备的新乡贤，新乡贤的规模也是千万级的数量。

二、让各类人才在乡村产业中大展宏图

（一）新乡人

有新农人，从事农业的为新农人；也有新乡人，到乡村居住的为新乡人。乡村是城市的压舱石，是城市会客厅的后花园。所以，一个城市还应从美丽乡村、产品品牌上进行包装推介。把一个项目、一个景点、一个产品推介好了也是城市形象的提升，而不是靠一个项目一个企业单打独斗式的营销。政府打捆推介，项目好了，政府的税收也好了，属地百姓也会从中得到更多的实惠。

让乡村更美丽，让生活更美好，让人们更向往。因此，不能仅仅把乡村看成是农产品生产的地方，也不仅仅当成乡村居民居住的地方；而应成为城市的后花园，成为城市居民旅游观光休闲的地方；更应该成为城市居民退休养老、休闲旅居的目的地。我们要倡导乡村新生活，把"把酒话桑麻"的乡村生活发展成为所有市民的共同生活新追求。过去"三下乡"是指科技下乡、文化下乡和医疗下乡；乡村产

业振兴背景下则是理念下乡、创客下乡和资本下乡。新"三下乡"有效提升了乡村振兴战略实施的科学性、推进质量和速度。

50多年前，一场轰轰烈烈的"上山下乡"运动席卷整个中国，2 000多万知青被送到农村。今天，一场新返乡下乡运动又悄然发生。所不同的是，前者是被动的，是政治动员和行政干预的结果；而眼下发生的这场新返乡下乡运动，则是主动的、自愿自觉自主的。新返乡下乡人员涵盖10个群体：一是返乡创业的农民工。二是返乡创业的大学生、中专生和退役士兵。三是1977、1978、1979这三届毕业的大中专毕业生。恢复高考制度后，这三届毕业生有200多万，这200多万人里面大概有80%以上都是从农村走出的。他们乡情最浓、乡思最重，这些人很大一部分退休后都想回到家乡去生活。四是第一代农民工。20世纪80年代就外出务工，今天城市已经不再需要他们，他们必须回到乡村去。五是大学生"村官"。现在全国有20多万大学生"村官"，到2020年大概要有40万。六是"三支"人员，即支教、支医、支农人员。"三支"人员是一支力量强大的为农服务队伍。七是扶贫干部。到2020年，全国要全面实现小康，扶贫是头等大事，是我党的"两个百年"目标之一。目前，全国共派了54万扶贫干部到村帮扶。八是下乡休闲旅游人员。到乡村去的游客带着信息、项目和资金，包括人才方方面面的资源是非常多的，一定要开发利用好。九是华人华侨。我们有6 000多万华人华侨，今天国家强大了，他们也年纪大了，总想叶落归根。十是城镇爱农业、懂技术、会经营的人员下乡创业。还有城镇离退休人员，这个群体有一亿多，他们受苦于"城市病"，也想到乡村生活。

目前，这十大群体正向乡村运动，或创业或服务或生活。在制度设计方面，应提前做好准备，迎接这十大群体的到来。这是前所未有的农村人才大输送，对于解决"三农"问题是史无先例的历史大机遇。

（二）乡土人才

一是土专家。土是土点，但是顶事。二是田秀才。给庄稼把个脉看个病啥的，没问题。三是农创客。在农业农村创业人员。四是能巧匠。能工巧匠，即木匠、石匠、瓦匠、篾匠等。五是返创客。返乡下乡创业创新人才。以现代农业产业园、科技园、创业园和田园综合体建设为载体，支持企业家和外出务工返乡人员在农村投资兴业，大力引进农业"创业者"；引导各类智力服务机构聚焦农村、服务农村，鼓励地方高等院校开设乡村规划、设计、建设、管理等相关专业和课程，培育壮大"乡村工匠"队伍，建好农村"智力库"。

这里面还可以分为三类：首先是领头羊，依靠政府的力量，特别是村镇干部。他们是乡村振兴最重要的有生力量，也是党和国家培养并储备后备干部的重要来源。应当让他们切实感到"眼有盼头，心有奔头，干有劲头，干好了能出头"。其次是老黄牛，依靠农民的力量。他们是乡村振兴的真正主人。要尊重农民，了解他们的真实需求，争取他们的理解支持，最大限度地调动其积极性和主动性；而不是一味地按照自己的想法去改造乡村，做一些"穿衣戴帽""搓澡擦背"的事，这样很可能会伤害农民，伤害农民的尊严。第三是千里马，依靠企业的力量。企业是乡村振兴的重要主体。在现实情况下，推动乡村振兴战略落实落地，离不开企业这个主体。在乡村振兴中，绝不能剥削农民，也绝不能掠夺农村资源，而是既要"建设美丽"更要"经营美丽"，推进农村产业融合升级，促进农业增效、农民增收、农村发展。第四是群飞雁，依靠社会的力量。今天，乡村社会的结构已经发生了巨大变化，乡村治理问题也因此具有了综合性、复杂性和琐碎性的特点。农民的许多诉求往往不是某个专业部门就能解决得了的，而是需要依靠全社会的广泛参与，特别是要发挥乡镇"多面手"的功能与作用。

（三）乡村企业家

科技是第一生产力，创新是第一动力，企业家是第一人力资本。农民工创造了社会财富，但核心是企业。如果没有企业的转化，科技只是象牙塔里的一篇篇论文；如果没有企业的接纳，农民进城很可能不是流氓就是盲流。所以说，企业才是真正创造社会财富和推动人类进步的主体。没有企业，乡村振兴就很难。

而同样的社会条件、同样的市场环境、同样的启动资金、同样的产品，十年后，有的企业上市了，有的企业在生存线上挣扎，有的企业破产了。造成完全不同的结果，主要取决于企业经营者。所以说是企业家创造了社会财富和推动了人类进步。

企业家，就好比是一只母鸡。而村庄，就好比是一枚枚充满无限生机、等待孵化的鸡蛋。进入乡村的企业家，就是要把这一枚又一枚的鸡蛋通过精心安排和无微不至的关怀，孵出小鸡来，然后再一步步地教会它们，呵护它们茁壮成长。

而过去很多企业不认为乡村是有生命的鸡蛋，而是将乡村当作没有生命的石头，要把人清出去，把土地占为己有，攫取财富。这样的企业在一顿耀武扬威之后，把乡村搞个稀巴烂。有句话叫作"擀面杖捞水饺，一锅糊涂汤"，最终没有一个好的结果。

（四）创新创业带头人

乡村人才振兴，除了培育还要引进，要加强"六有"人才引进，建立有效的激励机制，将脑里有点子、心中有感情、身上有本事、手里有资源、社会有人脉、项目有背景的有志于农业农村发展的各类人才"引回来"。比如，农创客是指年龄在 45 周岁以下，拥有进城务工、服兵役或大中专求学经历，在农业农村领域创业创新，担任农民专业合作社、农业企业、乡村企业、家庭农场等农业农村生产经营主体负责人或拥有股权的人员。

对于"创客"来说，乡村是一个非常综合的空间。人们在这个空间里，可以得到多种满足。同时，乡村还是一座宝库。我们应该怀着一颗敬畏的心去善待它、理解它，进而发现乡村的生产价值、生态价值和文化价值。应该说，在乡村，"创客"们有着广阔的天地，大有可为。对于政府来说，引进"创客"的主观目的是改善乡村的生产、生活和生态，客观上成就"创客"自己的人生价值。"返创客""农创客"无论是反客为主，还是蜻蜓点水，都有悖我们良好的期望。以乡村为圆心，我们期望"创客"们能够带来乡村生产方式和生活方式的改变，通过潜移默化的协同、协作来推动乡村的改变。

（五）新乡贤

一是从乡村走出去、现已退休的党政干部和教师，不少人很有热情和担当，经济基础较为稳固，社会关系较为广泛，成为现实或潜在的乡贤。二是 20 世纪六七十年代及之后出生的人，有很多在改革开放中进入城市，其中一些人看到乡村发展的机会而回乡创业，他们是具有开创能力的乡贤。三是为人正直公道、有公共服务精神的村民，以及其他具备一定资质的社会志愿者，也可以成为新乡贤群体的一部分。四是"不在场"的新乡贤。他们可能人不在当地，但通过各种方式关心和支持家乡发展，其思想观念、知识和财富都能影响家乡。"五回"就是乡贤回归、企业回迁、能人回乡、信息回传、资金回流。

新乡贤具有的特质：一是政治素质过硬，坚定维护以习近平同志为核心的党中央权威和集中统一领导，严守党的政治纪律和政治规矩，认真贯彻执行党的路线方针政策。二是发展本领过硬，有见识、有头脑、有闯劲，能够适应实施乡村振兴战略需要，带领群众共创美好生活。三是协调能力过硬，作风民主，善于做群众工作和处理复杂矛盾。四是服务水平过硬，有较强的宗旨意识和奉献精神，对群众有感情，热心为群众办实事办好事。五是作风品行过硬，为人正派、办事公道，严于律己、遵纪守法，勇于负责、敢于担当，品行端正、自身形象好。

农民最欢迎的乡村产业最可爱的"四类人"是谁？第一，带着农民干的人。有企业家的优秀品质，明星村带头人，老的少的、男的女的、受过高等教育的和没有受过高等教育的很不一样，但是他们都有一个共同的特点："一懂两爱"——懂农业、爱农村、爱农民。第二，帮助农民干的人。科技推广人员、农业企业和大专院校师生。第三，做给农民看的人。农民生产要靠科技，科技推广示范人员是帮助农民演示，引导农民种得好、养得好的人。第四，帮着农民赚的人。给农民订单，雇农民干活，给农民分红，给农民保底。

（六）高素质农民

乡村振兴，再好的政策、再多的资金没有人才根本不行。现在随着乡村特色产业的兴起，"六高"人才开始返乡下乡：一是高资产的。有文化、有资产、有情怀的企业家回到家乡或下乡，村企互动。因为光靠几个村干部振兴不了乡村，一定需要这帮人。二是高质量的。原来在农村，考上大学又能回到农村。三是高体能的。外出打工又返乡创业的，因为单靠老弱病残、妇女队，不可能振兴乡村。四是高颜值的。农村的靓女、帅小伙都能返乡下乡，在本乡创业创新。五是高干的。原来是领导干部，现在告老还乡，当新乡贤或创业。六是高知的。原来是高级知识分子，现在衣锦还乡创业创新，做给农民看、带着农民干。

乡村产业振兴中有"两类人"的作用值得高度重视：一类是改革开放初期闯荡于城乡市场，办过企业，有过经营实践，现在又回到乡村的村庄管理者。他们占有两头优势：一是高度熟悉乡村环境和人性；二是在外的历练使他们高度认同，并积极追求现代经济形式，有着按照现代理念改造乡村的强烈主张。另一类是有专业经验、懂市场、能够理解乡村的民营投资者。他们眼光独特，懂规划设计、懂土地政策，专业从事过或十分熟悉互联网。此外，还具有专业学问和实践经验，了解市场需求和资源要点，具备管理经验和性格特征以及将乡土资源和城市需求通过现代传播手段组织在一起的才能。尤其肯于在乡村吃苦创业，不厌其烦地帮助训练农民，像当年的传教士一样在乡村辛勤耕耘，做开拓工作。

乡村价值既体现在提供农产品和生态产品上，也体现在提供一种高品质的生活上。居住和生活在乡村的不能光是传统农民和农民工，也应有教师、医生、律师和公务员等。特别是"3Z"人员，即有知识、有姿色、有资本的帅哥美女们。农民往城里跑，城里人特别是美女帅哥也要下乡居住和生活。只有这样，乡村才能保持生机和活力，才能改变乡村的居民结构。

三、引进、培育和使用乡土人才

乡村产业振兴到底需要什么样的人？能准确把控国家农业发展的大方向和趋势，这是基础。但仅具备这点是不够的，还必须具备较深入的专业知识。因为随着土地流转和生产经营规模化以后，专业知识是最基本的要求。另外，还要有一份对农业深深的热爱。做农业如果没有情怀在，没有懂农业、爱农村、爱农民的队伍，那就是对这个行业的灾难和破坏！

（一）"引、育、用"人才

乡村振兴关键是解决"人"的问题，关键是畅通智力、技术、管理下乡通道。乡村振兴靠资源，更要靠人才。

要着力在"引"字上做文章，抓好招才引智，促进各路人才"上山下乡"投身乡村振兴。据农业农村部统计，截至 2018 年，全国返乡下乡"双创"人员已有 740 多万人，其中 80％以上搞的是新产业、新业态、新模式。如果把城市的人才资源吸引到农村、留在农村，将对乡村振兴产生很大作用。要努力创造条件让农村的产业留住人，让农村的环境留住人。要打破城乡人才资源双向流动的制度藩篱，建立有效激励机制，把有志于农业农村发展的各类人才"引回来"。让城里想为振兴乡村出钱出力的人在农村有为有位、成就事业，让那些想为家乡作贡献的各界人士能够找到参与乡村建设的渠道和平台，在振兴乡村中大显身手，造就更多服务乡村振兴的人才。

要在"育"字上下功夫。进一步整合资金资源，完善培训机制和内容，大力培育高素质农民，全面建立高素质农民制度，培养一大批乡村本土人才。

要在"用"字上出实招。注重从高校毕业生、返乡农民工、退役军人中选拔充实乡村干部队伍。

（二）加强乡村人才的"招、引、育、挂、培"

第一是招人。要招工商企业主参与乡村振兴，落实和完善融资贷款、配套设施建设补助、税费减免、用地等扶持政策，让更多工商企业和工商资本为乡村振兴贡献力量。

第二是引人。要鼓励社会各界投身乡村建设，建立有效激励机制，吸引支持企业家、党政干部、专家学者、医生、教师、规划师、建筑师、律师等，通过下乡担任志愿者、投资兴业、包村包项目、行医办学、捐资捐物、法律服务等方式服务于乡村振兴事业。

第三是育人。联合高等学校、职业院校综合利用教育培训资源，灵活设置专业（方向），创新人才培养模式，为乡村振兴培养专业化人才。

第四是挂职。探索高等院校、科研院所等事业单位专业技术人员到乡村和企业挂职、兼职或离岗创新创业制度，吸引更多人才投身乡村振兴，形成乡村振兴的强大社会合力。

第五是培养。培养本土化田秀才、土专家、乡创客、能巧匠。

（三）发挥人才的"五来"作用和"土、田、新、专、实"

推进乡村振兴，关键在人才。乡村振兴要靠"五来"，即产业要靠人才来聚、人才要看人才来育、文化要靠人才来兴、生态要靠人才来美、组织要靠人才来强。人才包括土专家、田秀才、新乡贤、专精特、实用人。他们带着农民干，做给农民看，发挥传、帮、带作用，帮助小农户对接大市场，实现规模化生产和经营。第一类：新告老还乡者、新衣锦还乡者、新乡贤归乡者。第二类：返乡创业者、农民工、大中专毕业生、退役军人。第三类：新知青下乡、老知青下乡、艺术家下乡、城镇人员下乡、科技人员下乡。第四类：逆城市化推动城市人下乡。第五类：国际回乡寻根者。知识青年再下乡回村，乡贤回乡，母亲回家，儿童回乡。儿童来了、青年来了、乡贤来了，鸟儿回来了、虫儿回来了、猫儿狗儿回来了、满天的星星回来了，清新的空气回来了、洁净的水源回来了。我们的乡村就活了，望山见水忆乡愁、养眼洗肺伸懒腰。

（四）吸引青年人才和新乡贤回乡

要让年轻人不只盯住城市，乡村广阔天地一样大有可为。乡村市场潜力巨大，政府的人才战略可制定优惠政策吸引人才下乡，"双创"基地可以设在农村。比如，一个庄园开设一个总部，一个庭院设置一个总部。现在日本流行"一耕一读"，大学教授、企业老板逃离城市到农村种田，有的把自己的书斋全部搬到乡村去，白天耕田、晚上写书。或者一些从事软件开发的 IT 行业，也流行进入村庄。因为只要把基础设施比如宽带装进去之后就基本能满足城里人的办公条件，公司也就可以搬到乡村。把智创、文创、农创等引入乡村，这样就可解决一部分城市拥堵、房价居高不下等问题。

乡贤不仅包括外出求学、从政、经商而情系乡土的外出"精英"，也包括留守乡土、德才俱佳的本土"精英"。这些乡村"精英"有在外学习、生活、工作的经历，开阔了自身的视野，积累了丰富的社会资本，并具备了一定经济基础。随着全面深化改革的红利不断释放，对"农业是有奔头的产业，农村是有魅力的家园，农民是有前途的职业"的认识已经被人们所认可。一些在外卓有成就的新乡贤怀着浓浓的乡情返乡创业，积极地投入当地农村经济、社会、文化发展的全面建设中来。他们通过产业富村、观念强村、道德育村、项目扶村、文化治村，形成"五村行动"，使当地农村农业发生显著的变化。

第五节　乡村产业与生态和文化

何谓生态的吸引力？很多城里人都有一个发呆梦、有一个乡村梦：等我有条件了，我要找一个天蓝地绿、山清水秀的地方享受惬意的生活。那里有鸡、鱼、猪、牛、羊，有各类水果、食物和蔬菜，那里的东西不用担心什么激素、化肥和农药，完全是纯绿色的。等我闲了，我可以去钓鱼，干点儿农事；等我累了，可以去看看书，去农屋休息。那是我心里放松、修养身心的地方。

这是许多人的发呆梦想，其实这就是休闲农业的目标。休闲农业有很广阔的市场空间，因为有许多城市人群都需要休闲度假、养生养性、养神发呆。他们不必都去农村买房子，只需要短租。这就是生态的吸引力。

一、乡村生态转变成乡村产业的路径

（一）乡村的"风餐路宿、人情事故"

绿色是乡村的底色，美丽是乡村的亮点。绿，就是绿水青山中长出绿色产业。美，就是美丽乡村中长出美丽产业。美丽乡村建设、乡村振兴和乡村建设不能就美丽而美丽。要在生态优先、保护第一的基础上，真正把美丽、生态、文化、风景、乡愁变成产品，变成生产力，变成财富。也就是，把绿水青山变成金山银山。这样的美丽乡村、乡村振兴和乡村建设才是可持续的，才是有生命力的。美丽乡村如果要全靠政府输血肯定是不行的，一定要培育其造血功能。

这里的关键是要培育"风餐路宿、人情事故"。第一是"风"。好的风景，三季有花、四季有果，全年可供游玩，主打休闲农业农事项目。第二是"餐"。要有一顿好饭，土里土气土特产，原汁原味原生态，好山好水好风光，老锅老灶老味道。第三是"路"。交通要便利。第四是"宿"。有一个好的民宿，外面五千年，里面五星级。第五是"人"。要以人为中心，种养结合，循环发展。方方面面一定要体现生态，要注重保护自然资源和环境。所有农产品一定要是绿色。农产品要尽量丰富些，农产品还要考虑地方特色的加工，或者是不破坏营养的加工。比如，石碾、石磨加工粮食，农家手工按老传统工艺加工的柿子醋等。第六是"情"。要有人情味，要充分利用互联网。绿色农产品和休闲旅游项目都要在网上进行连接、展示，可以采用网络直播、各类短租平台、电商等形式，使绿色农产品和旅游共同发展。要有特色的农家主打饭。民宿设计要考虑舒适，考虑特色，有文化味。老树、老房、老农具都能让人体验到不一样的感觉。它们都是一种文化，要讲述、继承和传承。第七是"事"。要有农事体验。第八是"故"。要有故事和传说。

（二）乡村微景观改造

乡村很多地块、房前屋后、街头巷尾，这些看似不起眼的农村小角落，被一番精心改造后，处处可蕴藏创作人员的匠心。比如破轮胎、旧水缸、碎砖瓦、老照片，这些几近废弃的物品变身为"宝贝"，被融入创作当中。村庄的历史人文特色可通过这样一种别样的形式保存下来，从而留住浓浓的乡愁。

通过一个个微景观的营造，不仅可把闲置地块利用起来，还能推动房前屋后的卫生整治，扮靓村庄环境。微景观就在家门口，村民们在这里泡泡茶、拉拉家常，村民之间的关系慢慢变得更加和谐。通过村庄景观改善乡村氛围的做法，与欧美日韩的社区营造理念有异曲同工之妙。

打破城乡分割的体制藩篱。通过建机制、育主体、搭平台、强优惠、给荣誉、树典型、造氛围、搞服务，鼓励农民工、大学生、退役军人返乡下乡创业，鼓励公职人员衣锦还乡、告老还乡任职，改变人才由农村向城市的单向流动。

把工业和农业、城市和农村作为一个整体统筹谋划，把乡村干部培养和人才振兴与其他振兴统筹谋划。从根本上增强农业农村发展能力，真正让农业成为有奔头的产业，让农民成为有吸引力的职业，让农村成为安居乐业的美丽家园。

推进美丽乡村建设。一是示范引领。以美丽乡村分类创建为载体，强化精品示范效应，点、线、面有机结合，打造美丽乡村风景线。二是提标扩面。深入推进农村垃圾、污水、厕所"三大革命"，统筹推进山、水、林、田、湖、草、路、信、房整体改善，高水平推进农村人居环境全面提升。三是特色特质。实施"百村精品、千村景区"工程，强化民居特色风貌规划引导，注重农村建房、建村、建景"三建融合"。

（三）乡村旅居产业发展

休闲旅行旅游旅居的真谛，不是运动，而是带着你的灵魂去寻找生命的真光。去找回从前的自个儿，找回失散的亲情，找回逝去的影子和灵魂。这也是为什么你到了一个地方、见到一个人觉得很亲切的原因所在。乡村旅居要突出一个"闲"字。近些年，休闲农业作为依托农村资源、服务城乡居民的市场产品，一端连着田间地头，一端连着消费市场，不断吸引城乡各类要素资源聚集，为农业农村经济发展注入了活力，甚至成为区域经济的增长极，凸显出其他产业不可替代的优势。

通过旅居产业发展，引导人们到山清水秀人也秀、鸟语花香饭也香的周边，把田园变公园、农区变景区、劳动变运动、空气变人气，让人们享受好山好水好风光视觉愉悦，实现"离城不近不远、房子不高不低、饭菜不咸不淡、文化不土不洋、生活不紧不慢"的高品质生活，形成"人在干、云在转、数在算、面朝屏幕背朝云"的场景。

目前，我国乡村旅居时代到来了。旅游生活化，生活旅居化。乡村旅游应该是乡村休闲，乡村旅游未来必定走向乡村旅居时代。城里人到乡下不能说是旅游，而是休闲、度假、旅居。乡村旅游本质上是乡村休闲，并从乡村休闲过渡到乡村旅居和度假。"三避"，即避霾、避暑、避寒。"避霾"深呼吸，以换气洗肺为目的；"避寒"与"避暑"深呼吸，是为了获取温暖如春和清凉宜人的气候价值。通过度假的方式，使"五养"（即养生、养心、养老、养颜、养疗）得到充分实现。

何谓乡村旅居产业？旅游的"旅"是指旅行，"游"是指游览、观光，"居"是居住、休闲。旅居是人们为了休闲、娱乐、探亲访友或者商务目的而进行的非定居性旅行，以及在游览、休闲、居住过程中所发生的一切关系和现象的总和。旅居包括吃、住、行、游、购、娱。

旅居的分类：一是按旅居的目的不同可分为观光、休闲、度假和体验；二是按旅居的距离不同可分为国际、国内，或长途、短途；三是按旅居的时间长短可分为过境地、目的地和生活地。旅游的最高境界是休闲，休闲的最高境界是旅居。

乡村旅居的三大特点：一是空间形态上保持着自然风光；二是空气质量上 PM2.5 接近于零、负氧离子 1 万/立方米以上；三是居住环境上：温度为 18～22 ℃、湿度为 50％～60％。乡村旅居就是要实现农业产出革命：从过去单纯依靠农产品生长结果挣钱，转变为还能利用农产品生长过程挣钱，这就是"农旅结合，以旅为主，农文旅融合"。

中国未来最好的乡村产业是健康与快乐。前三十年重点在"吃、住、行"；后三十年重点将会在"游、养、娱"。过去三十年经济粗放式发展，属于吃饱的阶段。"吃"，指的是饮食方面。前三十年，一个"娃哈哈"就能让宗庆后成为中国首富，卖饮料、食品就能有很大的发展。"住"，中国十多年来一半以上的首富都是做房地产的，但未来只会盖房子、卖房子是走不通的。"行"，指的是汽车。这些年我们国家的汽车产业飞速发展，结果到处堵车，造成城市环境恶劣。随着高速铁路的发展，更多的人可能会选择高铁出行。

啥是乡村民宿？乡村民宿，顾名思义，就是在主人家里借宿。对于民宿，只有主人和客人之分，而不是经营者和住宿者之分。民宿有主人公，要有家的感觉，有归属感，有社交属性，有品牌精神甚至文化内涵。这才是一个有家的温度的优质民宿。如果一个民宿连最基本的"家"的元素都丢掉了，还是否称之为民宿？可能就有了家庭旅馆或乡村客栈的模式。民宿与生俱来就是强调个性化和亲情化。民宿之所以能够迅速占领市场，能够成为城郊度假、国外旅游等选择的新型旅行方式，就是因为民宿充满了个性化的魅力。

（四）打造农旅双链

"绿树村边合，青山郭外斜"，留住青山绿水，把日渐衰败的乡村转变为梦想中的田园乐土，需要聚焦四个方面：破在政策、兴在产业、美在乡貌、魂在乡情。振兴乡村产业，横向拓展农业功能，如休闲、旅游、观光、科普、教育、养生、养老、文化和餐饮等；纵向延伸产业链条，如储藏、运输、保鲜、包装、分等分级、加工、流通和物流配送等。"农旅双链模式"的独特之处，就是使农业生产基地化、基地规模化、规模生态化、生态旅游化、旅游加工化、加工产业化、产业融合化。以旅游开发吸引人气为起点，借助于每年上百万游客量的无形品牌宣传效应，倾力打造成功的果蔬品牌。使得旅游地变成果品产地，农民跳出"农家乐"的局限，走入车间、工厂，成为品牌果蔬加工业的生力军，从而实现了旅游、现代农业两种产业互相促进和共同发展的联动效应。

农旅双链景点的打造，不论哪种类型，一般都应做到"十有"：第一，有景可看。第二，有线可连。众多景点像一串珍珠闪耀，连成一串才能留住人。第三，有路可通。路要修好，不能还有"三跳路"，即车在路上跳、人在车上跳、心在肚里跳。第四，有味可品。农家土菜对城里人来说就很新鲜。第五，有室可居。房子要改造好。第六，有物可购。第七，有网可赏。这个包括两个含义：一个是网上发布行前信息，把景点拍成照片和文字上传到网上。另一个是通宽带网络，让其可以与世界联通信息。第八，有验可体。能够提供体验种植业、养殖业、体验插秧、收割的场所。第九，有文可化。要有一些民风民俗的表演，让人融入那种文化氛围。第十，有情可寄。人们常说寄情山水，就是让游客永远忘不了那个地方，经常怀念那个地方。

从观光旅游向体验式旅游转变，需要用活乡村的本土材料、果林、菜园等，而不是城市化的照搬照抄。要按照乡村原有的脉络进行梳理，策划新产业，引进新思想，让更多年轻人回到村庄，将规划与运营有机结合，让美丽乡村产生美丽经济。要创新产业规划设计，打造合理的乡村空间格局、产业结构、生产方式和生活方式，促进乡村人与自然和谐共生，让更多人爱上乡村。现在，许多乡村建筑盲目模仿城市建筑，不适合乡村特点，庸俗而又没有美感。这都是因为缺乏懂乡村特点的设计师造成的。根据农村的自然条件，设计出适合乡村特点的建筑与景点，从而吸引外来观光者，促进乡村经济的发展。

（五）发掘乡村"新绿金"

绿水青山就是金山银山。有时候，金山银山不如绿水青山，但需要一定的媒介！第一，就是发展绿色产业，促进乡村经济多元化。要用好乡村自然资源和人文资源优势，发展乡村休闲旅游康养产业、传统工艺等。第二，发展新产业新业态新经济新模式新技术，遵循新发展理念，更多地利用乡村优势资源来发展新动能产业。第三，满足城市化地区和高收入地区对生态产品、生态服务的需求。第四，要建立健全生态效益补偿机制，包括横向的和纵向的转移支付，比如碳汇交易市场建设等。

消费是与经济发展水平紧密相连的。过去经济发展落后，收入水平低下，有消费的意愿没有消费的能力。现在经济快速发展，居民的钱包鼓起来了，消费的动力很强、层次升级。目前，我国人民从"吃穿住行用"需求正转向"学乐康安美"需求，主要潜力在乡村。居民的钱包鼓起来后，也由过去的吃饱穿暖转向文化旅游、健康养生。城里人到乡村"养眼洗肺、解乏去累"的需求强烈。目前，我国出现了一大批"双保、双康、双闲"人群，即温饱＋环保、小康＋健康、闲资＋闲暇。这是我国现阶段城乡居民的一些特征，也就是"三双"时代。人类最高理想应该是人人能有温饱环保、小康健康、闲资闲暇，在必需的工作之余还能有闲暇闲资去做人的工作，去享受人的生活。手脚相当闲，头脑才能忙起来。人们虽不向往古人那样萧然若神仙的样子，但却企盼能有闲去发展自己的智慧与才能。很多非物质文化遗产都是闲暇时间创造的，比如富春江居图、万有引力定律等。

二、乡村文化转变成乡村产业的路径

（一）啥是文化？

亿万农民长期在追求美好的、和谐的东西过程中，让很多东西美好化、和谐化了，群众积淀下来的价值观念、思想体系、行为准则就是文化。所谓以物化文、以文化人，是让东西成为东西的那个东西，简单说就是人造的或人化的。

文化也是农业的资源。过去，对于文化的认识，总是以简单的、绝对的好与不好、先进或是落后来判断。其实，不同的文化都是历史的、区域的产物。文化的区域性是很强的，不同的区域产生不同的文化，形成不同的文化传统。不同的文化需要互相尊重，文化的多元性才是人类发展的动力。只有多元，才能够推动文化之间的互动，彼此取长补短。同时，文化也需要变化，需要一种内部的认同。不同文化之间的互相吸收，都要保持它自己的主体，否则就会沦为其他文化的附庸。农耕文化有很多地域性，完全可以形成差异性的农业产业资源，其乐无穷无尽。

美国人类学家玛格丽特·米德对人类文化的传播提出了"三喻"论，即"前喻文化""并喻文化""后喻文化"。"前喻文化"是指年轻的要向年长的学习，在农业文明时代，文化的传承是前辈向后辈传递；"并喻文化"是指不需要先辈的经验积累，文化可以在同代人之间传播，这是工业文明时代的文化传播方式；"后喻文化"是指年长的需要向年轻的请教，到了今天的信息社会，科技高度发达，年轻人比老年人思维更敏捷，接受新事物能力更强，文化传播发生了反转，由后辈向前辈传播。今天中国的乡土社会是典型的"后喻文化"时代，年轻人正在发挥着主导作用。面对瞬息万变的电子技术，老人回家问问儿子、孙子的事经常发生。一个典型的例子就是年轻人利用电商平台，嫁接各种服务于乡村的资源，促使实体经济与虚拟经济高度融合发展。以何种举措应对"后喻文化"是我国实现农业农村现代化的关键。

发掘文化资源，要求将坚持农村文化自信与推进农村文化繁荣兴盛结合起来，将农村文化传承发展中的"不忘本来、牢记过来、把握近来、吸收外来、借鉴如来、结合起来、面向未来"七来融合，培育向上向善、利人利他、忠孝因果、敬畏自然、本色天成、孝老爱亲而又独具魅力的乡村精神、乡村价值、乡村力量和道德规范，提升农民精气神，提升乡村社会的文明度。

发掘乡村文化中具有"风、趣、展、说"四字方法论。第一是风。好好采风，找找老人，深入挖掘当地人文历史、乡风民风民俗、典籍传说以及自身优势资源，从而找出能足够吸引人的、异于他人的特色亮点。第二是趣。既有对真实人文历史的编辑、整理，为我所用，也有围绕自身主题需要编造有趣味性的、教育意义的虚构故事，比如女娲补天、精卫填海等。第三是展。即利用图文并茂、实物场景呈现等多种方式，在建筑、装饰、餐饮、用具等方面，创意性地将文化主题予以展示。第四是说。不仅具有文化展示功能，更重要的是传播、传说、传承功能。说什么，怎么说，就要紧密结合前三点，会说、会讲、口口相传，头头是道，说成地球人都知道的品牌。

乡村真正能吸引人的或者能长久吸引人的根本不是美景和美食，而是精神和文化。而我们很多乡村基本都没有精神文化，所以不能长久吸引人。一个老太太一年中去庙里烧香拜佛 21 次，一个基督徒一年去教堂 52 次。而庙里和教堂既没有美景，也没有美食，为什么？因为，寺庙和教堂有精神和文化，不仅能吸引人多次去，而且每次去了能待较长的时间。所以，乡村一定要有文化说头和精神享头，有历史的由头和故事的来头。这样乡村就有人气人脉，没来就想来，来了不想走，走了还想来，就能赚钱了。故曰：乡村成功的秘诀在于打造文化内涵和精神家园。

（二）打造诗画乡村

诗画乡村就是中国人的后花园，就是中国乡村自然环境的底色，就是高质量发展的成色，就是人民幸福生活的质色。诗画乡村是实现高质量发展和高品质生活有机结合的战略之举，是全面践行生态文明理念的乡村行动。乡村后花园不仅是农民的后花园，也是城里人的后花园，事关城乡居民，事关每个人。后花园建设要打造成为城乡领先的绿色发展高地、全国知名的健康养生福地、市场有影响力的旅游目的地，形成"一户一处景、一山一世界、一河一项链、一湖一翡翠、一村一幅画、一镇一天地、一乡一风光"的全域乡村大美格局，建设现代版的乡村富春山居图。

到乡间走走，那一望无际的绿野，乡间的院子、庄园，如画一般。其实，乡村的农业具有工业不可替代的作用，也就是常说的农业特殊性。农业首先提供了主要的农产品供给；其次就是乡村具有与农业相关的文化价值体系，提供了一种生活方式。乡村的自然人文价值一直都是生活的核心价值，从而也成了社会普遍追求的价值。乡村生活方式和文化格调并非是空洞的说辞，而是非常物化的。乡村的绿地景观、田野、乡间庭院、餐饮以及很多来自乡村的文化项目等反而更显高贵。所以，只要中国人脑子里萦绕着乡村梦、田园梦，乡村就不会衰落。

何为乡景、乡愁、乡俗、乡创、乡生、乡建？第一是乡景。村庄自然环境资源独特，地质地貌景观价值明显，"独一份""特别特"景观，适合城市居民前往旅游。第二是乡愁。人们对家乡的思念之情就是乡愁，一生是异乡，文化是故乡。村庄传统文化特色明显，有显著区别于其他村庄的人文活动、历史典故、文物古迹。第三是乡俗。村庄具有民俗民族地区的代表性，承载着人们在农村改革历程中生产生活发生的显著变化和悠久独特的民俗民族文化。第四是乡创。创业创新普遍，业态比较丰富。村庄特色产业发展良好，产品质量优、经济效益高、竞争优势强，在行业内具有较高知名度。第五是乡生。村庄特色生态文化得到有效发掘、保护和弘扬，生态文明理念深入人心，在生态保护方面取得重大成绩，形成健康文明的生活方式。第六是乡建。村庄改革建设发展具有典型意义，在农村改革建设发展历程中发生过标志性事件、涌现过标志性人物，在全社会具有较高知名度。

乡村是一本书、一幅画、一座桥、一首歌、一个家。第一，乡村是一部厚重的书。圣贤智者群星灿烂，诸子名家层出不穷。乡村大地就像一部恢宏的历史长卷，一篇篇波澜华彩的乐章、一首首雄伟壮丽的史诗，向我们徐徐开启！第二，乡村是一幅多彩的画。浩瀚海洋、广阔平原、挺拔高原、无边沙漠、潋滟湖泊、浩荡江河、旖旎山川、纵横阡陌，五彩斑斓。在这里，可尽享生态之美、生活之美、创造之美、生命之美。第三，乡村是一座通达的桥。这里通向城市，通向自然，通向祖先，通向世界，通向未来，为一切创新创造者铺就了通向四方、通向明天的金光大道。第四，乡村是一曲奋进的歌。艰苦创业、敢闯新路，发扬"四千精神"。联产承包、乡镇企业、进城务工、一二三产业融合，奏响了荡气回肠、昂扬向上的时代乐章。第五，乡村是一个温馨的家。"一方水土养一方人"，好山好水造就了乡村人"忠厚诚信、勤劳智慧、勇敢朴实"的精神气质，深厚的文化积淀涵养了乡村人特有的心性品格。

（三）活化乡村文化产业

乡愁就是你离开家乡又回不到家乡所产生的愁绪。每一个人都多少有点乡愁情怀，乡愁反映的是一种情绪。它的本质是人对故土的依恋，其实是对生活方式、乡土人情，以及与身俱来的土地情结、山水寄托的归纳。乡愁其实是乡恋与生计愁、城市愁的综合体。概念的本质是乡恋。

乡村文化产业活化是实现和传承村落特色文化价值的重要手段。文化民宿村落可以通过对村落特色文化的艺术化、创意化、体验化等方式进行文化活化。第一，艺术活化。村落本身就是一件很好的艺术品，文化民宿村落可在充分依托村落特色文化的基础上，开发艺术主题民宿、村落文化艺术展览、文化艺术工作室等项目，从而实现原本古朴传统的村落特色文化与时尚艺术文化的碰撞。第二，创意活化。传统的古村落不仅要保护开发特色文化，更需要对传统的文化进行创意化的开发。如可通过创意建筑、创意景观、创意节庆等的打造，以及会馆、创意主题展馆、创意娱乐项目等的开发进行文化创意活化。第三，体验活化。文化的活化方式不仅有单纯的静态展示展览，更重要的是动态的、能够参与体验的活化开发，乡村文化让游客体验才会形成更多的价值。因此，文化民宿型村落可以深度挖掘文化内涵，开发独一无二的民俗文化活动、特色文化体验馆等项目。

乡村文化产业还可以物化成传承至臻的乡村工艺产业。通过文化的传承发扬，可以加强民俗文化、手工艺的传承与保护。一是融入生活。只有普通大众成为传统工艺制品的使用者，传统工艺才能真正获得发展和繁荣的土壤，获得持久的生命力。传统工艺要在大众生活中振兴，在日常生活中振兴，在当地社区居民的需求中振兴，在国内外市场的需求中振兴。二是匠心独运。不仅是自己亲手制作的部分是精致无瑕的，而且整个产品的集成也应当是完美的，原材料、配件、包装等都应该是优质、精致和美观的。要在传统工艺领域提倡拒绝粗制滥造，让手工精神在现代生活中重新焕发生机和活力，然后在自己精心制作的产品上签上名字，流传后世。

（四）发掘农耕桑织的文化产业美感

中国文化是自始至终建筑在农业上面的。乡村振兴重要的是乡村文明的复兴，发展乡村旅游可以促进文化振兴，保护传承创新优秀乡村文化。乡村振兴既要塑形，要强身，更要铸魂，注重改善物质环境的硬件建设，更要着力提高人的素质，传承乡土文化。大力弘扬孝老爱亲、扶危济困、诚实守信、邻里守望等优秀传统文化，采取农民群众喜闻乐见的方式，加强社会主义核心价值观的宣传教育。

从文化层面看农业：第一阶段是悲情农业。农业具有传统果腹蔽体的生存依赖功能。第二阶段是苦情农业。赤日背欲裂，白汗洒如雨，面朝黄土背朝天。第三阶段是更多人心里田园牧歌式的"怡情农业"，成为国人"最忆是乡愁"的情感归属、"悠然见南山"的心灵渴望。第四阶段是美情农业。新的农耕文明具有更多愉悦感和美感，成为当前社会主义文化建设的深厚底蕴和精神引领，点击鼠标种庄稼，面朝屏幕背朝云。

如何挖掘"农耕文化"元素？

1. 农产　土特产或农副产品的各种传统加工技艺。咸鸭蛋、板鸭、松花蛋、醋、臭豆腐、香肠、酒、酱菜、蜜饯、果脯、火腿、腊肉、茶叶、蔗糖等各种制作工艺，都是中华民族五千年农耕文明的结晶，值得传承。

2. 农说　农耕信仰和神话传说。中国关于农耕文化的神话传说已经流传千百年，农耕信仰沿着"天人合一"的方向发展，先民希望通过祭祀天地而获得消灾降福和佑护。比如，各种拿农产品进行的祭祀活动。

3. 农谚 农事活动经典歌谣。农谚最早的歌谣咏唱的是生产劳动，主要是狩猎、采集和农耕。农谚是从歌谣中分化出来的一个重要分支，讲的是农业生产，类似于现在的技术指导手册。

4. 农艺 农工技艺及农民艺术作品。造纸、刺绣、紫砂、泥塑、农民画、剪纸、根雕、景泰蓝、雕漆、花丝、织布、青瓷、水轮、水碓等各种精湛的传承技艺，包括各类民间艺术，不少仍在广泛应用。

5. 农活 传统的农耕体验。各种作物的栽培种植、精耕细作等，包括耕种、浇水、定期施肥、除草、捕捉灭虫等农耕体验，插秧、堆肥、打场、传统收获及晾晒技巧、采摘果蔬、修剪果树、嫁接、栽桑养蚕、垂钓、捕捞、养殖等，以及农业生产工具的制作工艺和使用方法。

6. 农养 传统饲养技术和经验。我国先民在畜牧和兽医方面积累了丰富的科学知识和技术经验。如相马术、阉割术、杂交术、填鸭术等饲养技术经验，至今仍熠熠闪光，值得学习和传承。

7. 农文 生产和商贸习俗。千百年来，我国形成了很多祈求农耕丰收、传统种植经验的生产习俗，几乎存在于农耕生产的每个阶段，且随自然地理环境的不同，呈现明显的地域文化差异，具有很强的观赏性。

8. 农时 农令和节气。大家都知道的二十四节气，源自农耕文明，是传统农事活动的重要依据，也是宝贵的农耕文化之精髓，是华夏民族认识、把握、运用自然规律于生产和生活的智慧结晶，千百年来一直影响着我们的生活，并发展为具有深刻内涵的节气文化。比如二十四节气歌。

9. 农景 传统生态农业系统和景观，有"农牧结合""农桑结合""基塘生产"等生态农业模式，特别是梯田种植、桑基鱼塘、坎儿井、淤地坝和稻-鱼-鸭、猪-沼-果等传统模式。不仅具有悠久的历史，生态景观也很美，不少在世界上也产生了很大影响。

10. 农牌　传统名特优农副产品展示和原产地保护。勤劳智慧的中华先民，创造和培育了丰富的名特优农副产品，可按地域分类办特产展销馆展销；还可以通过对传统名特优产品进行原产地保护，进一步提高其知名度。

11. 农居　古村镇村寨民居保护。中国古村落有优美的山水环境，有数百年以上的建村历史，有丰富的人文景观，是中国传统文化中人与自然和谐相处的范本。很多古镇、古村都凝聚了众多先辈的智慧，是一大笔优秀的历史文化遗产。村中的街巷、民居、祠堂、公堂、寺庙、坊墙、楼阁、市井、庭园等各种类型的建筑一应俱全，特别是邻里和睦、互帮互助、勤劳俭朴等传统美德，更值得现代人借鉴。

12. 农史　各种典故、人物、物种的历史、知识类展示，农业制度的演变；农业工具的演变（如水车体验）；农业科技的总结，如《天工开物》《本草纲目》等；农业物种的变迁，如番茄等外来物种的介绍；农业典故的整理，如大禹治水；农业名人的展示等。

要把广大城乡居民对那座山、那片水、那条河、那棵树、那块田的情感汇聚起来，表达出来，释放出来。让城乡居民享受乡村文化的精神熏陶，满足望山看水忆乡愁的向往，满足更丰富的精神文化生活需求。同时，文化搭台，生态搭台，人才搭台，产业唱戏，守住乡村文化根脉。对于很多乡村来说，缺的不是文化而是"文化＋产业"的产业发展理念和方法。打造乡村特色手工艺产业基地，应该在手工艺资源丰富地区成立"乡村手工艺合作社"，发展龙头企业和农民专业户合作经济组织。通过乡村的这种特有的文化资源，变成当代的财富、社会的财富。这需要发掘"人无我有、人有我优、人优我特"的稀有资源，开展差异化竞争，培育一批铁匠、铜匠、篾匠、剪纸工、调酒师、编织工、手工艺者等能工巧匠，创响一批乡土品牌。

第六节　乡村产业与城乡融合

党的十九大报告提出，要建立健全城乡融合发展的体制机制和政策体系。城乡统筹发展与城乡融合发展的区别：一是前者隐含主语是政府，后者的主语是城乡，突出了城乡的主体性；城市这个"阳"要与乡村这个"阴"形成阴阳共同体，生出特色村镇、田园综合体等第三元。二是前者强调城乡间统筹协调，后者强调打破城乡界限，实现统一。二者相互渗透，你中有我，我中有你。城市有乡村的田园风光，乡村有城市的现代设施。三是前者侧重产业建设，后者侧重体制机制。二元格局要向三元格局或者融合格局转变。

乡村产业振兴的关键是城乡融合，然后才有一二三产业融合，以及生活、生产、生态融合。所谓城乡融合，就是城里人到乡下，带着资本、人才和技术与乡村资源进行交换。这种交换的利益平衡点就是共享，共享田园和家园。后工业革命时代，或者说是逆城镇化发展的路径，就是城里人与农村人一起蜕变为新乡人、新农人，而乡村成为城里人养老养生的乐土、大家生活的共同家园。

一、促进城乡产业融合

（一）打造城乡交互式情景

我国城、市、山、水、县、镇、乡、村是八个不同居落空间。第一是城，相对人口聚集较大的区域。第二是市，聚集在一起的人做交易、谈生意、开园区的地带。第三是山，城市里面和外围也要有山，有土，有盆地，有平原。第四是水，要有水韵、水道、水脉，才有灵气。第五是县，城市与乡村的交错带、链接带就是县域。第六是镇，是人口居落较小的城市，城镇和行政村都通公交车，这是城与乡的"物理通道"。城乡融合，更多要靠人、车、物流动带来的"化学变化"，镇要更多发挥统筹资源的作用，让镇更具特色，为乡村注入新业态，打开乡村振兴新天地，美丽镇要作为实施乡村振兴战略的重要突破口，推动城乡之间实现带有根本性的深层次统筹，让美丽城镇与美丽城市、美丽乡村各美其美、美美与共。第七是乡，是工业化不如镇的较小居落，也有镇的价值。第八是村，是最基层的以农业产业、非农产业、融合产业为主的居落。应以中心行政村为主好好打造。

在工业现代化的过程中，农业和农村不仅承载了农业生产的功能，还承载了生态文明和文化传承的功能。看得见的美丽，记得住的乡愁，是人们对现代农业农村的新认识。农业和农村在现代人类社会发展中，其生态文化功能的作用日益凸显。

城乡融合发展，就是城镇要有乡村的田园风光，城镇中心应该有农田、牧场、鱼塘、猪圈、鸡窝，乡村要有城镇的现代设施。何处是乡村？何处是城镇？应该看不出来。因此，要注重农业和农村的生态文化价值，通过规划实现城市中有农田、农田中有城市的交互式情景，一个一个的田园城市成为一线城市，形成城镇乡村"三明治格局"，而不是现在的摊大饼。要发挥农业的生态功能，通过发展乡村旅游旅居等保留一些传统村落，发挥农村的文化传承功能。即通过城乡生态文化融合，发掘农业农村高质量发展的潜力，为生态保护和文化传承赋予新内涵。

城乡如何融合？首先，绿水青山是城乡融合共生的根基。乡土风情、农俗文化、民居宅院，拾回心灵深处的乡愁记忆。瓜果采摘、农田劳作、食品加工，感怀悠久深厚的农耕文明。山清水秀的乡村成了人们向往的去处。"居山林者谋入城市，居城市者谋入山林"，城市与乡村各美其美、相得益彰。其次，实施城乡对接，把乡村塑造为城市的消费空间，这是乡村振兴的必由之路。发挥乡村山清水秀的比较优势，让城市社会在自然环境、生态农业等乡村空间领域进行系统消费，绿水青山就会成为金山银山。第三，大联结推动大发展。未来城乡对接和立体融合，将从产业、设施、消费、主体全面铺开，在更大范围、更深层面推动资源要素优化配置，促进城乡互惠共赢。

通过产业链和价值链互联，推动城乡双向赋能，促进产销两旺；通过基础设施和公共服务互通，提升乡村"颜值"，让市民下得去、留得住；通过就业、住房等公共服务机会共享，增加城市"温度"，让农民工进得来、能安居；通过城乡优秀文化共融，城市为乡村注入文化含量，乡村为城市增添生活气息，实现城乡包容发展。在城市和乡村之间要素平等配置，城市跟乡村共生共荣。尽管乡村 GDP 份额很低，但是乡村功能是城市不能替代的。城市跟乡村之间的分工既体现了专业化，又实现了互补。

未来的城市发展取决于创新的经济活动，老的经济活动会往城乡交界处迁移，从而带来产业的空间重构。乡村的经济活动也在转型升级，农业的功能、形态、商业模式等正在发生变化，市场在扩大，吸引着资本下乡。未来很有可能是，通过城、镇、乡村三者功能的分工来调整城市的形态：城市就是知识密集、产业升级的地方，而乡村则是文化的、乡土的、健康的、休闲的、历史的；在城乡之间还会有连接城市和乡村的"驿站"，这个地带会产生产业重构的空间，有些会成为适合人居住的小镇、田园综合体、美丽乡村、休闲农庄，有的会发展为加工农业、休闲农业、品牌农业、电商农业，下乡人员与原有居民和谐共处。这就是城乡二元格局中的第三空间、第三元。

（二）强化城乡要素市场融合

没有劳动力、资本和技术等要素的统一市场，城乡之间要素的单向流动局面就不会改变。要实现城乡要素市场融合，需要构建城乡一体的劳动力市场、金融市场、技术市场和信息市场，实现城乡之间各类要素的双向流动。比如土地，乡村的土地赋能不够，不能担保抵押，流动性差，变不了现。比如人才，乡村的土专家和田秀才，有关部门就不给评职称，在他们眼中的人才就只有文凭，一个久经风雨、摸爬滚打的乡土人士根本不是人才。再比如资金，金融部门拿城市金融那一套去套乡村，这能合适吗？户籍制度、土地制度、金融制度等都应该改革，只有这样才能为农业农村现代化找到合适的劳动力、资本、技术和信息等关键性要素。

目前，我们的城镇化不是全面的城镇化。大量产能过剩，表面是供给侧问题，实则是需求侧问题。大量农业转移人口无法在城市定居，消费需求被严重压缩，产生需求不足。"工业化创造供给，城镇化创造需求"。加速城镇化才能增加需求，包括服务型需求，增加就业机会。之所以要提新型城镇化，新型城镇化之所以要强调"以人为本"和强调最大的挑战是流动人口的市民化，就是原来城镇化是土地城镇化、半城镇化。农民进城务工却不能定居，没有完成从农民到市民的转型，造成夫妻失去团聚、老人失去照顾、孩子失去教育、家庭失去温暖。这是误人子弟、半心半意、不以人为本的半城镇化。

　　当前，乡村振兴仍然需要推进城镇化。大量农村人口需要转移到城镇，这叫城镇化。与此同时，要吸引城市资本、城市人口流向农村，发展现代农业，把农村资源圈、城市点子圈和市场价值圈重合，建设现代农村，这叫逆城镇化。为此，需要消除农村土地（包括宅基地、耕地和农村建设用地）在农村居民和城镇居民之间流动的限制，鼓励农村居民的土地经营权、宅基地的使用权等向城镇居民转移，使其成为农民财产性收入的重要来源，最终使城乡资源要素平等交换、双向流动，实现城乡价值均等化。

　　着力构建城乡要素合理流动新机制。第一个上山下乡是，进一步确立人往乡村走、钱往乡村投、政策往乡村倾斜的导向，吸引各路人才"上山下乡"。第二个上山下乡是，认真研究出台指导意见，围绕特色农产品深加工上一批好项目、大项目，引导工商资本"上山下乡"。第三个上山下乡是，推动农村基础设施公共服务提档升级，推进公共服务、公共资源"上山下乡"。

　　乡村振兴和城郊经济发展过程中，要加快新动能和旧动能的转换。特别是要培育新兴产业，有四个主要的路径：第一是要找到新兴产业，根据特色优势来找新兴产业，根据市场的方向找新兴产业，根据政府政策的方向找新兴产业；第二是要培育新兴产业的主体尤其是创新型企业，或无中生有，或老树上面发新芽，或外部引进，或通过合作；第三是运用新手段来武装新兴产业，比如新技术、新业态、新模式等；第四是新策略引进，比如政府支持、市场主导、产业链结合。双方共建城乡融合经济，从区块上讲，田园综合体、特色小镇、美丽乡村、产业园区；从产业上讲，加工农业、休闲农业、品牌农业、电商农业；从人群上讲，返乡创业农民工、大学生、退役军人、下乡科技人员等。城乡产业之间就会出现"两鸟"，就是腾笼换鸟，凤凰涅槃。腾退旧动能，腾退一业独大，换成新动能，使老动能凤凰涅槃、浴火重生。最终使乡村的感觉，就是一个教养很好的中年资深美女。你慢慢地品出她的优点，慢慢地看出她的亲切和端庄。慢慢地你也会发现她的娴熟和优雅，不是给别人看的，是内心的一种状态。

（三）积极打造乡镇

目前，我国常住人口城镇化率达到 59.58%，城市 673 个、建制镇 21 299 个。小城镇是城乡之间要素流动的中转码头，农民 80% 的生活圈是在小城镇完成的。近年来，随着乡村块状经济的升级、城市产业转移以及城市消费的外溢，小城镇发展出现了以特色产业为引导的特色小镇新型模式。因此，必须加快培育一批"农字号"特色小镇，整合农业生产、农民生活、农村生态等各方面资源，以农产品加工、农产品流通、农业电子商务、休闲农业、乡村旅游、运动养生等特色产业为发展载体，以农村一二三产业融合发展为方向，将产业、文化、旅游和社区等功能融合。

打造乡镇，首推产城融合。产城融合是指产、城、人三者的融合与发展，以特色产业发展为保障，促进区域基础设施和公共服务完善，实现城镇载体的功能升级，并为地方居民提供良好的就业环境和生活环境等，从而达到产业发展、城镇建设、人口集聚三者持续联动的良性发展模式。

产业和人需要空间支撑，这个空间支撑就是特色小镇，具有一定的城市功能，要求达到空间布局协调、土地利用集约、生态环境优美。特色小镇是一种集生产、加工、物流、商贸、旅游、居住及各类关联服务等功能于一体，具有"产、城、人"深度融合特征的新型发展平台。基于空间位置的不同，产城融合路径应该不同：离大城市较近的特色小镇以服务业为主、加工业为辅，因为大城市对工业有一定的排斥；离大城市较远的特色小镇以加工业为主、服务业为辅。

简言之，城与乡相当于"两口子"。"两口子"要想一体化发展，你中有我，我中有你，就要生一些"儿女"。这些"儿女"要兼有城乡"父母"双重要素，亦城亦乡，亦工亦农。田园城市、田园共同体、特色小镇、小城镇、美丽乡村都是这样的城乡"儿女"，他们的建成，都是城乡一体化发展的典型。在城乡组织结构中，他们是城与乡之间的桥梁，兼具了城市和乡村的一些特点，于是就可以建成很多"城中有乡，乡中有城"的田园城市、田园综合体、特色小镇等。特别是培育一批产业强、产品优、质量好、生态美的农业强镇，支持实施产业兴村强县行动。在主体定位上，具体将以乡镇为平台。在建设内容上，积极推行标准化生产，培育农产品品牌，保护地理标志农产品。在具体实施上，遵循发展客观规律，不套模式、不定方式，加快培育具有竞争力的市场经营主体，建成一批产业兴旺、经济繁荣、绿色美丽、宜业宜居的农业强镇示范样板。

（四）辐射带动乡村

乡村跟人一样，人生目的是塑造人格、提升心性、获得灵魂的价值，而不是在名声、财产和地位中苦苦挣扎。一个乡村要精于一业：一门深入，探究到底，才能一通百通。定位决定成败，定位对了，可以少走弯路、节约资源、形成生产力，反之则可能形成负生产力。

定位要有依据。乡村发展定位的依据：一是按自身的比较优势定位；二是根据市场需求定位；三是根据上位规划进行定位；四是按政策要求定位；五是遵照技术进步方向定位；六是按照绿色低碳潮流进行定位。

根据资源禀赋、区位优势、产业基础等测算，我国只有 10 类村。

1. 宜居宜业村　产业优势和特色明显，农民专业合作社、龙头企业发展基础好，产业化水平高，初步形成"一村一品""一乡一业"，实现了农业生产聚集、农业规模经营，农业产业链条不断延伸，产业带动效果明显。

2. 生态村　生态优美、自然条件优越，水资源和森林资源丰富，具有传统的田园风光和乡村特色。生态环境优势明显，把生态环境优势变为经济优势的潜力大，适宜发展生态旅游。

3. 城郊村　经济条件较好，公共设施和基础设施较为完善，交通便捷。农业集约化、规模化经营水平高，土地产出率高，农民收入水平相对较高，是大中城市重要的"菜篮子"基地。要改造提升，建设现代化的新兴社区。

4. 产粮村　人数较多，规模较大，居住较集中的村镇。其特点是区位条件好，经济基础强，带动作用大，基础设施相对完善。对产粮村，主要是提高粮食产能和质量，提高经济效益和产业层次。

5. 古村落村　具有特殊人文景观，包括古村落、古建筑、古民居以及传统文化的地区。其特点是乡村文化资源丰富，具有优秀民俗文化以及非物质文化，文化展示和传承的潜力大。

6. 渔村　主要在沿海和水网地区的传统渔区。其特点是产业以渔业为主，通过发展渔业促进就业，增加渔民收入，繁荣农村经济，渔业在农业产业中占主导地位。

7. 边远村　在我国山区牧区，占全国国土面积的40％以上。其特点是，草原畜牧业是牧区经济发展的基础产业，是牧民收入的主要来源。

8. 衰落村　在农村脏乱差问题突出的地区。其特点是农村环境基础设施建设滞后，环境污染问题严重，当地农民群众对环境整治的呼声高、反应强烈。对地处边远、环境恶劣的村庄，有一些未来是不适合居住的，在现阶段这些村庄有大量的留守老人、妇女、儿童，也要做好留守人群的基本公共服务，循序渐进地撤并一批衰退的村庄。

9. 旅居村　在适宜发展乡村休闲旅游旅居的地区。其特点是旅游资源丰富，住宿、餐饮、休闲娱乐设施完善齐备，交通便捷，距离城市较近，适合休闲度假，发展乡村旅游潜力大。主要是激活产业，优化环境，提振人气，增添活力，培养一批生态宜居的美丽村庄。对文化村，特别是对一些自然遗产、文化遗产资源丰富的村庄，必须要坚持保护优先。

10. 特色村　主要在我国的特色农业主产区。其特点是以发展特色农业作物生产为主，农田水利等农业基础设施相对完善，农产品商品化率和农业机械化水平高，人均耕地资源丰富。对特色村，主要是标准化园艺创建，促进一二三产业融合，发展农村电商和休闲旅游。

我国乡村正从新颜向美颜、欢颜转变。新农村建设强调新颜，新农业，新农民，新农村。美丽乡村建设强调美颜，产业美，乡风美，景观美，生态美，田园美。真正的美丽乡村，本身是能够繁荣昌盛的，有绿水青山；能吸引城市人到农村从事朝阳产业；农业本身有一定的市场竞争力，是绿色的、有机的、环保的；资源节约型、环境友好型的农业，再加上农村一二三产业融合，农业的多功能性、农耕文明的好处都能充分体现。乡村振兴强调欢颜，产业振兴，人才振兴，

252

重建富美乡村，重铸农耕文明，重育新型乡贤，把乡村建成村落古朴、条件现代、产业有机、生态拯救、文化复兴、人才回归、企业返乡、要素下乡、颜值美丽的欢颜乡村。

通过努力，着力构建"有奔头"的乡村。坚持以供给侧结构性改革为主线，全力建设产业兴旺、生活富裕的新农村，着力构建"有颜值"的乡村。实施乡村环境整治，强化农村道路、给排水、环卫、文化等农村生活配套设施建设。发展绿色产业，打造美丽乡村。着力构建"有乡愁"的乡村。培育向上向善的乡村文明，古香古色的乡村风貌，丰富多彩的乡村文化。着力构建"有和美"的乡村，完善基层组织考核体系，确保党建责任"见人见事"，加强社会治安，让老百姓有安全感幸福感获得感。着力构建"有活力"的乡村，释放体制改革活力，推进农村产权制度改革（清产核资工作），盘活村级集体资产，发展新型集体经济，让村集体充满活力。

最终，把农民生活村变成生活社区，建设"美丽家园"。加强农村人居环境整治，开展生态廊道、农田林网和"四旁林"建设等工作。加强风貌保护和引导，注重乡村自然肌理，优化乡村空间布局，保护和传承优秀传统文化。推进农村建筑风貌与乡村色彩的协调统一，体现乡村韵味，展示地域特色，全面提升农村环境面貌，促进农村现代化。把农村变成生产园区，建设"绿色田园"。培育农村新产业新业态，构建绿色农产品产销平台，创新经营模式，推进产业深度融合，提高农业社会化服务水平，全面实现农业提质增效，促进农业现代化。把农村变成生态景区，建设"幸福乐园"，盘活资源资产，鼓励开展农村闲置农房、存量集体建设用地盘活利用试点，用于民宿民俗、休闲农业、乡村旅游、健康养老等产业发展，全面建立农民增收的长效机制，促进农村治理现代化。

二、发掘城乡土地资源

鼓励地方创新，尊重基层创造。重点是围绕"地、人、钱"三个方面。特别是地，着力强化乡村振兴有效制度供给，优化财政支农惠农机制，创新金融机制。第一，让乡村闲置的资源用起来；第二，让城市的资源流进来；第三，让乡村振兴这潭水活起来。乡村到处是想创造、能创造、善创造的干部和群众，应当充满先进的思想、优秀的作品、神奇的科技、震撼的工程；应当让一切劳动、知识、技术、管理和资本的活力竞相迸发，让一切创造社会财富的源泉充分涌流；应当持续不断地创造发展的奇迹、涌现英雄的人物、演绎动人的故事。

（一）激活土地要素

我国农村集体建设用地 19 万平方公里，这还是在城镇化常住人口水平大幅度提高，也就是农村人口大量进入城市的情况下发生。而同时城市也在占地，城镇的建成区占地 11 万多平方公里。两头都在占地，耕地保护的国策难以实现。

回过头来看，现在农村 19 万平方公里的集体建设用地，在很大程度上是闲置的资源，没有被充分利用。城市 11 万平方公里的建设用地也没有物尽其用，2.2 亿的农业转移人口在城市里就业，城市没给他们一锥之地。而且，他们在农村的住房却是闲置的，这怎么能带动农业和农村的发展呢？所以，如果希望解决农村的资源闲置问题，要更多地利用市场力量来激活这块资源，来参与城市建设和非农产业的发展。要实现这一点，必须要给予农村体制性的活力刺激，使得这些资源能够流动起来。比如，利用这些闲置资源从事多种经营，从事非农产业的发展，或者吸引城市资本的进入。

农地关系贯彻我国革命、建设、改革的全过程。我党带领全国各族人民建立了新中国，动的就是地。打土豪分田地，激发了亿万农民的积极性，解放和发展了生产力。建设的时候，也是这样。设置了城乡二元格局，从农村要粮、要地、要钱、要人、要产业，完成了国家的城镇化、工业化。改革的时候，家庭联产承包责任制动的也是地，大包干，不拐弯。如今，改革再出发，开启城乡融合新征程，首先就要明确主线。新时期农村改革的主线依然是处理好农民与土地的关系。改革开放 40 多年来，农村土地制度改革一直在艰难前行，为农村经济社会发展提供了重要支撑。面向未来，顺应土地功能转换、农民代际更替、人口城乡双向流动等重大结构性变化，秉持既要"用起来"又不能"炒起来"的原则，与时俱进地对农村土地制度进行调整完善。土地制度既关系到农业生产、农村新产业新业态发展，也关系到农民进城、城镇居民和工商资本下乡，还关系到农村金融，牵一发而动全身，是农村各方面改革的"牛鼻子"。新时期深化农村改革，要讲究方法论。既要积极应变，根据农村已经发生的重大结构性变化及时作出制度上的调整，更要主动求变，提高改革的系统性、协同性和前瞻性。

要在处理好农地关系的基础上进一步激活土地要素，应加快探索推动以土地流转和适度规模经营为基础且适合多元化乡村产业融合形式的土地改革。也应在立法和行政上尽快明确并统一农村土地"三权分置"边界，消除模糊空间和灰色地带。也考虑在不改变土地利用总体规划框架的基础上，科学整合农村碎片化土地用于服务乡村产业振兴。

通过激活土地资源，可以释放乡村的五大功能。第一个功能，多元的生产功能。依托生态农业的发展，从乡村就可以衍生出一系列乡村休闲活动，如农村采摘、生态牧场参观、农产品就地销售、对环境压力小的工业、零售业、康养业、教育医疗服务业等，就可以推动乡村产业多元化。第二个功能，优越的居住功能。可以开辟共享式度假休憩二套房。第三个功能，健康的休闲功能。凭借优美的自然环境、良好的设施和独特的人文情怀，开展旅游、度假、住宿、餐饮服务。第四个功能，多样的生态功能。保护生物多样性，对环境进行治理，开辟自然公园。第五个功能，丰富的文化功能。传承技艺、品牌塑造、地方特色传承与彰显、物质空间特色、象征性元素、地方声誉与传统等。

（二）推进农村"三变"改革

农村"三变"指农村资源变资产、资金变股金、农民变股东。

1. 资源变资产 村集体以集体土地、森林、草地、荒山、滩涂、水域等自然资源性资产和房屋、建设用地（物）、基础设施等可经营性资产的使用权评估折价变为资产，通过合同或者协议方式，以资本的形式投资入股企业、合作社、家庭农场等经营主体，享有股份权利。

2. 资金变股金　指财政资金变股金、村集体资金变股金、村民自有资金变股金。其中，财政资金包含各级财政投入农村的发展类、扶持类资金等（补贴类、救济类、应急类资金除外），在不改变资金姓"农"的前提下，原则上可量化为村集体或农民持有的股金，通过民主议事和协商等方式，投资入股经营主体，享有股份权利。主要包括五大块：生产发展类资金、农村设施建设类资金、生态修复和治理类资金、财政扶贫发展类资金、支持村集体发展类资金。

3. 农民变股东　农民自愿以自有耕地、林地的承包经营权、宅基地的使用权，以及资金（物）、技术等，通过合同或者协议方式，投资入股经营主体，享有股份权利。

通过改革，汇聚人才、资源和产业。一是本土本地能人大力发展家庭作坊、乡村车间、专业合作社、农村电商等农业经济模式。二是通过实现乡村经济多元化，把城乡资源要素在农村整合，一体运作。这样就提供了越来越多的就业岗位。在吸纳农村当地劳动力在家门口就业的同时，也吸引了大批专业技术人才流向农村。

事实证明，产业越兴旺，资源要素就越聚集，对人才的需求就越旺盛，提供的就业创业机会也会越多。一是做大乡镇。有利于上引下联多维度推进乡村振兴，搭建有效载体和平台，集聚多方资源和力量协同推进。乡镇是我国最基层的行政机构，上联县、下带村，具备政治、经济、社会、文化等综合性功能。产业兴村强县示范行动定位乡镇为实施载体，可以有效聚合政策、资金、要素等资源，弥补区域经济发展的短板，打造一批乡土经济活跃、乡土产业特色明显的农业产业强镇，能够发挥平台或支点的关键作用。二是中联产业。引导和促进更多资本、技术、人才等要素向乡村流动，推动做大做强现代种养业、农产品加工业、休闲旅游业、乡村特色产业、乡村服务业等，完善产业链、打通供应链、提升价值链，提升农村产业融合发展质量和水平。三是带小农户。建立联农带农机制促进农民致富增收，引导龙头企业、农民合作社和家庭农场等新型农业经营主体紧密合作，形成利益共享、风险共担的责任共同体、经济共同体和命运共同体。示范带动小农户共同发展，将其引入现代农业发展轨道，同步分享农业农村现代化成果，实现小农户与现代农业发展有机衔接，让农民有更多获得感，实现生活富裕。

（三）优化乡村"三业"结构

第一是产业结构。乡村对城镇的新需求作出灵敏反应。城镇要求农村提供充足、安全的物质产品，而且要求农村提供清洁的空气、洁净的水源、恬静的田园风光等生态产品，以及农耕文化、乡愁寄托等精神产品。捕捉这些新需求，应加快推进农业发展从增产导向转向提质导向，大力发展农村休闲旅游养老等新产业新业态。第二是从业结构。加快培养现代青年农场主、新型农业经营主体带头人、农业职业经理人。既要重视从目前仍在农村的人中发现和培养高素质农民，又要重视引导部分有意愿的农民工返乡、从农村走出来的大学生回乡、在城市成长的各类人才下乡，将现代科技、生产方式和经营模式引入农业农村。第三是乐业结构。现代化国家的乡村，其价值既体现在提供农产品和生态产品，也体现在提供一种高品质的生活。居住和生活在乡村地区的人大部分并不是典型意义上的"农民"即农业从业人员，甚至也不是原来务农、后来转向二三产业的"农民工"，而是来自周边城镇地区的教师、医生、律师、公务员等劳动人口和非劳动人口。

积极推进"五大"经济：一是推进"大农业"经济。开展种养加、产加销一体化经营，将工业化标准理念和服务业人本理念导入农业，将全产业链全价值链理念引入农业，跨界配置农业和现代产业要素，将一产往后延、二产两头连、三产走高端，形成全产业链全价值链。二是做大"大高科"经济。发展"三高"（高附加值、高适用性、高独占性）农业新技术、新工艺、新产品，争夺终端市场，获取高额利润的重要手段。学习 ABCD（ADM、邦基、嘉吉和路易达孚）、英国立顿、瑞士雀巢、荷兰联合利华、日本味之素、新加坡丰益等凭借"三高"完成全球布局。三是深耕"大厨房"经济。支持龙头企业发展"农业＋"连锁餐饮、便餐主食、休闲小食，培育中央厨房、净菜加工、体验厨房等新业态，发展各类面米食品、预制菜肴和营养均衡的健康食物。四是开发"大观园"经济。支持龙头企业利用乡村"清风明月、大地山河、蓝天白云、新鲜空气、洁净水源和美丽传说"等优势资源，发展观光农业、创意农业、体验农业等新业态，让农民"钱袋子"鼓起来、市民身体好起来、心情乐起来。五是借力"大网络"经济。支持龙头企业发展"农业＋"信息化、物联网、互联网，形成农产品电商、产业互联网、订单农业、共享农业等新业态，形成"人在干、云在转、数在算、面朝屏幕背朝云"的农业经营场景。通过"五大"，营造大农业融合、大资源整合、大生态绿色、大市场抱团、大网络联通的发展格局。

第七节　乡村产业与组织保障

一分部署，九分落实，十分收获。中央关于推进乡村产业振兴的大政方针已定，各地各部门要切实按照中央的要求，以强有力的组织领导和政策举措，确保乡村产业振兴各项任务落实落地。

一、强化乡村产业振兴的组织保障

要落实乡村产业振兴领导责任制，实行中央统筹、省负总责、市县抓落实的工作机制。党委和政府一把手是第一责任人，五级书记抓乡村产业振兴。各级党委和政府主要领导要切实担负起推进乡村产业振兴的领导责任，健全党委统一领导、政府负责、党委农村工作部门统筹协调的领导体制，把党管农村工作的要求落到实处。各级党委和政府分管负责同志是直接责任人，要切实扛起推进乡村产业发展的任务，真正成为乡村产业工作的行家里手。各级农业农村部门要切实履行好牵头抓总职责，加强对乡村产业发展的统筹协调。建立健全县（市）委政府负责、乡镇主抓、村组落实的推进机制。农业农村部门要与发改、财政、工信、住建、交通、文旅、自然资源、生态环保、市场监管等部门形成合力，建立农业农村部门牵头抓总、各部门协同配合、社会力量积极支持、农民群众广泛参与的协调机制。

二、强化乡村产业振兴的政策保障

促进乡村产业振兴，离不开真金白银的投入。各地要认真落实农业农村优先发展要求，要素取之于农、优先用之于农。抓住财政加大"三农"投入、金融资本和社会资本看好乡村产业振兴的有利时机，不断健全完善支持政策，引导撬动"钱、地、人"等要素加速向乡村产业聚集，激活资源要素。

1. 健全财政投入机制　加强一般公共预算投入保障，提高土地出让收入用于农业农村的比例。鼓励有条件的地方根据实际需要按市场化方式设立乡村产业发展基金。

2. 创新乡村金融服务　引导县域金融机构将吸收的存款主要投放到当地乡村产业等，农村商业银行机构和业务原则上不得跨县域。

3. 有序引导工商资本下乡　鼓励和引导工商资本到乡村投资兴业，发展农民参与度高、受益面广的乡村产业。工商企业进入乡村，要依法依规开发利用农业农村资源，多办一些农民办不了、办不好、办了不合算的产业。不得违规占用农地或耕地从事非农产业，不能兴办污染环境的项目。

4. 完善用地保障政策　耕地占补平衡以县域自行平衡为主，在安排土地利用年度计划时，加大对乡村产业发展用地的倾斜支持力度。探索针对乡村产业的省市县联动"点供"用地。开展农村集体经营性建设用地入市改革。开展县域乡村土地综合整治，盘活建设用地重点用于乡村新产业新业态和返乡入乡创业。

5. 健全人才保障机制　深化农业系列职称制度改革，开展面向农技推广人员、乡土人才的评审。支持科技人员以科技成果入股乡村企业。建立健全科研人员校企、院企共建双聘机制，实行股权分红等激励措施。

三、强化乡村产业振兴的制度保障

1. 健全融合发展体制机制　激活主体、激活要素、激活市场，推动城乡资源要素向乡村产业汇聚。深化农村改革，推动资源变资产、资金变股金、农民变股东，发展多种形式的股份合作，激发资源、资产、资金活力。完善农民对集体资产股份的占有、收益、有偿退出及抵押、担保、继承等权能和管理办法。

2. 建立乡村产业考核制度 结合落实乡村振兴考核，抓紧研究制定农村一二三产业融合发展评价指标体系和考核机制，科学评估乡村产业发展成效，支持地方把农村一二三产业融合发展评价指标作为乡村振兴的重要指标，定期分析评估。

四、发挥农民在乡村产业振兴中的主体作用

农民是促进乡村产业振兴的根本力量。一定要明确，农民是产业振兴主体，而不是配角。农民没有积极性，乡村产业振兴就是一句空话。乡村产业振兴不是坐享其成，等不来也送不来，要靠广大农民奋斗。要尊重农民意愿，多听农民的呼声，不能违背农民意愿搞强迫命令。要厘清政府主导和农民主体作用的边界，政府做好政府该做的事，更好地发挥统筹协调作用。发挥市场配置资源的决定性作用，引导各市场主体加快全产业链全价值链建设，健全利益联结机制。把发动群众贯穿乡村产业振兴全过程和各环节，完善鼓励农民参与的政策，健全农民参与的引导机制，逐步培养广大农民自己动手建设美好家园的能力。

五、加强乡村产业振兴的宣传引导

总结各地促进乡村产业振兴的好经验好做法，分区域、分产业提炼可复制可推广的振兴模式。通过现场观摩、座谈交流、媒体宣传等多种形式，宣传推广一批典型案例，引领乡村产业提档升级，营造良好氛围。

总之，促进乡村产业振兴是一项光荣而艰巨的历史任务，要以习近平新时代中国特色社会主义思想为指导，锐意进取，攻坚克难，发展壮大乡村产业，为决胜全面建成小康社会、实现乡村振兴作出应有的贡献。

附　　录

附录1　关于促进乡村产业振兴的指导意见

国发〔2019〕12号

各省、自治区、直辖市人民政府，国务院各部委、各直属机构：

产业兴旺是乡村振兴的重要基础，是解决农村一切问题的前提。乡村产业根植于县域，以农业农村资源为依托，以农民为主体，以农村一二三产业融合发展为路径，地域特色鲜明、创新创业活跃、业态类型丰富、利益联结紧密，是提升农业、繁荣农村、富裕农民的产业。近年来，我国农村创新创业环境不断改善，新产业新业态大量涌现，乡村产业发展取得了积极成效，但也存在产业门类不全、产业链条较短、要素活力不足和质量效益不高等问题，亟须加强引导和扶持。为促进乡村产业振兴，现提出如下意见。

一、总体要求

（一）指导思想。以习近平新时代中国特色社会主义思想为指导，全面贯彻党的十九大和十九届二中、三中全会精神，牢固树立新发展理念，落实高质量发展要求，坚持农业农村优先发展总方针，以实施乡村振兴战略为总抓手，以农业供给侧结构性改革为主线，围绕农村一二三产业融合发展，与脱贫攻坚有效衔接、与城镇化联动推进，充分挖掘乡村多种功能和价值，聚焦重点产业，集聚资源要素，强化创新引领，突出集群成链，延长产业链、提升价值链，培育发展新动

261

能，加快构建现代农业产业体系、生产体系和经营体系，推动形成城乡融合发展格局，为农业农村现代化奠定坚实基础。

（二）基本原则。

因地制宜、突出特色。依托种养业、绿水青山、田园风光和乡土文化等，发展优势明显、特色鲜明的乡村产业，更好彰显地域特色、承载乡村价值、体现乡土气息。

市场导向、政府支持。充分发挥市场在资源配置中的决定性作用，激活要素、市场和各类经营主体。更好发挥政府作用，引导形成以农民为主体、企业带动和社会参与相结合的乡村产业发展格局。

融合发展、联农带农。加快全产业链、全价值链建设，健全利益联结机制，把以农业农村资源为依托的二三产业尽量留在农村，把农业产业链的增值收益、就业岗位尽量留给农民。

绿色引领、创新驱动。践行绿水青山就是金山银山理念，严守耕地和生态保护红线，节约资源，保护环境，促进农村生产生活生态协调发展。推动科技、业态和模式创新，提高乡村产业质量效益。

（三）目标任务。 力争用5～10年时间，农村一二三产业融合发展增加值占县域生产总值的比重实现较大幅度提高，乡村产业振兴取得重要进展。乡村产业体系健全完备，农业供给侧结构性改革成效明显，绿色发展模式更加成熟，乡村就业结构更加优化，农民增收渠道持续拓宽，产业扶贫作用进一步凸显。

二、突出优势特色，培育壮大乡村产业

（四）做强现代种养业。 创新产业组织方式，推动种养业向规模化、标准化、品牌化和绿色化方向发展，延伸拓展产业链，增加绿色优质产品供给，不断提高质量效益和竞争力。巩固提升粮食产能，全面落实永久基本农田特殊保护制度，加强高标准农田建设，加快划定粮食生产功能区和重要农产品生产保护区。加强生猪等畜禽产能建设，提升动物疫病防控能力，推进奶业振兴和渔业转型升级。发展经济林和林下经济。（农业农村部、国家发展改革委、自然资源部、国

家林草局等负责）

（五）做精乡土特色产业。因地制宜发展小宗类、多样性特色种养，加强地方品种种质资源保护和开发。建设特色农产品优势区，推进特色农产品基地建设。支持建设规范化乡村工厂、生产车间，发展特色食品、制造、手工业和绿色建筑建材等乡土产业。充分挖掘农村各类非物质文化遗产资源，保护传统工艺，促进乡村特色文化产业发展。（农业农村部、工业和信息化部、文化和旅游部、国家林草局等负责）

（六）提升农产品加工流通业。支持粮食主产区和特色农产品优势区发展农产品加工业，建设一批农产品精深加工基地和加工强县。鼓励农民合作社和家庭农场发展农产品初加工，建设一批专业村镇。统筹农产品产地、集散地、销地批发市场建设，加强农产品物流骨干网络和冷链物流体系建设。（农业农村部、国家发展改革委、工业和信息化部、商务部、国家粮食和储备局、国家邮政局等负责）

（七）优化乡村休闲旅游业。实施休闲农业和乡村旅游精品工程，建设一批设施完备、功能多样的休闲观光园区、乡村民宿、森林人家和康养基地，培育一批美丽休闲乡村、乡村旅游重点村，建设一批休闲农业示范县。（农业农村部、文化和旅游部、国家卫生健康委、国家林草局等负责）

（八）培育乡村新型服务业。支持供销、邮政、农业服务公司、农民合作社等开展农资供应、土地托管、代耕代种、统防统治、烘干收储等农业生产性服务业。改造农村传统小商业、小门店、小集市等，发展批发零售、养老托幼、环境卫生等农村生活性服务业。（农业农村部、国家发展改革委、财政部、商务部、国家邮政局、供销合作总社等负责）

（九）发展乡村信息产业。深入推进"互联网＋"现代农业，加快重要农产品全产业链大数据建设，加强国家数字农业农村系统建设。全面推进信息进村入户，实施"互联网＋"农产品出村进城工程。推动农村电子商务公共服务中心和快递物流园区发展。（农业

农村部、中央网信办、工业和信息化部、商务部、国家邮政局等负责）

三、科学合理布局，优化乡村产业空间结构

（十）强化县域统筹。在县域内统筹考虑城乡产业发展，合理规划乡村产业布局，形成县城、中心镇（乡）、中心村层级分工明显、功能有机衔接的格局。推进城镇基础设施和基本公共服务向乡村延伸，实现城乡基础设施互联互通、公共服务普惠共享。完善县城综合服务功能，搭建技术研发、人才培训和产品营销等平台。（国家发展改革委、自然资源部、生态环境部、住房城乡建设部、农业农村部等负责）

（十一）推进镇域产业聚集。发挥镇（乡）上联县、下联村的纽带作用，支持有条件的地方建设以镇（乡）所在地为中心的产业集群。支持农产品加工流通企业重心下沉，向有条件的镇（乡）和物流节点集中。引导特色小镇立足产业基础，加快要素聚集和业态创新，辐射和带动周边地区产业发展。（国家发展改革委、住房城乡建设部、农业农村部等负责）

（十二）促进镇村联动发展。引导农业企业与农民合作社、农户联合建设原料基地、加工车间等，实现加工在镇、基地在村、增收在户。支持镇（乡）发展劳动密集型产业，引导有条件的村建设农工贸专业村。（国家发展改革委、农业农村部、商务部等负责）

（十三）支持贫困地区产业发展。持续加大资金、技术、人才等要素投入，巩固和扩大产业扶贫成果。支持贫困地区特别是"三区三州"等深度贫困地区开发特色资源、发展特色产业，鼓励农业产业化龙头企业、农民合作社与贫困户建立多种形式的利益联结机制。引导大型加工流通、采购销售、投融资企业与贫困地区对接，开展招商引资，促进产品销售。鼓励农业产业化龙头企业与贫困地区合作创建绿色食品、有机农产品原料标准化生产基地，带动贫困户进入大市场。（农业农村部、国家发展改革委、财政部、商务部、国务院扶贫办等负责）

四、促进产业融合发展，增强乡村产业聚合力

（十四）培育多元融合主体。 支持农业产业化龙头企业发展，引导其向粮食主产区和特色农产品优势区聚集。启动家庭农场培育计划，开展农民合作社规范提升行动。鼓励发展农业产业化龙头企业带动、农民合作社和家庭农场跟进、小农户参与的农业产业化联合体。支持发展县域范围内产业关联度高、辐射带动力强、多种主体参与的融合模式，实现优势互补、风险共担、利益共享。（农业农村部、国家发展改革委、财政部、国家林草局等负责）

（十五）发展多类型融合业态。 跨界配置农业和现代产业要素，促进产业深度交叉融合，形成"农业＋"多业态发展态势。推进规模种植与林牧渔融合，发展稻渔共生、林下种养等。推进农业与加工流通业融合，发展中央厨房、直供直销、会员农业等。推进农业与文化、旅游、教育、康养等产业融合，发展创意农业、功能农业等。推进农业与信息产业融合，发展数字农业、智慧农业等。（农业农村部、国家发展改革委、教育部、工业和信息化部、文化和旅游部、国家卫生健康委、国家林草局等负责）

（十六）打造产业融合载体。 立足县域资源禀赋，突出主导产业，建设一批现代农业产业园和农业产业强镇，创建一批农村产业融合发展示范园，形成多主体参与、多要素聚集、多业态发展格局。（农业农村部、国家发展改革委、财政部、国家林草局等负责）

（十七）构建利益联结机制。 引导农业企业与小农户建立契约型、分红型、股权型等合作方式，把利益分配重点向产业链上游倾斜，促进农民持续增收。完善农业股份合作制企业利润分配机制，推广"订单收购＋分红""农民入股＋保底收益＋按股分红"等模式。开展土地经营权入股从事农业产业化经营试点。（农业农村部、国家发展改革委等负责）

五、推进质量兴农绿色兴农，增强乡村产业持续增长力

（十八）健全绿色质量标准体系。 实施国家质量兴农战略规划，

制修订农业投入品、农产品加工业、农村新业态等方面的国家标准和行业标准，建立统一的绿色农产品市场准入标准。积极参与国际标准制修订，推进农产品认证结果互认。引导和鼓励农业企业获得国际通行的农产品认证，拓展国际市场。（农业农村部、市场监管总局等负责）

（十九）**大力推进标准化生产**。引导各类农业经营主体建设标准化生产基地，在国家农产品质量安全县整县推进全程标准化生产。加强化肥、农药、兽药及饲料质量安全管理，推进废旧地膜和包装废弃物等回收处理，推行水产健康养殖。加快建立农产品质量分级及产地准出、市场准入制度，实现从田间到餐桌的全产业链监管。（农业农村部、生态环境部、市场监管总局等负责）

（二十）**培育提升农业品牌**。实施农业品牌提升行动，建立农业品牌目录制度，加强农产品地理标志管理和农业品牌保护。鼓励地方培育品质优良、特色鲜明的区域公用品牌，引导企业与农户等共创企业品牌，培育一批"土字号""乡字号"产品品牌。（农业农村部、商务部、国家知识产权局等负责）

（二十一）**强化资源保护利用**。大力发展节地节能节水等资源节约型产业。建设农业绿色发展先行区。国家明令淘汰的落后产能、列入国家禁止类产业目录的、污染环境的项目，不得进入乡村。推进种养循环一体化，支持秸秆和畜禽粪污资源化利用。推进加工副产物综合利用。（国家发展改革委、工业和信息化部、自然资源部、生态环境部、水利部、农业农村部等负责）

六、推动创新创业升级，增强乡村产业发展新动能

（二十二）**强化科技创新引领**。大力培育乡村产业创新主体。建设国家农业高新技术产业示范区和国家农业科技园区。建立产学研用协同创新机制，联合攻克一批农业领域关键技术。支持种业育繁推一体化，培育一批竞争力强的大型种业企业集团。建设一批农产品加工技术集成基地。创新公益性农技推广服务方式。（科技部、农业农村部等负责）

（二十三）**促进农村创新创业**。实施乡村就业创业促进行动，引导农民工、大中专毕业生、退役军人、科技人员等返乡入乡人员和"田秀才""土专家""乡创客"创新创业。创建农村创新创业和孵化实训基地，加强乡村工匠、文化能人、手工艺人和经营管理人才等创新创业主体培训，提高创业技能。（农业农村部、国家发展改革委、教育部、人社部、退役军人部、共青团中央、全国妇联等负责）

七、完善政策措施，优化乡村产业发展环境

（二十四）**健全财政投入机制**。加强一般公共预算投入保障，提高土地出让收入用于农业农村的比例，支持乡村产业振兴。新增耕地指标和城乡建设用地增减挂钩节余指标跨省域调剂收益，全部用于巩固脱贫攻坚成果和支持乡村振兴。鼓励有条件的地方按市场化方式设立乡村产业发展基金，重点用于乡村产业技术创新。鼓励地方按规定对吸纳贫困家庭劳动力、农村残疾人就业的农业企业给予相关补贴，落实相关税收优惠政策。（财政部、自然资源部、农业农村部、税务总局、国务院扶贫办等负责）

（二十五）**创新乡村金融服务**。引导县域金融机构将吸收的存款主要用于当地，重点支持乡村产业。支持小微企业融资优惠政策适用于乡村产业和农村创新创业。发挥全国农业信贷担保体系作用，鼓励地方通过实施担保费用补助、业务奖补等方式支持乡村产业贷款担保，拓宽担保物范围。允许权属清晰的农村承包土地经营权、农业设施、农机具等依法抵押贷款。加大乡村产业项目融资担保力度。支持地方政府发行一般债券用于支持乡村振兴领域的纯公益性项目建设。鼓励地方政府发行项目融资和收益自平衡的专项债券，支持符合条件、有一定收益的乡村公益性项目建设。规范地方政府举债融资行为，不得借乡村振兴之名违法违规变相举债。支持符合条件的农业企业上市融资。（人民银行、财政部、农业农村部、银保监会、证监会等负责）

（二十六）**有序引导工商资本下乡**。坚持互惠互利，优化营商环境，引导工商资本到乡村投资兴办农民参与度高、受益面广的乡村产

业，支持发展适合规模化集约化经营的种养业。支持企业到贫困地区和其他经济欠发达地区吸纳农民就业、开展职业培训和就业服务等。工商资本进入乡村，要依法依规开发利用农业农村资源，不得违规占用耕地从事非农产业，不能侵害农民财产权益。（农业农村部、国家发展改革委等负责）

（二十七）**完善用地保障政策。**耕地占补平衡以县域自行平衡为主，在安排土地利用年度计划时，加大对乡村产业发展用地的倾斜支持力度。探索针对乡村产业的省市县联动"点供"用地。推动制修订相关法律法规，完善配套制度，开展农村集体经营性建设用地入市改革，增加乡村产业用地供给。有序开展县域乡村闲置集体建设用地、闲置宅基地、村庄空闲地、厂矿废弃地、道路改线废弃地、农业生产与村庄建设复合用地及"四荒地"（荒山、荒沟、荒丘、荒滩）等土地综合整治，盘活建设用地重点用于乡村新产业新业态和返乡入乡创新创业。完善设施农业用地管理办法。（自然资源部、农业农村部、司法部、国家林草局等负责）

（二十八）**健全人才保障机制。**各类创业扶持政策向农业农村领域延伸覆盖，引导各类人才到乡村兴办产业。加大农民技能培训力度，支持职业学校扩大农村招生。深化农业系列职称制度改革，开展面向农技推广人员的评审。支持科技人员以科技成果入股农业企业，建立健全科研人员校企、院企共建双聘机制，实行股权分红等激励措施。实施乡村振兴青春建功行动。（科技部、教育部、人社部、农业农村部、退役军人部、共青团中央、全国妇联等负责）

八、强化组织保障，确保乡村产业振兴落地见效

（二十九）**加强统筹协调。**各地要落实五级书记抓乡村振兴的工作要求，把乡村产业振兴作为重要任务，摆上突出位置。建立农业农村部门牵头抓总、相关部门协同配合、社会力量积极支持、农民群众广泛参与的推进机制。（农业农村部牵头负责）

（三十）**强化指导服务。**深化"放管服"改革，发挥各类服务机构作用，为从事乡村产业的各类经营主体提供高效便捷服务。完善乡

村产业监测体系，研究开展农村一二三产业融合发展情况统计。（农业农村部、国家统计局等负责）

（三十一）营造良好氛围。宣传推介乡村产业发展鲜活经验，推广一批农民合作社、家庭农场和农村创新创业典型案例。弘扬企业家精神和工匠精神，倡导诚信守法，营造崇尚创新、鼓励创业的良好环境。（农业农村部、广电总局等负责）

国务院

2019 年 6 月 17 日

附录 2 促进乡村产业振兴政策指导意见解读

农业农村部乡村产业发展司 曾衍德

编者按：2019 年 6 月 17 日，国务院印发了《关于促进乡村产业振兴的指导意见》（国发〔2019〕12 号，以下简称《意见》）。《意见》明确了乡村产业的内涵特征、发展思路、实现路径和政策措施等，是今后一个时期我国乡村产业发展的阶段性纲领性文件。为便于各地、各类经营主体了解《意见》精神和重要政策措施，我们邀请农业农村部乡村产业发展司司长曾衍德进行解读。

1. 问：乡村产业内涵特征是什么？与过去的乡镇企业和现在的城市企业有什么差别？

答：《意见》开宗明义，在帽段对乡村产业概念作了阐述。

就内涵而言，乡村产业根植于县域，以农业农村资源为依托，以农民为主体，以一二三产业融合发展为路径，地域特色鲜明、创新创业活跃、业态类型丰富、利益联结紧密，是提升农业、繁荣农村、致富农民的产业。

就特征来讲，乡村产业来源并改造提高于传统种养业和手工业，具有产业链延长、价值链提升、供应链健全，农业功能充分发掘，乡村价值深度开发，带动乡村就业结构优化、农民增收渠道拓宽等特征。

就外延来说，乡村产业包括种养业、乡土特色产业、农产品加工流通业、休闲旅游业、乡村服务业等。乡村产业中的乡土特色产业拓宽农业门类，农产品加工业提升农业价值，休闲旅游业拓展农业功能，乡村服务业丰富农业业态。

可以讲，乡村产业是姓农、立农、为农、兴农的产业。乡村产业立足于种养业，但又不局限于种养业，是对种养业和手工业的改造提升。乡村产业有别于过去的乡镇企业，联农带农特征更加明显，通过健全利益联结机制，带动农民就业增收。乡村产业有别于城市产业，以农业农村资源为依托，发掘农业多种功能，开发乡村多重价值，业态类型丰富，乡村气息浓厚。

2. 问：出台促进乡村产业振兴政策性文件其意义体现在哪些方面？

答： 乡村振兴，产业兴旺是基础。当前，乡村产业还面临不少困难和问题，需要凝聚共识、汇聚力量，使乡村产业振奋兴起。出台《意见》正逢其时，意义重大。

一是实施乡村振兴战略的迫切需要。乡村振兴是大战略，乡村产业振兴是大棋局。需要精心布局、精准落子，促进乡村产业振兴。重点要围绕农村一二三产业融合发展，培育新产业新业态新模式，增强农村发展新的动能；吸引能人返乡、企业兴乡和市民下乡，引导各类人才到农村广阔天地大施所能、大展才华、大显身手，使农村社会重现生机活力；发掘民俗文化、村落文化和乡贤文化，讲好乡村故事，复兴乡风文明；美化山水林田湖草，构建天人共美、相生共荣的生态共同体，打造望山看水忆乡愁的好去处。

二是发展现代农业的迫切需要。乡村振兴的目标是农业农村现代化。要围绕发展现代农业，纵向延伸产业链条，横向拓展产业功能，引领农业产品、产业、区域和要素投入结构布局调整优化，构建现代农业产业体系、经营体系和生产体系；将现代科技、生产方式、经营理念和先进要素导入农业，将小农户与现代农业发展有机衔接。

三是构建城乡融合发展格局的迫切需要。乡村振兴的另一个重要目标是，开启城乡融合发展新征程。要围绕构建城乡融合发展体制机制，吸引城镇资金、技术和青壮年劳动力等资源要素向农村流动，实现人才、资源、产业向乡村汇聚，促进乡村基础设施、公共服务和整体素质的提升；吸引既懂城市又懂乡村的大批返乡下乡人员到农村，以工业化理念搞生产、以市场化理念搞营销、以城镇化理念搞融合，架起城乡互动融合的桥梁纽带，打破城乡二元格局。

3. 问：《意见》总体框架是如何设计的？与农业农村全局如何衔接？

答：乡村振兴，产业振兴是首要任务。《意见》将乡村振兴纳入农业农村和经济社会发展全局来谋划，摆在更加突出的位置，提出了一系列实现路径、重点任务和政策措施。

《意见》指出，促进乡村产业振兴的总体要求是，要以习近平新时代中国特色社会主义思想为指导，全面贯彻党的十九大和十九届二中、三中全会精神，牢固树立新发展理念，落实高质量发展要求，坚持农业农村优先发展总方针，以实施乡村振兴战略为总抓手，以农业供给侧结构性改革为主线，围绕农村一二三产业融合发展，与脱贫攻坚有效衔接、与城镇化联动推进，聚焦重点产业，聚集资源要素，强化创新引领，突出集群成链，培育发展新动能，加快构建现代农业产业体系、生产体系和经营体系，推动形成城乡融合发展格局，为农业农村现代化奠定坚实基础。

《意见》提出，促进乡村产业振兴，要坚持因地制宜、突出特色，市场导向、政府支持，融合发展、联农带农，绿色引领、创新驱动等原则，把以农业农村资源为依托的二三产业尽量留在农村，把农业产业链的增值收益、就业岗位尽量留给农民。力争用 5～10 年时间，农村一二三产业融合发展增加值占县域生产总值的比重实现较大幅度提高，乡村产业振兴取得重要进展。

《意见》从五个方面对具体任务作了详细的阐述。

一是突出优势特色，培育壮大乡村产业。这是解决促进乡村产业振兴"抓什么"的问题，就是要做强现代种养业，做精乡土特色产业，提升农产品加工业，优化乡村休闲旅游业，培育乡村服务业，发展乡村信息产业。

二是科学合理布局，优化乡村产业空间结构。这是着眼解决促进乡村产业振兴"怎么摆布"的问题，就是强化县域统筹，推进镇域产业聚集，促进镇村联动发展，支持贫困地区产业发展。

三是促进产业融合发展，增强乡村产业聚合力。这是着眼解决促进乡村产业振兴"怎么抓"的问题，就是培育多元融合主体，发展多类型融合业态，打造产业融合载体，构建利益联结机制。

四是推进质量兴农绿色兴农，增强乡村产业持续增长力。这是解决促进乡村产业振兴"抓成什么效果"的问题，就是健全绿色质量标准体系，大力推进标准化生产，培育提升农业品牌，强化资源保护利用。

五是推动创新创业升级，增强乡村产业发展新动能。这是着眼解决促进乡村产业振兴"动能是什么"的问题，就是强化科技创新引领，促进农村创新创业。

此外，完善政策措施，优化乡村产业发展环境。这是解决促进乡村产业振兴"有什么真金白银"的问题，就是健全财政投入机制，创新乡村金融服务，有序引导工商资本下乡，完善用地保障政策，健全人才保障机制。

《意见》要求，各地要把乡村产业振兴作为重要任务，摆上突出位置。建立农业农村部门牵头抓总、相关部门协同配合、社会力量积极支持、农民群众广泛参与的推进机制，研究开展农村一二三产业融合发展情况统计，宣传推介乡村产业发展鲜活经验，倡导诚信守法，营造崇尚创新、鼓励创业的良好环境。

4. 问：《意见》提出的一个重要目标，农村一二三产业融合发展增加值占县域生产总值的比重实现较大幅度提高，有什么重要意义？

答：《意见》提出，用5～10年时间，农村一二三产业融合发展增加值占县域生产总值的比重实现较大幅度提高。这个指标是指向性的，也是制度性的。提出这一指标主要基于以下几点考虑：

一是适应产业发展新趋势。当前，农业与现代产业要素跨界配置的趋势越来越明显。制度、技术和商业模式创新，将农业与农产品加工、流通和服务业等渗透交叉，形成新产业新业态新模式，实现产业跨界融合、要素跨界流动、资源集约配置。

二是突显农业农村地位。在现行统计制度中，农业作为第一产业，包括农林牧渔，这是传统的种养业。随着经济的发展和结构的升级，种养业增加值在地方生产总值的比重越来越小。如果把加工流通、休闲旅游、电子商务、健康养生等新产业新业态这些延伸、交叉、融合的产业增加值统计起来，比重就很大。比重小，就显得地位不重要，地方政府不重视。一些中西部地区测算，农村一二三产业融合发展增加值占到县域生产总值的 50%，即使在一些大城市周边，也占到了 20%。这一比重的变化，显示了农业农村地位的重要、产业融合发展取向的重要。

三是完善农业统计制度。落实《意见》提出的要求，我们正在研究提出农村一二三产业融合增加值的指标体系和测算办法，重点是提出农业延伸的产业、交互的产业，以及农业农村功能价值拓展的产业。把这些产业分类，确定合理的计算方法，并作为农业高质量发展的重要指标，纳入考核的重要内容。这一统计制度的完善，不仅是统计制度的变革，还是发展方向的指针，更是带有革命性的重大变革。

5. 问：种养业是乡村产业的基础，如何做强现代种养业？

答：种养业是乡村产业的基础，也是保障粮食等重要农产品供应的任务所在。做强现代种养业，重点是三个方面：

一是巩固提升农业产能。首要的任务，巩固提升粮食产能，守住国家粮食安全底线。习近平总书记一再强调，中国人的饭碗必须牢牢端在自己手里，我们的饭碗里应该主要装中国粮。抓粮食生产的劲头丝毫不能松懈，保粮食安全的决心丝毫不能退让。加快建设高标准农田，集中力量攻克一批关键技术，真正做到"藏粮于地、藏粮于技"。同时，要加强生猪等畜禽产能建设，提升动物疫病防控能力，推进奶业振兴和渔业健康养殖，增加有效供给。

二是创新产业组织方式。一方面，大力发展"农户＋家庭农场＋合作社＋公司"，促进小农户之间、小农户与新型经营主体之间开展合作与联合，发展加工流通和其他新产业新业态，提升小农户生产经营能力和组织化程度，实现小农户与现代农业发展有机衔接。另一方面，继续积极发展"公司＋合作社＋家庭农场＋农户"，支持龙头企业与家庭农场和农户建立起紧密型利益联结机制，提升农业经营集约化、标准化、绿色化发展水平。

三是延伸拓展产业链。过去，种养业多是农民一家一户干，产业链极短，收益不多，需要向加工流通全面拓展，构建多种形式的合作模式，加快发展粮经饲统筹、种养加服一体、农林牧渔结合、贸工农旅融合的现代种养业，推进农产品就地加工转化增值。

6. 问：乡土特色产业是乡村产业的重要组成部分，如何做精乡土特色产业？

答：乡土特色产业是从农民手工艺改造提升出来的乡村产业。习近平总书记指出，要做好"特"字文章，加快培育优势特色农业，打造高品质、有口碑的农业"金字招牌"。《意见》要求，各地要因地制宜发展多样化特色种养，加快发展特色食品、特色制造、特色建筑、特色手工业等乡土特色产业。

一是发掘一批乡土特色产品。以资源禀赋和独特历史文化为基础，有序开发特色资源，做精乡土特色产业，因地制宜发展小宗类、多样性特色种养，加强地方小品种种质资源保护和开发，充分挖掘农村各类非物质文化遗产资源，保护传统工艺，开发一批乡土特色产业。

二是建设一批特色产业基地。围绕特色农产品优势区，积极发展多样化特色粮、油、薯、果、菜、茶、菌、中药材、养殖、林特花卉苗木等特色种养，推进特色农产品基地建设，支持建设规范化乡村工厂、生产车间，全面提升特色农业的绿色化、标准化、品牌化发展水平。

三是打造一批特色产业集群。开发人无我有、人有我优、人优我特的特色优势资源，创建"一村一品"示范村镇，打造乡土特色产业品牌化、集群化发展平台载体，推进整村开发、一村带多村、多村连成片。厚植区域经济发展新优势，不断将资源优势转化为产业优势、产业优势转化为经济优势。

四是创响一批乡土特色品牌。按照"有标采标、无标创标、全程贯标"要求，制定不同区域不同产品的技术规程和产品标准，发掘一批乡村特色产品和能工巧匠，创响"独一份""特别特""好中优"的"土字号""乡字号"特色产品品牌。

7. 问：加工流通是联结前端、延伸后端的产业，如何提升农产品加工流通业？

答：农产品加工流通业是从农业延伸出来的乡村产业，是构建农业产业体系和促进一二三产业融合发展的"腰"，起着承前启后的重要桥梁纽带作用，也是乡村产业中潜力最大、效益较高的产业。提升农产品加工流通业，要重点抓好三个方面：

一是做强农产品精深加工。精深加工能够延长产业链条，最大限度提升农产品附加值。目前，我国的农产品精深加工水平普遍较低，加工副产物 60％以上没有得到综合利用。据测算，通过精深加工可以使粮油薯增值 2～4 倍，畜禽水产品增值 3～4 倍，果品蔬菜增值 5～10 倍。要组织开展公共关键技术装备研发和推广，创制蛋白、脂肪、纤维、活性物质、药用成分、新营养素提取的农产品精深加工技术装备，推介"原料基地＋中央厨房＋餐饮门店"等模式，发展"厨房经济""餐桌经济"，构建从田头到餐桌的全链条供给模式。

二是拓展农产品初加工。《意见》强调，支持家庭农场和农民合作社发展初加工，这也是解决就地就近增收的重要途径。针对农产品初加工水平低、设施简陋、工艺落后等问题，聚焦主导产业，对各类农产品储藏、烘干、包装、分等分级、后整理和初加工等环节进行补助。欧洲一些国家这方面经验很成熟，发展很好，有一套成熟的模式，值得学习借鉴。

三是建设农产品加工集群。《意见》要求，按照"粮头食尾""农头工尾"要求，支持粮食生产功能区、重要农产品生产保护区、特色农产品优势区发展农产品加工业。支持县域发展农产品精深加工，建成一批专业村镇和加工强县，着力构建原料基地、加工转化、市场营销、物流配送等环节首尾相连、上下衔接、前后呼应的产业集群，改变原料在农村、加工在城市的格局。

　　此外，《意见》强调，加快发展流通业，把农产品产地、集散地、销地批发市场建设统筹起来，加强农产品物流骨干网络和冷链物流体系建设，打通农产品物流节点，实现全过程无缝对接。

　　8. 问：休闲旅游业是农业农村功能价值拓展的产业，近年来发展很快，如何优化乡村休闲旅游业？

　　答： 乡村休闲旅游业是从乡村拓展出来的乡村产业。现在，农业农村资源潜力很大，农业多种功能和乡村多重价值开发的潜力也很大，城乡居民的市场需求量也大，需要进一步优化乡村休闲旅游。

　　一是打造休闲旅游精品景点。《意见》提出，实施休闲农业和乡村旅游精品工程，建设一批设施完备、功能多样的休闲观光园区、乡村民宿、森林人家和康养基地，培育一批美丽休闲乡村、乡村旅游重点村。要挖掘乡村蕴含的特色景观、农耕文化、乡风民俗等优质资源，丰富文化内涵，拓展农业功能，开发特色产品，发掘村落历史，培育一批"一村一景""一村一韵"美丽休闲乡村，打造特色突出、主题鲜明的乡村休闲旅游精品。建设一批休闲农业示范县。

　　二是丰富休闲旅游业态。利用移动互联网、物联网、虚拟现实等手段，提升"农家乐""农事体验"等传统业态。发展高端民宿、康养基地、摄影基地等高端业态，探索农业主题公园、教育农园、创意农业、深度体验、新型康养等新型业态。

　　三是提升休闲旅游管理水平。加快制修订一批技术规程和服务标准，用标准创响品牌、用品牌吸引资本、用资本汇聚资源。组织开展休闲农业和乡村旅游人才培训，培养一批素质强、善经营的行业发展管理和经营人才。对休闲农业和乡村旅游的聚集区开展督促检查，保障服务规范、运营安全。开展各具特色、形式多样的主题活动，继续推出"春观花""夏纳凉""秋采摘""冬农趣"活动。

　　9. 问：乡村服务业是农民和市民均离不开的乡村产业，如何培育乡村新型服务业？

　　答： 乡村新型服务业是为农为民服务的乡村产业。随着城镇化的快速推进，在田务农的人数减少，农村居民生活方式也在发生变化，这就需要精心培育乡村服务业。

一个是，大力发展生产性服务业。《意见》要求，围绕农业生产，提供全程服务，包括农资供应、土地托管、代耕代种、统防统治、烘干收储等服务。同时，要支持供销合作社、邮政公司、农业企业、农民合作社等开展服务，满足农民低成本、便利化、全方位、高效率的"一站式"社会化服务需求。

另一个是，大力发展生活性服务业。过去，农村有一些生活性服务业，重点是供销合作社，还有一些个人兴办的小门店，也有一些小集市。现在，为适应村庄变化、城镇建设的需要，《意见》要求，改造传统小商业、小门店、小集市等商业网点，积极发展批发零售、养老托幼、环境卫生等生活性服务业，为乡村居民提供便捷周到的服务。

10. 问：乡村信息产业引领和驱动乡村产业发展，将会重塑乡村产业形态，如何大力发展乡村信息产业？

答：伴随着信息技术、人工智能、生物工程等为主的全新技术革命，农业往往"手指一划、全部搞定"，农民网上卖菜、市民上网买菜，空间上"万水千山"变为屏幕上"近在咫尺"。这种背景下就突出物流配送和电子商务的不足。目前，产地批发市场、产销对接、鲜活农产品直销网点建设相对滞后，电子商务等新业态新模式仍处发展初期。因此，《意见》提出两个方面的要求。

一个是，生产过程信息化。深入推进"互联网＋"现代农业，加快重要农产品全产业链大数据建设，加强国家数字农业农村系统建设。加快完善县乡村物流基础设施网络，加强产地的加工包装、储藏保鲜、电商服务等条件建设，扩大物联网示范应用，全面推进信息进村入户，创新发展基于互联网的新型乡村产业模式。

另一个是，市场营销电商化。全面推进信息进村入户，实施"互联网＋"农产品出村进城工程。推动农村电子商务公共服务中心和快递物流园区发展。这就要求，全面推进信息进村入户，推动贫困地区优质特色农产品上网销售，加快实现乡村数字化、网络化、智能化，解决农产品上行"最初一公里"问题。

11. 问：如何以科学布局优化乡村产业发展空间结构？

答：吸取 20 世纪 80～90 年代乡镇企业"村村点火、户户冒烟"的教训，《意见》对乡村产业空间布局进行科学安排。概括为县域、镇域和村三个层级。

一是强化县域统筹。在县域内统筹考虑城乡产业发展，合理规划乡村产业布局，形成县城、中心镇（乡）、中心村层级分工明显、功能有机衔接的格局。推进城镇基础设施和基本公共服务向乡村延伸，实现城乡基础设施互联互通、服务普惠共享。完善县城综合服务功能，搭建技术研发、人才培训和产品营销等平台。

二是推进镇域产业聚集。发挥镇（乡）上联县、下联村的纽带作用，支持有条件的地方建设以镇（乡）所在地为中心的产业集群。支持农产品加工流通企业重心下沉，向有条件的镇（乡）和物流节点集中。引导特色小镇立足产业基础，加快要素聚集和业态创新，辐射和带动周边地区产业发展。

三是促进镇村联动发展。引导农业企业与农民合作社和农户联合建设原料基地、加工车间等，实现加工在镇、基地在村、增收在户。支持镇（乡）发展劳动密集型产业，引导有条件的村建设农工贸专业村。目的均是让农民就地就近就业创业，改变原料在乡村、加工在城市，劳力在乡村、产业在城市的状况。

12. 问：如何推进脱贫攻坚与乡村产业振兴有效衔接？

答：产业振兴是一个长期的过程，脱贫攻坚也是一个长期的任务，二者是相辅相成的。推进乡村振兴必须与脱贫攻坚有效衔接，脱贫攻坚没有产业基础是不牢固的、不可持续的。《意见》提出了三个方面要求。

一是政策力度不减。扶持政策不减少、人员力量不减弱、工作力度不减小，目标不变、靶心不移、频道不换，做到脱贫不脱钩、脱贫不脱政策、脱贫不脱帮扶，持续加大资金、技术、人才等要素投入，并纳入乡村振兴战略架构下统筹安排，巩固和扩大产业脱贫攻坚成果。

二是聚焦重点区域。支持贫困地区特别是"三区三州"等深度贫困地区，发掘资源优势、景观优势和文化底蕴，开发有独特优势的特色产品，在有条件的地方打造"一村一品"示范村镇和休闲旅游精品点。支持贫困地区打造特色产品品牌。农业产业化强镇和绿色循环优质高效特色产业项目，尽可能向集中连片贫困地区倾斜。

三是促进产销对接。《意见》要求，引导国内大型加工、采购销售、投融资企业与贫困地区对接，开展招商引资，促进产品销售。鼓励农业产业化龙头企业与贫困地区合作创建绿色食品、有机农产品原料标准化生产基地，带动贫困户进入大市场。

13. 问：产业融合发展是新趋势，如何促进农村产业融合发展？

答：改革开放以来，农业农村动能转化经历过三次。20 世纪 80 年代初，家庭联产承包责任制实行，形成了"分"的动能；90 年代中后期，大量农民工进城务工经商，形成了"流"的动能；党的十八大以来，技术进步与产业发展交互渗透，要素跨界配置、产业跨界融合、业态丰富多样，农业跨出农业边界与现代产业要素高位嫁接、交叉重组，农村产业融合发展成为新的趋势，形成了"合"的动能，这是继家庭联产承包责任制、乡镇企业、农业产业化之后农民的"第四次创造"。

适应现代产业要素聚集、业态层出不穷的要求，把融合贯穿于产业发展的全过程。通过发掘新功能新价值，培育融合主体、催生融合业态、搭建融合载体、建立融合机制，发展连接城乡、打通工农、联农带农的多类型多业态产业，就地就近安排农民就业创业。通过建立紧密的利益联结机制，让小农户在产业融合发展中同步受益、同步提升、同步进步。

一是培育多元主体促进农村产业融合。融合的本质不单是农业"接二连三""隔二连三"，更重要的是经营主体的融合。要壮大龙头企业队伍，引导龙头企业建立现代企业制度和现代产权制度，向产业链中高端延伸，打造大型农业企业集团，带动乡村产业高质量发展。要发展农民合作社和家庭农场，通过土地流转、土地入股等形式，发展适度规模经营的家庭农场。支持农民合作社开展多种经营，向综合合作社方向发展。要发展农业产业化联合体，这是一种新的产业组织方式，是主体融合、业态融合和利益融合的实现形式。要扶持一批以龙头企业带动、合作社和家庭农场跟进、广大小农户参与的农业产业化联合体，形成"离农业最近、联农民最紧"的产业集合体，带领千千万万的小农户、家庭农场、合作社与千变万化的大市场有效对接。

二是培育新产业新业态促进农村产业融合。乡村产业呈现"农业＋"多业态发展态势，这是产业融合发展的重要特征。近几年，各地已探索形成了一套业态融合模式，要认真总结，因地制宜加以推广。《意见》要求，推行"种植＋"林牧渔，形成林下种养、稻渔共生等业态，实现"内向"融合。推行"农业＋"加工流通，发展中央厨房、直供直销、会员农业等业态，实现"顺向"融合。推行"农业＋"文化、旅游、教育、康养等，发展创意农业、亲子体验、功能农业等业态，实现"横向"融合。推进"农业＋"信息，发展数字农业、智慧农业等业态，实现"逆向"融合。

三是打造产业融合载体促进农村产业融合。针对乡村产业趋同性结构、分散化布局，造成资源浪费、环境污染等突出问题，建设一批一二三产融合、产加销游一体、产业链条完整的现代农业产业园。打造一批特而强、聚而合、精而美的产业集群，将小商品融入大市场、小农户融入大产业、小企业融入大集群。建设一批标准原料基地、集约加工转化、区域主导产业、紧密利益联结于一体的农业产业强镇。创建一批农村产业融合发展示范园。特色小镇建设要立足产业基础，促进要素聚集和功能拓展，更好地服务农业发展、乡村繁荣和农民富裕。

四是完善利益联结机制促进农村产业融合。乡村产业一个显著特征是联农带农，让农民分享更多增值收益。做到这一点，关键是健全利益联结机制，真正实现利益融合。引导新型经营主体与小农户建立契约型、分红型、股权型合作模式。推行"农户＋合作社""农户＋公司"等模式，打通融合结点。《意见》要求，加快推广"订单收购＋分红""土地流转＋优先雇用＋社会保障""农民入股＋保底收益＋按股分红"等多种利益联结方式。此外，正在开展土地经营权入股发展农业产业化经营试点，真正在股权层面实现利益融合，让广大农民在融合发展中同步受益、同步提升、同步发展。

14. 问：绿色是乡村产业发展的基本底色，新时代背景下如何通过绿色兴农增强乡村产业持续增长力？

答：吸取过去乡镇企业粗放经营、浪费资源、污染环境的教训，积极推进绿色兴农。《意见》提出三个方面的要求。

一要以绿色标准体系引领乡村产业绿色发展。在梳理现有标准基础上，按照绿色发展要求，制修订农业投入品、农产品加工业、农村新业态等方面的国家标准和行业标准，建立统一的绿色农产品市场准入标准。同时，要积极参与国际标准制修订，推进农产品认证结果互认。引导和鼓励农业企业获得国际通行的农产品认证，拓展国际市场。

二要以标准化生产推进乡村产业绿色发展。引导各类农业经营主体建设标准化生产基地，特别是在国家农产品质量安全县整县推进全程标准化生产，建设一批绿色粮仓、绿色果（菜）园、绿色牧（渔）场，打造农业绿色发展先行区。要加强化肥、农药、兽药及饲料质量安全管理，推进废旧地膜和包装废弃物等回收处理，推行水产健康养殖。

三要强化资源保护利用促进乡村产业绿色发展。大力发展节地节能节水等资源节约型产业。强化资源保护利用、促进循环发展，推动形成绿色发展方式，实现投入品减量化、生产清洁化、废弃物资源化、产业模式生态化。国家明令淘汰的落后产能、列入国家禁止类产业目录的、污染环境的项目，不得进入乡村，不再捡回落后的低质低效生产。要推进种养循环一体化，支持秸秆和畜禽粪污资源化利用，推进加工副产物综合利用，让乡村产业成为撬动"绿水青山"转化为

"金山银山"的"金杠杆"。

15. 问：目前大众创业、万众创新正在向乡村延伸拓展，如何推进农村创新创业增强乡村产业发展新动能？

答：习近平总书记指出，充分激发乡村现有人才活力，把更多城市人才引进乡村创新创业。激励各类人才在农村广阔天地大施所能、大展才华、大显身手，打造一支强大的乡村振兴人才队伍，在乡村形成人才、土地、资金、产业汇聚的良性循环。改革开放以来，农村经历了三波创新创业热潮：20世纪80年代，一批敢为人先、百折不挠的农村能人纷纷登场，创办农村二三产业；20世纪90年代，农村青壮年就地就近创业和进城务工经商创业；党的十八大以来，技术与产业交互联动、深度融合，催生了大批新产业新业态，大批返乡入乡在乡人员利用在城市积累的资金、技术、经验和市场渠道，在农业内外、生产两端和城乡两头创业，形成第三次创业浪潮，正好与乡村产业振兴契合。促进乡村产业振兴，需要一大批敢为人先、百折不挠的创新创业者，形成蔚为壮观的创业奔富热潮。

一是培育创新创业群体促进农村创新创业。《意见》强调，实施乡村就业创业促进行动，落实创新创业扶持政策，以政策推动、乡情感动、项目带动，搭建能人返乡、企业兴乡和市民下乡平台，引导农民工、大中专毕业生、退役军人、科技人员等返乡入乡人员和在乡"田秀才""土专家""乡创客"创新创业，把智创、文创、农创引入乡村。加速资金、技术和服务向乡村延伸，支持返乡入乡人员创新创业，支持返乡农民工到县城和中心镇就业创业，引导农民工在青壮年时返乡创业。

二是搭建平台载体促进农村创新创业。《意见》提出，创建一批具有区域特色的农村创新创业和实训孵化基地。积极搭建"互联网＋创业创新""生鲜电商＋冷链宅配""中央厨房＋食材冷链配送"等平台，培育发展网络化、智能化、精细化现代乡村产业发展载体，推行智能生产、经营平台、物流终端、产业联盟和资源共享等新模式。

三是强化公共服务促进农村创新创业。这方面重点是两个方面：

一个是，推动"放管服"改革，让各类人才在乡村投资兴业更加便捷、更加舒心。另一个是，加强技术培训。实施农村创新创业"百县千乡万名带头人"培育行动，培养一批农村创新创业导师和领军人物。让新农民唱主角，举办新农民新技术创业创新博览会以及农村创新创业大赛，宣传推介创新创业典型案例，让创新创业创造活力竞相迸发、一切资源要素充分涌流。

16. 问：乡村产业振兴需要拿出"真金白银"，如何强化乡村产业振兴政策保障？

答：促进乡村产业振兴，需要强有力的政策支持。《意见》要求各地认真落实农业农村优先发展要求，要素取之于农，优先用之于农，加大对乡村产业的投资力度，在"钱、地、人"三方面打出政策"组合拳"，引导撬动各类资源要素加速向乡村产业聚集。

一是健全财政投入机制。《意见》要求，加强一般公共预算投入保障，提高土地出让收入用于农业农村的比例。经测算，这一比例的提高，将会大幅度增加农业农村投入。同时，还要鼓励有条件的地方根据实际需要按市场化方式设立乡村产业发展基金。

二是创新乡村金融服务。《意见》要求，引导县域金融机构将吸收的存款主要用于当地。要推动农村商业银行、农村合作银行、农村信用社逐步回归本源，专注服务本地、服务县域、服务社区，专注服务"三农"和小微企业。县域金融机构要将吸收的存款主要用于当地，重点支持乡村产业，这是改变农村存款流入城市的重要举措。《意见》要求，发挥全国农业信贷担保体系作用，通过实施担保费用和业务奖补，加大对符合条件的乡村产业发展项目融资担保力度。鼓励地方通过实施担保费用补助、业务奖补等方式支持乡村产业贷款担保。拓宽担保物范围，允许权属清晰的农村承包土地经营权、农业设施、农机具等依法抵押贷款。

三是有序引导工商资本下乡。《意见》要求，鼓励和引导工商资本到乡村投资兴业，发展农民参与度高、受益面广的乡村产业。工商企业进入乡村，要依法依规开发利用农业农村资源，多办一些农民办不了、办不好、办了不合算的产业。不得违规占用农地或耕地从事非农产业，不能兴办污染环境项目。

四是完善用地保障政策。《意见》要求，完善用地保障政策，在安排土地利用年度计划时，加大对乡村产业发展用地的倾斜支持力度。耕地占补平衡以县域自行平衡为主，在安排土地利用年度计划时，加大对乡村产业发展用地的倾斜支持力度。探索针对乡村产业的省市县联动"点供"用地。开展农村集体经营性建设用地入市改革。开展县域乡村土地综合整治，盘活建设用地重点用于乡村新产业新业态和返乡入乡创业。支持地方政府发行一般债券用于支持乡村振兴领域的纯公益性项目建设。鼓励地方政府发行项目融资和收益自平衡的专项债券，支持符合条件、有一定收益的乡村公益性项目建设。

五是健全人才保障机制。《意见》要求，健全人才保障机制，引导各类人才到乡村兴办产业。加大农民技能培训力度，支持职业院校扩大农村定向招生。深化农业系列职称制度改革，开展面向农技推广人员、乡土人才的评审。支持科技人员以科技成果入股农业企业，建立健全科研人员校企、院企共建双聘机制，实行股权分红等激励措施。

17. 问：如何强化乡村产业振兴组织保障？

答：《意见》要求，落实乡村产业振兴领导责任制，实行中央统筹、省负总责、市县抓落实的工作机制。党委和政府一把手是第一责任人，五级书记抓乡村产业振兴。各级党委和政府主要领导要切实担负起推进乡村产业振兴的领导责任，健全党委统一领导、政府负责、党委农村工作部门统筹协调的领导体制，把党管农村工作的要求落到实处。各级党委和政府分管负责同志是直接责任人，要切实扛起推进乡村产业发展的任务，真正成为乡村产业工作的行家里手。各级农业农村部门要切实履行好牵头抓总职责，加强对乡村产业发展的统筹协调。建立健全县（市）委政府负责、乡镇主抓、村组落实的推进机制。农业农村部门要与发改、财政、工信、住建、交通、文旅、自然资源、生态环保、市场监管等部门形成合力，建立农业农村部门牵头抓总、各部门协同配合、社会力量积极支持、农民群众广泛参与的协调机制。

18. 问：如何建立乡村产业考核制度？

答： 乡村产业振兴长远的目标是，健全完备的乡村产业体系，推动形成城乡融合发展格局。短期的目标是，增强供给侧结构适应性，绿色发展模式更加成形，乡村就业结构更加优化。《意见》要求，抓紧研究制定农村一二三产业融合发展评价指标体系和考核机制，科学评估乡村产业发展成效。

附录3　聚焦聚神聚力促进乡村产业振兴

（评论员文章之一）

近期，国务院印发了《关于促进乡村产业振兴的指导意见》（以下简称《意见》），这是指导今后一个时期我国乡村产业发展的阶段性纲领性标志性文件。《意见》明确了促进乡村产业振兴发展的总体要求、重点任务、政策措施和组织保障等重大问题。

乡村振兴，产业兴旺是基础。习近平总书记强调："产业兴旺是解决农村一切问题的前提。"促进乡村产业振兴，是实现农业高质量发展的重要举措，是实现农业农村现代化的重要途径，是实施乡村振兴战略的"重头戏"，事关稳定经济社会大局，事关广大农民切身利益和长久生计。当前，我国乡村产业发展不平衡不充分的问题仍然突出，但也迎来难得的历史机遇。农村创业环境不断改善，新产业新业态大量涌现，乡村发展潜能进一步释放，有条件实现乡村产业振兴。各地区、各部门要着眼大局，以坚定的信心、担当的气魄、有力的举措，抓好各项措施落实，发展壮大乡村产业。

乡村产业是根植于县域，以农业农村资源为依托，以农民为主体，以一二三产业融合发展为路径，地域特色鲜明、创新创业活跃、业态类型丰富、利益联结紧密的产业体系。发展壮大乡村产业，要突出优势特色，做强现代种养业，做精乡土特色产业，提升农产品加工流通业，优化乡村休闲旅游业，培育乡村新型服务业，发展乡村信息产业，培育壮大乡村支柱产业。要科学合理布局，强化县域统筹、推进镇域产业聚集、促进镇村联动发展、支持贫困地区产业发展，优化乡村产业空间结构。要促进产业融合发展，培育多元融合主体，发展多类型融合业态，打造产业融合载体，构建利益联结机制，增强乡村产业聚合力。要推进质量兴农绿色兴农，健全绿色质量标准体系，大力推进标准化生产，强化资源保护利用，培育提升农业品牌，打造一批有国际竞争力的农业大品牌，培育一批国内影响力大的区域公用品牌、企业知名品牌和产品品牌，增强乡村产业持续增长力。要推动创新创业升级，强化科技创新引领，促进农村创新创业，引导农民工、大中专毕业生、退役军人、科技人员等返乡入乡人员和本乡"田秀才""土专家""乡创客"创新创业，增强乡村产业发展新动能。

要务实推动各项政策措施落实，重点解决"钱、地、人"问题。在资金投入方面，要提高土地出让收入用于农业农村的比例，支持乡村产业振兴。引导县域金融机构将吸收的存款主要用于当地，重点支持乡村产业。在用地方面，耕地占补平衡以县域自行平衡为主，在安排土地利用年度计划时，加大对乡村产业发展用地的倾斜支持力度。探索针对乡村产业的省市县联动"点供"用地。在人才方面，引导各类人才到乡村兴办产业，加大农民技能培训力度，鼓励地方按规定给予农业企业相关补贴。建立健全科研人员校企、院企共建双聘机制。

促进乡村产业振兴工作，要强化组织保障，加强统筹协调，强化指导服务，营造良好氛围，确保乡村产业振兴落地见效。农业农村部牵头负责，密切跟踪、及时研究乡村产业振兴中发现的问题，继续完善相关政策；相关部门单位要予以积极支持配合，为乡村产业振兴的顺利推进创造条件，确保各项工作落到实处。我们相信，随着《意见》的贯彻落实，必将进一步激发各类乡村产业市场主体的积极性，更好地推动乡村产业发展，推动农业供给侧结构性改革，增强农业农村经济新动能，为全面建成小康社会、实现乡村振兴奠定坚实基础。

附录4　促进乡村产业振兴正逢其时

（评论员文章之二）

　　近日，国务院印发了《关于促进乡村产业振兴的指导意见》（以下简称《意见》）。《意见》以习近平新时代中国特色社会主义思想为指导，全面贯彻党的十九大精神和实施乡村振兴战略部署，部署促进乡村产业振兴各项工作，汇聚磅礴之力，打牢"四梁八柱"，拓展发展空间，赢得乡村产业振兴主动权。

　　以习近平同志为核心的党中央高度重视乡村产业振兴。习近平总书记强调，"产业兴旺，是解决农村一切问题的前提。"李克强总理指出，"支持返乡入乡创业创新，推动一二三产业融合发展。"这些重要论断和指示要求，深刻揭示了乡村产业发展规律，指明了乡村产业的发展方向。这里的"一切"所指的是农村全部的、全方位的。习近平总书记强调，"产业兴旺，是解决农村一切问题的前提。"我们要深刻领会这一重要论断的精神要义和根本要求。"一切"是指农村所有的、全部的、全方位的，包括政治、经济、社会、文化、生态等方方面面；也包括实现人才振兴、文化振兴、生态振兴、组织振兴等重点任务。没有产业的兴旺，上述目标任务将成为"空中楼阁"。我们一定要提高政治站位，增强政治自觉、思想自觉、行动自觉，必须把产业兴旺摆在更加突出的位置，必须采取更加有力有效的措施，必须聚焦、聚神、聚力抓好落实，做到紧之又紧、细之又细、实之又实，坚定不移推进乡村产业发展，夯实乡村振兴的基础。

　　促进乡村产业振兴，构建乡村产业体系，实现产业兴旺，有着十分重要的意义。这是实施乡村振兴战略的根本基础。经过多年发展，我国农业农村生产力水平大幅提高，乡村产业基础、产业结构不断得到优化，但产业大而不强、发展不平衡、质量效益不高、绿色生产滞后等问题依然突出。促进产业兴旺，提高乡村产业发展质量效益，是实现生态宜居、乡风文明、治理有效和生活富裕的前提和基础。这是破解"三农"问题的前提条件。乡村产业围绕现代农业发展，吸引各类经营主体着眼生产两端、农业内外和城乡两头，纵向延伸农业产业链条，横向拓展农业多种功能，将现代科技、生产方式、经营理念和先进要素引入农业，加快构建现代农业产业体系、生产体系和经营体系，由产品竞争转向体系竞争，实现提质增效，打造农业升级版。乡村产业围绕农村一二三产业融合发展，搭建能人返乡、企业兴乡和市民下乡平台，用工业化理念搞生产，用城镇化理念搞融合，催生了大量新产业新业态新模式，建设了一批产业活跃、特色明显的块状经济和宜居宜业村镇，将资源要素、人气人脉留在农村，让农村焕发新的生机活力。乡村产业围绕拓宽农民就业增收渠道，引导龙头企业、农民合作社和家庭农场等新型农业经营主体紧密合作，做给农民看、带着农民干、帮着农民赚，为乡村提供就业岗位、农村福利和公共设施，建立利益共享、风险共担的命运共同体。将产业链条、增值收益留给农民共享，让农民在乡村产业发展中同步发展、同步收获、同步富裕。这是构建现代化经济体系的根本保障。近年来，农业农村经济持续健康发展，初步构建了现代农业产业体系、生产体系、经营体系，为经济社会发展大局发挥了"压舱石"作用。但城乡资源要素剪刀差问题突出，城乡产业发展不平衡、乡村产业发展不充分，制约了经济体系现代化建设。乡村产业围绕构建城乡融合发展体制机制，吸引城镇人才、资源、产业向乡村汇聚，促进乡村基础设施、公共服务和整体素质的提升，使城乡要素双向流动、平等交换，架起城乡互动融合的桥梁纽带。加快构建现代化农业农村经济体系，有利于引导城乡资源要素均衡配置、平等交换，补齐现代化经济体系短板，实现经济社会更高质量、更有效率、更可持续的发展。这是顺应经济社会发展普遍规律的根本要求。世界上成功实现经济转型、迈入现代化行列的国家，都高度重视乡村产业发展，在解决产业"空心化"、避免乡村衰落等方面积累了经验。如韩国的"新村运动"、日本的"六次产业化运动"。当前，我国已处于工业化后期、城镇化中后期，到了统筹城乡发展、促进乡村产业兴旺的历史阶段。借鉴国际经验，抓住机遇、乘势而上，促进乡村产业兴旺，加快实现农业农村现代化，国家现代化建设才能顺利实现。

乡村产业发展是一个持续动态的过程，也是一个积极探索的过程。20世纪80年代农村二三产业多点开花，90年代中后期，农业产业化快速发展。特别是党的十八大以来，农村一二三产业融合发展步伐加快，逐步形成根植于县域，以农业农村资源为依托，以农民为主体，以一二三产业融合发展为路径，地域特色鲜明、创新创业活跃、业态类型丰富、利益联结紧密的产业体系。一是乡土特色产业快速发展。依托乡村特色资源，发掘新功能新价值，着力打造10万个"独一份""特别特"的特色产品品牌，形成"一村一品"示范村镇2 400个，涌现了一批特色鲜明的小宗类、多样化乡土产业。二是农产品加工业稳步提升。2018年，规模以上农产品加工企业7.9万家，农产品加工业营业收入14.9万亿元。农产品产地初加工稳步推进，4.9万个农户和5 200个农民合作社发展初加工，产后损失率从15%以上降低至6%以下，商品价值大幅提升。三是业态类型不断丰富。新主体的大量涌入、新技术的广泛应用、新功能的持续拓展，推动农业纵向延伸、横向拓展，呈现"农业＋"态势。2018年，乡村休闲旅游业接待游客30亿人次、营业收入超过8 000亿元。四是产业融合渐成趋势。融合主体大量涌现，农业产业化龙头企业8.7万家，其中国家重点龙头企业1 243家。融合载体集群发展，建设农产品加工园1 600个，创建农村产业融合先导区153个、农业产业强镇254个，各类乡村产业园1万多个。五是创新创业日渐活跃。2018年，各类返乡入乡创新创业人员累计达780万，在乡创新创业人员达3 100多万，平均年龄45岁左右，高中和大中专以上学历的占到40%，创办的实体87%在乡镇以下，80%以上发展产业融合项目，返乡入乡人员50%以上利用信息技术创新创业。农村创新创业园区和基地1 096个。六是产业扶贫带动明显。贫困地区发展初加工，累计减损增收约20亿元。培育龙头企业1.4万家、农民合作社61万个。各类产销对接，带动销售农产品超过500亿元，促成签约项目300亿元。在22个脱贫任务重的省份培训带头人和大学生"村官"2万余人。

如今，乡村产业正在广阔天地中不断成长、蓬勃发展。引领了绿色发展，推动农业结构优化升级，增加了绿色优质安全农产品供给。带动了创新发展，提高了全要素生产率；促进了共享发展，实现小农户与现代农业发展的有机衔接；推动了融合发展，架起了城乡协调发展的桥梁纽带。

当前，乡村产业发展面临不少的利好机遇，有着巨量的资源要素、巨量的市场需求、巨量的创造空间，蕴藏着巨大潜力。一是大战略，乡村振兴战略实施的强力驱动。乡村振兴战略实施，农业农村优先发展，将调动各种资源要素进入农业、投入农村，基础设施和公共服务将更加便捷，各种支持政策正在加紧出台。二是大市场，消费结构升级的拉动。扩大消费是当前和今后一个时期拉动经济发展重要的举措。城乡居民恩格尔系数进一步降低，已从"吃饱穿暖"的农产品需求转向多元化、个性化、品质化的消费需求。三是大改革，供给侧结构性改革的推动。优化供给结构，提升产品种类和品质，推动农村产业融合发展，拓展农业功能，延长产业链条，提升价值链条。四是大科技，科技创新的驱动。现代科学技术日新月异，技术产业井喷式的增长，技术与产业交互联动、深度融合。这些均为乡村产业发展提供了千载难逢的历史机遇。

同时，乡村产业发展也面临不少困难问题。从产业内部看：一是粗放式增长。加工业技术装备水平比发达国家落后 15 年以上，农业产值与加工产值的比值是 1∶2.3，与发达国家 1∶3.4 的差距很大。二是趋同性结构。原字号、粗字号、初字号的大路货居多，普遍产品单一，处在价值链低端。三是分散化布局。产业集中度低和园区聚集度低，仅有 28％的乡村产业聚集在各类园区。四是浅层次融合。多局限农业"接二连三""隔二连三"，主体融合和利益融合层次不深。从产业外部看：一是融资保障能力弱。70％的企业存在融资难、融资贵，利率一般要 6％基准利率基础上上浮 10％～30％。二是用地瓶颈较多。乡村企业很难获得建设用地指标，受流转土地流转年限限制，投资强度低、投入回报少。三是人才技术获得难。乡村产业地处偏远乡村，对于人才缺乏吸引力，专家难找，形不成技术和管理团队。这些都需要我们采取切实措施加以解决。

　　乡村振兴是大战略、大棋局，乡村产业振兴要纳入乡村振兴的大格局中，聚焦重点，强化支持，加力发展，使之振奋兴起、繁荣昌盛、兴旺发达。要以习近平关于"三农"工作的重要论述为指导，以实现农业农村现代化为总目标，以农业供给侧结构性改革为主线，围绕农村一二三产业融合发展，聚焦重点产业，集聚资源要素，强化创新引领，培育发展新动能，构建乡村产业体系，加快形成城乡融合发展格局，奠定全面建成小康社会、乡村全面振兴的坚实基础。

　　促进乡村产业振兴，要"聚焦一个目标"，即促进乡村产业振兴。用5～10年时间，农村一二三产业融合发展增加值占县域生产总值的比重实现较大幅度提高，乡村产业振兴取得重要进展。要"强化三个统筹"：一是统筹农业内部产业协调发展。提升传统种养业，一产往后延，二产两头连，三产走精端。二是统筹农业外部相关产业协同发展。立足乡村产业发展，与工业、商贸、文旅、物流、信息等高位嫁接、交叉重组、协调发展。三是统筹各方力量合力推进。加强与相关部门沟通协调，形成上下联动、内外互动、多方助动的工作格局。

　　促进乡村产业振兴，要"突出六个重点"：一是发展现代种养业。创新产业组织方式，促进种养业向加工流通延伸拓展。二是壮大乡土特色产业。因地制宜发展多样化乡土特色产业，振兴传统工艺，传承乡村文化根脉。三是提升农产品加工流通业。按照"粮头食尾""农头工尾"要求，支持县域发展农产品精深加工，建成一批专业村镇和加工强县，加强农产品物流骨干网络和冷链物流体系建设。四是优化乡村休闲旅游业。培育休闲旅游精品，挖掘文化内涵，建设一批设施完备、功能多样的休闲旅游景点，打造休闲旅游精品。五是培育乡村新型服务业。加快发展乡村新型服务业，改造传统商业网点，推广现代物流营销模式。六是做大乡村信息产业。深入推进"互联网＋"现代农业，实施"互联网＋"农产品出村进城工程，加快实现乡村数字化、网络化、智能化。

　　在此基础上，要完成"五项任务"：一是以科学布局优化乡村产业发展空间结构。吸取20世纪80～90年代乡镇企业"村村点火、户户冒烟"的教训，对乡村产业空间布局进行科学安排。强化县域统筹，推进镇域产业聚集，形成县城、中心镇、行政村层级分明、分工

293

明确、联系紧密的布局，构建县乡联动、以镇带村、镇村一体的格局，让农民就地就近就业创业，改变原料在乡村、加工在城市的状况。二是以产业融合增强乡村产业发展聚合力。针对过去乡镇企业与农民利益联结不紧密的实际，培育融合主体、催生融合业态、搭建融合载体、建立融合机制，发展连接城乡、打通工农、联农带农的多类型多业态产业，就地就近安排农民就业创业，通过建立紧密的利益联结机制，让小农户在产业融合发展中同步受益、同步提升、同步进步。三是以质量兴农绿色兴农增强乡村产业持续增长力。针对过去一些乡村企业生产的产品"披头散发、赤身裸体、没名没姓、来路不明"的问题，吸取粗放经营、浪费资源、污染环境的教训，积极发展乡村绿色产业。健全绿色标准体系、推进标准化生产、培育提升产品品牌和农业品牌、强化资源保护利用、促进循环发展，推动形成绿色发展方式，让乡村产业成为撬动"绿水青山"转化为"金山银山"的"金杠杆"。四是以创新创业增强乡村产业发展新动能。针对乡村产业发展动能不足的问题，促进资金、技术、信息、人才和现代管理理念向乡村汇聚，培育创新创业主体，拓展创新创业领域，特别是让返乡农民工在县域和中心镇创业，以创新带动创业，以创业带动就业，以就业带动增收。五是以健全完善政策措施优化乡村产业发展环境。针对乡村产业发展存在资金不好筹、土地不好拿、人才不好聘三大痛点、难点、堵点问题，要采取组合拳加以解决。在"钱"的方面，设立乡村产业发展基金，引导县域金融机构将吸收的存款主要用于当地乡村产业。在"地"的方面，开展县域土地综合整治，盘活建设用地，探索"点供"用地；在"人"的方面，"引进"外来人才、"培育"本地人才、"发掘"乡土人才兴办乡村产业。

中共中央关于实施乡村振兴战略的大政方针已定，乡村产业迎来大发展的好时机。要以强有力的组织领导和举措，确保乡村振兴各项任务落实落地，努力创造崇尚创业、鼓励创业的环境，营造激情涌现、活力迸发的氛围，把千千万万"微行为"汇聚成乡村产业发展的"众力量"，再造广阔天地大有作为新风尚，为实现全面小康和乡村全面振兴作出新的贡献。